Gerd Fritz

Historische Semantik

Verlag J.B. Metzler Stuttgart · Weimar

Der Autor:

Gerd Fritz, geb. 1943; Professor für germanistische Sprachwissenschaft an der Universität Gießen; zahlreiche Publikationen zur linguistischen Kommunikationsanalyse, Textsortengeschichte und historischen Semantik.

Für Renate

1002477459

Die Deutsche Bibliothek – CIP-Einheitsaufnahme

Fritz, Gerd:
Historische Semantik / Gerd Fritz.
– Stuttgart ; Weimar : Metzler, 1998
  (Sammlung Metzler ; Bd. 313)
  ISBN 3–476–10313–7

Gedruckt auf chlorfrei gebleichtem, säurefreiem und alterungsbeständigem Papier

SM 313

ISBN 3-476-10313–7
ISSN 0558 3667

© 1998 J.B. Metzlersche Verlagsbuchhandlung
und Carl Ernst Poeschel Verlag GmbH in Stuttgart
Einbandgestaltung: Willy Löffelhardt
Satz: Johanna Boy, Brennberg
Druck und Bindung: Franz Spiegel Buch GmbH, Ulm
Printed in Germany

Verlag J.B. Metzler Stuttgart · Weimar

Inhalt

Abkürzungsverzeichnis

aengl.	altenglisch
afrz.	altfranzösisch
ahd./Ahd.	althochdeutsch/Althochdeutsch
engl.	englisch
fnhd./Fnhd.	frühneuhochdeutsch/Frühneuhochdeutsch
frz.	französisch
ital.	italienisch
lat.	lateinisch
mhd./Mhd.	mittelhochdeutsch/Mittelhochdeutsch
ndl.	niederländisch
nhd./Nhd.	neuhochdeutsch/Neuhochdeutsch
span.	spanisch
DWb	Deutsches Wörterbuch von Jacob und Wilhelm Grimm
x > y	x entwickelt sich historisch zu y

1. Einleitung

1.1 Von der alltäglichen historischen Semantik zur wissenschaftlichen Disziplin

Dem Gegenstand der historischen Semantik begegnen wir im Alltag meist in der Form von neuen Verwendungsweisen von Wörtern, die uns auffallen und die wir dann selbst benutzen oder auch sprachkritisch ablehnen. Wir hören, wie ein Politiker von einer *Schnittstelle* von der Wirtschaft zur Wissenschaft spricht. Aufgrund unserer bescheidenen Kenntnisse der Computerterminologie und aufgrund des Kontexts vermuten wir, daß er einen Bereich meint, in dem knowhow und Wissen ausgetauscht werden. Oder wir lesen in der Zeitung, daß Professoren der Politischen Ökonomie an der Humboldt-Universität *abgewickelt* worden seien. Da wir eine neuartige Verwendung von *abwickeln* seit etwa 1991 kennen – allerdings bezogen auf volkseigene Betriebe oder Universitätsinstitute –, nehmen wir an, daß damit gemeint ist, daß diese Professoren entlassen wurden. Anfang der 80er Jahre bewegte eine neue Verwendungsweise des Wortes *geil* im Sinne von *toll* manche Sprachkritiker und Sammler von jugendsprachlichen Eigenheiten. Vor etwa 150 Jahren beobachtete Schopenhauer mit Mißvergnügen, daß die Leute das Wort *billig* im Sinne von *preisgünstig* verwendeten statt wie bisher im Sinne von *angemessen*. Derartige Beobachtungen von Zeitgenossen sind uns seit der Antike überliefert. Es sind Beispiele für alltägliche historische Semantik. Ein anderer vorwissenschaftlicher Anlaß für historisch-semantische Fragen ist die Erfahrung des Lesers älterer Texte, daß bekannte Wörter dort offensichtlich nicht in der uns bekannten Weise verwendet werden (*Vorsicht* im Sinne von *Vorsehung* in Texten des 18. Jahrhunderts, *arbeit* im Sinne von *Mühsal* in mittelhochdeutschen Texten). Oder der unangenehmere Fall, daß wir zunächst *nicht* merken, daß die uns vertraut erscheinenden Wörter dort anders verwendet werden, und wir dadurch zu einem unbefriedigenden Verständnis der betreffenden Textstellen kommen. Beobachtungen dieser Art sind der Ausgangspunkt für allgemeinere Fragen nach der historischen Entwicklung der Bedeutung von Wörtern und damit für die historische Semantik als wissenschaftliche Disziplin.

1.2 Zu diesem Buch

Dieses Buch wendet sich an Studierende der sprachlichen Fächer, an Lehrerinnen und Lehrer, die in Fragen des Bedeutungswandels einen guten Ansatz zur Reflexion über den Sprachgebrauch sehen, an sprachwissenschaftliche Fachkollegen in anderen Spezialdisziplinen und natürlich auch an die wieder wachsende Gruppe der historisch-semantischen Spezialisten. Aber auch interessierte Nicht-Sprachwissenschaftler könnten auf ihre Kosten kommen. Die historische Semantik ist eine Disziplin, die, im Gegensatz etwa zur historischen Lautlehre, immer auch die Nicht-Spezialisten angezogen hat. Die Betrachtung der geradezu abenteuerlich wirkenden Bedeutungsgeschichte mancher Wörter, die sich bei genauerer Untersuchung oft in ganz einleuchtende Einzelschritte auflöst, gibt Nahrung für das Nachdenken über die kommunikativen Bedürfnisse und Möglichkeiten der Menschen in vergangenen Zeiten und in der Gegenwart. Die historische Semantik spricht in besonders anschaulicher Weise zum Menschen über den Menschen (»... parle à l'homme de lui-même«), wie einer ihrer Großmeister, Michel Bréal, es vor hundert Jahren ausdrückte.

Dieses Buch soll ein Bild vom heutigen Stand der historischen Semantik vermitteln, von den aktuellen Fragestellungen, den theoretischen und methodischen Problemen und dem, was als akzeptiertes Wissen gelten kann. Gleichzeitig soll es zu Beispielmaterial und zu ausgewählter Forschungsliteratur hinführen und damit zur eigenen aktiven Beschäftigung mit historisch-semantischen Fragen anregen. Schließlich gibt es Hinweise auf die Forschungstraditionen, in denen heutige historische Semantiker stehen. Die einzelnen Kapitel dieses Buchs sind weitgehend in sich abgeschlossen, so daß man unterschiedliche Wege durch den Text wählen kann. Die gedruckte Kapitelabfolge empfiehlt sich für Leser mit relativ wenig speziellen Vorkenntnissen, u.a. deshalb, weil die in Kapitel 2 dargestellten bedeutungstheoretischen Grundlagen als Voraussetzungen für Kapitel 3 genutzt werden. Kapitel 3 bietet eine zusammenhängende Darstellung der Grundfragen der historischen Semantik. Wer sich gerne zuerst ein wenig über die Forschungsgeschichte informieren möchte, könnte mit Kapitel 4 einsteigen. Wer sich besonders für kurze Beschreibungen ausgewählter semantischer Entwicklungen im Deutschen interessiert, könnte auch gleich zu Kapitel 5 gehen. Dieses Kapitel dient der Illustration und weiteren Konkretisierung der in den anderen Kapiteln behandelten Aspekte der historischen Semantik. Es wird deshalb durch zahlreiche Querverweise der Form »(vgl. 5.1.9)« von den anderen Kapiteln her angesteuert. Das Wort- und

das Sachverzeichnis ermöglichen den Zugriff auf die verschiedenen
Stellen, an denen bestimmte Wörter und Einzelfragen behandelt
werden, beispielsweise die Rolle der konversationellen Implikaturen
oder die semantische Entwicklung der Modalverben.

1.3 Ziele der historischen Semantik

Die historische Semantik befaßt sich mit der Geschichte der Bedeutung von Wörtern. Das könnte man so verstehen, als untersuche sie
vor allem Fragen wie: Was bedeutet das Wort *arbeit* im Mittelhochdeutschen? Und was bedeutet es dann später im Frühneuhochdeutschen? Oder: Seit wann sagt man *aufschneiden* im Sinne von *prahlen*? Derartige Fragen werden von der historischen Semantik in der
Tat behandelt, und Antworten auf diese beiden Fragen sind in diesem Buch kurz skizziert (vgl. 5.1.9; 5.2.1). Sie befaßt sich darüber
hinaus aber auch in allgemeiner Form mit den sprachlichen Verfahren, den Prinzipien und Mechanismen, die derartigen historischen
Entwicklungen zugrundeliegen und die auch unseren heutigen
Sprachgebrauch bestimmen. Aus dieser Perspektive lauten die zwei
zentralen Fragen der historischen Semantik:
    1. Wie nutzen die Sprecher einer Sprache das vorhandene Bedeu-
tungspotential sprachlicher Ausdrücke dazu, erfolgreich zu kommunizieren, also beispielsweise neue Gedanken auszudrücken, bekannte
Gedanken besonders treffend auszudrücken und auf ihre Kommunikationspartner geschickt Einfluß zu nehmen?
    2. Welche Folgen hat diese Praxis für die Entwicklung der Be-
deutung sprachlicher Ausdrücke (d.h. der Wörter und Wortgruppen)? Was der Logiker Frege über die produktiven syntaktischen Eigenschaften der natürlichen Sprache gesagt hat, gilt analog auch für
den flexiblen Einsatz der lexikalischen Mittel: »Erstaunlich ist es,
was die Sprache leistet, indem sie mit wenigen Silben unübersehbar
viele Gedanken ausdrückt, daß sie sogar für einen Gedanken, den
nun zum ersten Male ein Erdbürger gefaßt hat, eine Einkleidung
findet, in der ihn ein anderer erkennen kann, dem er ganz neu ist«
(Frege 1923/1966, 72). Die historische Semantik befaßt sich also
auch mit einem wichtigen Aspekt der sprachlichen Kreativität.
    Eine erste Antwort auf die Frage nach der flexiblen Nutzung des
vorhandenen Bedeutungspotentials lautet: Die Regeln für den Gebrauch der sprachlichen Ausdrücke sind so offen, daß die Sprecher
mit ihrem Wissen und mit geeigneten kommunikativen Verfahren
ihren sinnsuchenden und wissensreichen Hörern ausreichend gute

Hinweise darauf geben können, was sie mit einer Äußerung meinen, auch wenn man mit dieser Äußerung normalerweise etwas anderes meint. Dabei fallen neuartige Verwendungen der vorhandenen Wörter an, d.h. bisher nicht bekannte Varianten des Gebrauchs. Dieser Praxis liegt ein Verfahren zugrunde, das uns analog in der biologischen Evolution begegnet, das Verfahren, auf möglichst ökonomische Art neuen Gebrauch von alten Mitteln zu machen. Welche Möglichkeiten es dafür gibt und welche dieser Möglichkeiten besonders beliebt und erfolgreich sind, zeigt die Bedeutungsgeschichte. Die Bedeutungsgeschichte der Ausdrücke einer Sprache kann man als ein großes Experiment betrachten, in dem viele Generationen von Sprechern über Jahrhunderte hin kommunikative Aufgaben zu lösen haben, die oft lange relativ unverändert bleiben, manchmal aber auch sich ungeheuer rasch verändern. Die Sprecher finden dauernd neue Möglichkeiten des Wortgebrauchs, von denen sich manche als gute Lösungen für kommunikative Aufgaben bewähren, sich verbreiten und für viele Sprecher dauerhaft attraktiv bleiben. Andere setzen sich nicht durch oder verschleißen schnell. Oft existieren auch lange Zeit konkurrierende Ausdrucksmöglichkeiten nebeneinander. Dem Betrachter fällt auf, daß bestimmte Ressourcen immer wieder genutzt und bestimmte Lösungsmöglichkeiten immer wieder gesucht werden. Aus der historischen Distanz sehen diese bevorzugten Lösungsmöglichkeiten aus wie besonders gern begangene Entwicklungspfade. Für den historischen Semantiker stellt sich bei dieser Beobachtung die Frage, warum diese Möglichkeiten den Sprechern besonders naheliegen und worin das Erfolgsrezept für ihre Aufnahme und Verbreitung liegt. Diese Art zu fragen gehört zu einer evolutionären Betrachtungsweise, die Bedeutungsgeschichte als eine Entwicklungsgeschichte betrachtet, in der die Kontinuität des Gebrauchs, die Innovation, die Selektion und die Verbreitung von Verwendungsweisen zu jedem Zeitpunkt einen bestimmten historischen Sprachzustand erzeugen.

Ein Aspekt dieser Vorgänge läßt sich als eine Frage zur kognitiven Ausstattung formulieren: Aufgrund welcher kognitiven Prozesse und Zusammenhänge verfallen die Sprecher auf neue Verwendungen von Wörtern, und was ermöglicht ihnen, neue Wortverwendungen anderer Sprecher zu verstehen? In dieser Perspektive kann man die Bedeutungsgeschichte als ein Fenster zur Entdeckung von Prinzipien des menschlichen Denkens betrachten. Diese Art der Fragestellung verfolgte der Psychologe Wilhelm Wundt schon zu Ende des 19. Jahrhunderts (vgl. Wundt 1904, 609). In modernem Gewand bestimmt dieses Ziel den historischen Zweig der neueren kognitiven Semantik. Die Vertreter dieser Forschungsrichtung versprechen sich von der Analyse von Bedeutungsveränderungen einen Zugang zur Struktur kognitiver Kategorien. Von den verschiedenen Zusammenhängen des kommunikativen und des kognitiven Aspekts der Bedeutungsgeschichte will ich nur einen noch erwähnen: Man kann erwarten, daß gerade diejenigen semantischen Kategorien langfristig in die kognitive Grundausstattung aufgenommen werden, die sich kommunikativ besonders bewährt haben.

Dem Blick auf die einzelnen Sprecher (Mikroperspektive) steht der Blick auf den überindividuellen Sprachgebrauch und dessen Zusammenhänge (Makroperspektive) gegenüber. Aus dieser Sicht stellen sich andere Fragen: Welche Folgen haben die kommunikativen Aktivitäten der Sprecher für den Sprachgebrauch? Wie vollziehen sich Veränderungen in den Kommunikationsformen und, allgemeiner, in den Lebensformen, in die die sprachlichen Gepflogenheiten eingebettet sind? Damit leistet die historische Semantik auch einen Beitrag zur Geschichte von Kommunikationsformen (vgl. Fritz 1995b). Die Geschichte der Schimpfwörter ist ein Teil der Geschichte des Beschimpfens, die Geschichte der Anredepronomina ist ein Teil der Geschichte der höflichen Rede, und die Geschichte der kausalen Konjunktionen ist ein Teil der Geschichte des Begründens und Erklärens. Auf die Einbettung der Bedeutungsgeschichte in die Geschichte von Lebensformen zielen auch die verschiedenen Programme, nach denen Bedeutungsgeschichte als Geistesgeschichte (z.B. Trier 1931, Spitzer 1948), als Kulturgeschichte (z.B. Seiler 1913–1925), als Sozialgeschichte (Koselleck 1979, 107ff., Jäger/ Plum 1988) oder neuerdings auch als Mentalitätsgeschichte (Hermanns 1995) konzipiert wurde. Diese Zusammenhänge wurden zumeist an historischen Schlüsselwörtern untersucht, d.h. an wichtigen Wörtern wie *Geist, Ehre, Emanzipation, Intellektuelle*. In neuerer Zeit sind besonders die Schlüsselwörter politischer Kontroversen untersucht worden, beispielsweise *Umwelt* oder *Gleichberechtigung*. Einige dieser Schlüsselwörter werden in verschiedenen Abschnitten dieses Buches kurz angesprochen (z.B. 4.3, 5.1.7, 5.1.12). Schließlich bietet die historische Semantik als Teil einer Theorie kommunikativer Traditionen auch einen Rahmen für die traditionelle philologisch-hermeneutische Zielsetzung, zur Verbesserung des Verständnisses von Texten aus historisch entfernten Zeitstufen und allgemeiner zum Verstehen historischer Lebensformen beizutragen.

Der Schwerpunkt der vorliegenden Darstellung liegt allerdings nicht auf den gerade erwähnten weitergehenden Fragestellungen. Dieses Buch beschäftigt sich vor allem mit den grundlegenden Fragen der semantischen Entwicklungsgeschichte und behandelt diese zumeist am Beispiel von alltäglichen Wörtern wie *Arbeit, List, kön-*

nen, warten, billig, scharf, doch, weil, über, an denen man die Prozesse besonders gut untersuchen kann, die letzten Endes auch die Entwicklung von Wörtern mit besonderer geistes- oder kulturgeschichtlicher Dignität bestimmen.

1.4 Historische Semantik heute

Die historische Semantik ist eine Disziplin der Sprachwissenschaft, die eine lange Tradition hat und die besonders zu jenen Zeiten Höhepunkte der Produktivität zeigte, in denen ein sprachtheoretisches Interesse der Forscher Hand in Hand ging mit empirischer Detailarbeit. Diese günstigen Bedingungen für eine produktive Entwicklung der historischen Semantik waren vor etwa hundert Jahren gegeben, etwa in der Zeit von 1880-1910, und dann wieder in den 30er Jahren unseres Jahrhunderts und noch einige Zeit danach (vgl. 4.1, 4.2). Die 70er Jahre, ansonsten eine Zeit großer Dynamik in der Linguistik, waren im ganzen gesehen eine Durststrecke für die historische Semantik, eine Zeit, in der für viele Sprachwissenschaftler die Arbeitsschwerpunkte an anderer Stelle lagen. Solche Schwerpunkte waren, abgesehen von der spektakulären Entwicklung der Syntax, etwa die Bedeutungstheorie, die Pragmatik und Kommunikationsanalyse, die Soziolinguistik und die Untersuchung der kognitiven Aspekte des Sprachgebrauchs. Genau diese Theorieentwicklungen kommen der historischen Semantik heute zugute. In der Bedeutungstheorie wurden die Nebel der traditionellen Vorstellungstheorie zerstreut und die Theorieansätze von Philosophen wie Wittgenstein und Grice für die Linguistik fruchtbar gemacht. Die lebhafte Diskussion der Metapherntheorie, an der sich neben Philosophen und Linguisten auch Psychologen beteiligten, schärfte das theoretische Instrumentarium für die Analyse metaphorischen Redens – ein wichtiger Beitrag zur Grundlagenforschung für die historische Semantik. In den letzten Jahren wurde, vor allem von Vertretern der kognitiven Semantik, auch die Metonymie als produktives semantisches Verfahren wiederentdeckt. In den verschiedenen Strömungen der Kommunikationsanalyse wurden die Organisationsformen sprachlicher Kommunikation theoretisch fundiert untersucht, so daß wir heute ein klareres Bild von wichtigen Aspekten der kommunikativen Praxis haben als noch vor 30 Jahren. Zu diesen Aspekten gehören die Wissensvoraussetzungen und der Wissensaufbau in der Kommunikation sowie die Fähigkeit der Sprecher, das mit einer Äußerung Gemeinte zu erschließen, beides entscheidende Faktoren bei

semantischen Neuerungen. In der Soziolinguistik wurden Methoden
zur Untersuchung der Verbreitung sprachlicher Neuerungen erprobt.

Seit dem Beginn der 80er Jahre hat sich die wissenschaftliche
Aktivität im Bereich der historischen Semantik international wesentlich verstärkt. Seit dieser Zeit sind zahlreiche Publikationen erschienen, die sich mit theoretischen und methodischen Grundsatz-
fragen der historischen Semantik befassen (z.B. Geeraerts 1983,
Fritz 1984, Heringer 1985, Traugott 1985a, Busse 1987, Strecker
1987, Fritz 1988, Hundsnurscher 1988, König/Traugott 1988, Ner-
lich/Clarke 1988, Baldinger 1989, Sweetser 1990, Burkhardt 1991,
Koch 1991, Heringer 1992, Keller 1995, Koch 1995, Blank 1997,
Fritz 1997, Geeraerts 1997, Klein 1997). Auch einige Sammelbände
mit historisch-semantischen Themen sind zu verzeichnen, z.B. Fisiak (1985), Busse (1991), Kellermann/Morrissey (1992), Busse/Her-
manns/Teubert (1994), Fritz/Gloning (1997). Zu dieser Entwicklung gehört auch die Beschäftigung verschiedener Autoren mit der
Geschichte der historischen Semantik (z.B. Schmitter 1987, Knobloch 1988, Geeraerts 1988, Nerlich 1992). Für die zukünftige Entwicklung der Disziplin wird es neben der weiteren Ausarbeitung der
Theorie der Bedeutungsentwicklung entscheidend sein, daß die
theoretischen Fortschritte und die heutigen technischen Möglichkeiten verstärkt dazu genutzt werden, anhand von umfangreichem Datenmaterial die vielen Lücken des historisch-semantischen Wissens
für die Einzelsprachen zu schließen und die Frage der Regularitäten
des Bedeutungswandels mit stärker mikroskopischer Betrachtung
anzugehen.

1.5 Historische Semantik als Prüfstein
     für Bedeutungstheorien

Die Tatsache, daß die historische Semantik mit sprachtheoretischem
Interesse betrieben wird, als »Prinzipienwissenschaft«, wie Hermann
Paul sie vor hundert Jahren nannte, führt dazu, daß sie auch als
Prüfstein für die Reichweite von Bedeutungstheorien und im speziellen als ein Testfall für einzelne theoretische Probleme genutzt werden
kann. Ich will das für die an diesen Fragen Interessierten mit einigen Beispielen andeuten. Was die Reichweite der Bedeutungstheorie
angeht, so verlangt die historische Semantik eine Theorie, die in
systematischer Weise die historische Dynamik des Gebrauchs sprachlicher Ausdrücke erfassen kann. Deshalb wird eine Bedeutungs-

theorie, in der die Handlungsmöglichkeiten der Sprecher, ihre Wissensbestände und ihre Fähigkeiten zum Schlüsseziehen systematisch verankert sind, ein hoffnungsvollerer Kandidat für eine Theorie der Bedeutungsentwicklung aus einem Guß sein als eine Theorie, die diese Aspekte nicht erfaßt. In der heutigen Theorielandschaft konkurrieren hier eigentlich nur die handlungstheoretische Semantik und die kognitive Semantik. Zweifellos ist die historische Semantik auch ein Schauplatz, auf dem man besonders gut die Verbindung von handlungstheoretischen und kognitivistischen Prinzipien erproben könnte. Von den theoretischen Einzelproblemen, für die die Betrachtung des Bedeutungswandels ein Test sein kann, will ich nur vier nennen, die auch in den folgenden Kapiteln eine Rolle spielen:

1. Die Abgrenzung zwischen Semantik und Pragmatik. Von den bekannten Abgrenzungsmöglichkeiten zwischen Semantik und Pragmatik (vgl. Gloning 1996, 264ff.) ist nur *eine* linguistisch einigermaßen plausibel, nämlich die zwischen der Theorie der konventionellen Bedeutungsregeln (Semantik) und der Theorie der konversationellen Besonderheiten des Gebrauchs wie etwa der Metaphorik und anderer sog. Implikaturen (Pragmatik). Aber diese Grenze erweist sich aus der Sicht der historischen Semantik als fließend, denn das Sich-Einspielen und die Konventionalisierung semantischer Neuerungen ist ein gradueller Prozeß. Zudem zeigt sich, daß beim klassischen Verständnis der historischen Semantik ein großer Teil der historisch-semantischen Analysearbeit nach der obigen Grenzziehung in den Bereich der historischen Pragmatik fällt. Die Benutzung und die Veränderung von Wissensbeständen durch die Sprecher, die neuen konversationellen Verwendungen sprachlicher Ausdrücke, die Befolgung von Kommunikationsprinzipien bei der Aufnahme und Weiterverbreitung von neuen Verwendungsweisen, das alles sind pragmatische Phänomene. Semantisch im genannten Sinne ist das Resultat pragmatischer Vorgänge, nämlich der konventionelle Gebrauch. Die historische Semantik zeigt also deutlich den Zusammenhang zwischen Semantik und Pragmatik. Eine Bedeutungstheorie für die historische Semantik muß entweder additiv beide Bereiche umfassen oder innerhalb einer einheitlichen Theorie die anfangs erwähnten Aspekte, Regeln und konversationelle Anwendungen, unterscheiden.

2. Die Erklärung der Bedeutungsvielfalt sprachlicher Ausdrücke. Aus der Sicht der historischen Semantik haben die verschiedenen Verwendungsweisen eines Ausdrucks einen eigenen Status als funktionale, kommunikative Einheiten, die kontinuierlich genutzt werden, neu ins Spiel kommen oder verloren gehen. Die historische Semantik ist zu einem beträchtlichen Teil die Geschichte der Entwick-

lung der Verwendungsweisen und ihrer Konstellationen. Dies spricht gegen eine minimalistische Auffassung, nach der man das Verwendungsspektrum möglichst auf eine Grundbedeutung reduzieren und Verwendungsvarianten konversationell ableiten solle. Vielmehr legt die historische Semantik nahe, für die einzelnen Ausdrücke ein gewisses Spektrum von Verwendungsweisen und eine teilweise systematische Verknüpfung von Verwendungsweisen anzunehmen (vgl. 2.2).

3. Die strikte Trennung von lexikalischem Wissen und Weltwissen. Bei der Einführung von neuen Verwendungen, beispielsweise neuen Metaphern, benutzen die Sprecher ihr Wissen über Gegenstände und Sachverhalte der Welt. Dieses Wissen bleibt lange relevant auch für eingespielte Neuerungen, also etwa für eingespielte metaphorische Redeweisen. Erst in einem Spätstadium der Lexikalisierung, in dem der metaphorische Charakter der Neuerung verloren gegangen ist, spielen auch die einschlägigen Wissensbestände keine Rolle mehr. Neben den rein synchronisch begründeten Einwänden gegen eine strikte Trennung von lexikalischem Wissen und Weltwissen sprechen also auch die Befunde der historischen Semantik gegen eine strikte Trennung dieser Wissensbestände (vgl. 2.5).

4. Semantische Universalien. Ähnlich wie der Sprachvergleich bringt die historische Semantik gegenüber der sychronischen Einzelsprachanalyse eine Horizonterweiterung, die empirische Anhaltspunkte dafür geben kann, was im Bereich der Semantik universelle kognitive Grundausstattung und was historisch tradiertes und auch historisch veränderbares semantisches Wissen der Sprecher/innen ist (zu semantischen Universalien vgl. Wierzbicka 1996). Beispielsweise ist das metaphorische Reden eine in der gesamten Entwicklungsgeschichte der bekannteren europäischen Sprachen kontinuierlich zu beobachtende semantische Technik. Wenn man diesen Befund mit den Ergebnissen von sprachvergleichend arbeitenden Untersuchungen abgleicht, liegt die Vermutung nahe, daß diese Technik zum universellen Repertoire der Sprecher gehört, das sie jedoch auf höchst unterschiedliche Art und auf der Basis von unterschiedlichen Wissensbeständen nutzen. Für die Formen des metaphorischen Redens gibt es langwirkende Traditionen, so daß viele metaphorische Verwendungen nicht universell-kognitiv, sondern historisch-traditionell zu erklären sind.

2. Bedeutungstheoretische und methodische Grundlagen

Das Bild, das wir uns von der Bedeutungsgeschichte machen, hängt eng zusammen mit der Bedeutungstheorie, die wir der Betrachtung zugrundelegen. Die Grundbegriffe der Bedeutungstheorie leiten unsere Untersuchungen, indem sie bestimmte Fragestellungen nahelegen und andere eher ausblenden. So macht es beispielsweise einen großen Unterschied, ob wir unter der Bedeutung eines Ausdrucks seine Stellung in einem System von lexikalischen Oppositionen verstehen oder die Regeln, nach denen die Sprecher die Ausdrücke verwenden. Im ersten Fall werden wir in einem Bedeutungswandel eine Veränderung des Systems lexikalischer Oppositionen sehen, die sich durch den Vergleich zweier Sprachstadien konstatieren läßt. Im zweiten Fall werden wir fragen, unter welchen Bedingungen die Sprecher neuartige Verwendungen produzieren, wie diese sich in Sprechergruppen einspielen und wie sie sich in größeren sozialen Gruppierungen verbreiten.

Im folgenden werde ich bedeutungstheoretische Grundlagen für die historische Semantik aus der Perspektive einer handlungstheoretischen Semantik darstellen (vgl. 4.6). Diese Wahl des theoretischen Rahmens hängt damit zusammen, daß in der handlungstheoretischen Semantik in den letzten 50 bis 60 Jahren besonders geeignete Instrumente für eine theoretisch zusammenhängende Betrachtung wichtiger Fragen der Bedeutungsgeschichte entwickelt worden sind. Man kann die Kapitel 2 und 3 dieses Buches als eine handlungstheoretische Alternative zu einer diachronischen kognitiven Semantik lesen, wie sie etwa Geeraerts (1997) entwirft. Ohne Zweifel gibt es vielfältige Konvergenzen in den neueren bedeutungstheoretischen Entwicklungen, auf die ich an geeigneten Stellen auch hinweisen werde, so daß die im folgenden eingeführte semantische Betrachtungsweise in vielen Punkten mit anderen Auffassungen verträglich ist. Genauere Hinweise zu alternativen bedeutungstheoretischen Konzeptionen gebe ich im Zusammenhang der einschlägigen Abschnitte im Kapitel 4 »Forschungstraditionen und Bedeutungstheorien in der historischen Semantik«. Dort gehe ich u.a. auf die sog. Vorstellungstheorie der Bedeutung (4.1) ein, auf die strukturelle Semantik (4.2) und die neueren Entwicklungen in der kognitiven Semantik (4.4). Die Vertreter der wahrheitsfunktionalen Semantik, der in vielen Bereichen am weitesten entwickelten Bedeutungstheorie, haben sich für lexikalische Fragen im engeren Sinne wenig interessiert und sich gegen pragmatische Fragestellungen eher abgeschottet, so daß es aus dieser Richtung bisher keine Beiträge zur historischen Semantik gibt.

2.1 Einige Grundbegriffe

Wenn ein Sprecher zu einem bestimmten Zeitpunkt mit einem Ausdruck eine sprachliche Handlung macht, beispielsweise eine Behauptung, so sprechen wir von einer **Verwendung** des betreffenden Ausdrucks. Sprachliche Handlungen werden normalerweise mit Sätzen gemacht, so daß mit der Verwendung eines Wortes jeweils nur ein bestimmter Teil oder Aspekt der gesamten sprachlichen Handlung realisiert wird. Aus der Perspektive des Hörers entspricht einer Verwendung eines Ausdrucks ein **Verständnis** der betreffenden Äußerung. Er versteht die Äußerung in einem bestimmten Sinne. Wenn ein Ausdruck über eine Zeitspanne hinweg regelmäßig auf eine bestimmte Art und Weise verwendet wird bzw. verwendet werden kann, sprechen wir von einer **Verwendungsweise**. Eine Verwendungsweise ist also ein ganz bestimmtes Verwendungspotential des Ausdrucks. Die Gesamtheit der Verwendungsweisen eines Ausdrucks – sein semantisches Gesamtpotential – nennen wir seine **Bedeutung**. Ich werde öfters vom **Spektrum der Verwendungsweisen** sprechen. Statt *Bedeutung* wird im Rahmen der handlungstheoretischen Semantik auch der Terminus *Gebrauch* verwendet. Diese Redeweise geht auf Wittgenstein zurück, der wichtige Grundlagen der handlungstheoretischen Semantik entwickelt hat. Die Unterscheidung von einzelnen, historisch datierbaren Verwendungen und dem in der Zeit ausgedehnten, regelhaften Gebrauch ist für die historische Semantik grundlegend, weil eine einmalige innovative Verwendung noch keinen Bedeutungswandel darstellt, aber viele Veränderungen des Gebrauchs auf innovative Verwendungen zurückgehen. Eine verwandte Unterscheidung hat schon Paul (1886, 66) getroffen, der von »occasioneller« und »usueller« Bedeutung spricht.

Wenn wir den Gebrauch sprachlicher Ausdrücke beschreiben, so gehört dazu die Angabe von **Verwendungszusammenhängen**. Wichtige Typen von Verwendungszusammenhängen eines Ausdrucks sind:

(i)   seine Kollokationen im Satz und Text (*fällen* und *Baum, Liebe* und *Kinder*),

(ii) seine Beziehungen zu Verwendungsweisen anderer Ausdrücke (z.B. Folgerungsbeziehungen *Hirsch/wildes Tier*, Kontrastbeziehungen *jung/alt, neu/alt*),

(iii) die Arten und Aspekte von sprachlichen Handlungen, zu denen seine Verwendung beiträgt (Bewerten, Beschimpfen, Erlauben, Bezugnahme auf Gegenstände, Klassifikation von Gegenständen, Prädikation, kausale Verknüpfung von Propositionen, lokale Bezugnahme, höfliche Rede usw.),

(iv) die Kommunikationsformen und thematischen Zusammenhänge, in denen der Ausdruck verwendet wird (Beschreibung von
bestimmten Gegenständen, Verwendung in bestimmten institu-
tionellen Kommunikationen, in speziellen Fachkommunikatio-
nen, in einer bestimmten Theorie usw.),

(v) allgemein: das gemeinsame Wissen, das seine Verwendung normalerweise voraussetzt.

In jedem dieser Verwendungszusammenhänge kann sich der Gebrauch von Ausdrücken historisch verändern.

2.2 Verwendungsweisen und die Einheit der Bedeutung

Die Unterscheidung von **Verwendungsweisen** ist ein nützliches theo-
retisches Werkzeug, das es erlaubt, Bedeutungsgeschichte als eine
Geschichte der Verwendungsweisen und ihrer Konstellationen zu
betreiben. Unterschiedliche Verwendungsweisen anzunehmen ist
prinzipiell dadurch gerechtfertigt, daß Verwendungsweisen funktionale Einheiten in der Praxis der Sprecher sind. Kinder lernen häufig
Ausdrücke zunächst in einer bestimmten Verwendungsweise, die aus
der Sicht der Erwachsenen möglicherweise nicht einmal die zentrale
Verwendungsweise ist. Fremdwörter werden häufig zunächst in einer
ganz spezifischen, möglicherweise marginalen Verwendungsweise
übernommen. Neue Verwendungsweisen fallen den Sprechern
manchmal besonders auf. Die analytische Unterscheidung von Verwendungsweisen ist aber für den Beschreibenden nicht ohne Probleme. Um dieses Analysewerkzeug methodisch gesichert nutzen zu
können, muß man u.a. folgende Fragen klären: Wann muß man
verschiedene Verwendungsweisen annehmen? Wie identifiziert und
unterscheidet man Verwendungsweisen? Wie beschreibt man eine
bestimmte Konstellation von Verwendungsweisen? Diese Fragen
sind nicht immer einfach zu beantworten.

In Standardfällen, bei denen das Verständnis eines Satzes »kippt«,
wenn wir die eine oder die andere Verwendungsweise zugrundelegen, erscheint die Unterscheidung von Verwendungsweisen methodisch gut begründet, und sie scheint auch den Intuitionen der
Sprecher recht gut zu entsprechen (z.B. *scharfe Nase* ›gutes Geruchs-
organ‹ vs. ›kantiger Nasenrücken‹). Schwieriger ist die Lage bei Fällen, in denen wir eher ein Kontinuum des Gebrauchs annehmen
möchten. Hier ist der Semantiker leicht in der Versuchung, Grenzen
zu ziehen, wo in der Praxis der Sprecher keine gezogen sind.

Ein methodischer Versuch, diesem Problem aus dem Wege zu gehen und gleichzeitig die Einheit der Bedeutung zu betonen, führt zum sog. **minimalistischen Prinzip**. Dieses Prinzip lautet in der Version von Grice (1989, 47): Man sollte nicht mehr Verwendungsweisen (»senses«) annehmen als notwendig. Notwendig, so könnte man erläutern, ist die Annahme von mehr als einer Verwendungsweise nur dann, wenn nicht Kontextfaktoren, sondern nur die Annahme einer eigenen Verwendungsweise die unterschiedlichen Verständnismöglichkeiten der Äußerungen erklären, in denen der Ausdruck vorkommen kann (vgl. Öhlschläger 1989, 145). Nach diesem Prinzip wird man möglichst nur eine Grundbedeutung annehmen und von dieser die unterschiedlichen Verwendungsmöglichkeiten als konversationelle Implikaturen ableiten (vgl. 2.3). Dieses Prinzip fördert eine schlanke semantische Beschreibung und erklärt die Vielfalt der Verwendungsmöglichkeiten pragmatisch. Eine empirische Rechtfertigung des Prinzips des Minimalismus könnte darin bestehen, daß man in der Einfachheit der Grundbedeutung einen Ökonomievorteil für die Praxis des Sprechens und das Erlernen dieser Praxis sieht. Das ist aber nur ein Teil der Wahrheit.

In der Tat kann es ökonomisch sein, eine einfache Grundbedeutung zu lernen und alles andere ad hoc kontextuell abzuleiten. Es gibt aber auch noch andere Ökonomiefaktoren, nämlich die **Routinisierung** und Institutionalisierung von Verwendungsweisen. Es entlastet die Handelnden in alltäglichen, sich wiederholenden Situationen von Deutungs- und Entscheidungsaufgaben, wenn sie nach möglicherweise relativ komplexen, aber routinisierten Mustern handeln können. Bestimmte Verwendungsweisen bzw. Gruppen von Verwendungsweisen sind fest etabliert, so daß sie nicht jedesmal – beim Sprechen und Verstehen – von einer abgemagerten Bedeutung abgeleitet werden müssen. Aus dieser Überlegung folgt ein Prinzip, das mit einem extremen Minimalismus in Konflikt steht, nämlich das Prinzip, daß etablierte Verwendungsweisen nicht als konversationelle Ableitungen rekonstruiert werden sollten. Die Anwendung dieses Prinzips setzt allerdings voraus, daß man jeweils Indizien dafür hat, daß eine bestimmte Verwendungsweise routinisiert ist. – Bei einer **evolutionären Betrachtungsweise** der historischen Semantik wird man in der Vielfalt der Verwendungsweisen und ihrer Entwicklungen nicht eine unangenehme Komplikation sehen, sondern den eigentlichen Gegenstand der Untersuchung. Man möchte sehen, wie sich ein bestimmtes Verwendungsspektrum historisch entfaltet hat, welche Varianten im Lauf der Geschichte gebildet wurden, welche Varianten erfolgreiche Karrieren hatten und welche wieder aufgegeben wurden. Diese

Sichtweise schließt einen extremen Minimalismus von vornherein aus.

Die Bereitschaft, bei der semantischen Beschreibung ein gewisses Spektrum an Verwendungsweisen zu akzeptieren, löst allerdings noch nicht das methodische Problem, wie Verwendungsweisen zu unterscheiden sind. Daß hier beträchtliche Schwierigkeiten liegen, zeigt allein schon die Tatsache, daß unterschiedliche Autoren oft darin divergieren, was sie als besondere Verwendungsweise zählen. Allerdings findet man oft auch bemerkenswerte Übereinstimmungen. Grundsätzlich hängt die Art der Unterscheidung von Verwendungsweisen auch von den Zielen der Beschreibung ab. Demnach könnte bei einer historischen Beschreibung das Kriterium eine Rolle spielen, ob die Annahme bestimmter Verwendungsweisen die historischen Kontinuitäten und Diskontinuitäten verständlich macht oder nicht. Methoden zur Unterscheidung von Verwendungsweisen diskutieren Heringer (1981), Taylor (1995, 100ff.) und Fritz (1995a, 79ff.).

Die Frage, wann eine gesonderte Verwendungsweise identifiziert werden kann, berührt auch eine Annahme, die in der neueren Forschung häufiger gemacht wird, nämlich die Annahme einer **Struktur der Verwendungsweisen** (z.B. Lakoff 1987, 416ff.; Geeraerts 1997, 19f.). Nach dieser Annahme, die ebenfalls die Einheit der Bedeutung betont, aber auf andere Art als das minimalistische Prinzip, sind die einzelnen Verwendungsweisen nicht isoliert, sondern sie sind durch systematische interne Bedeutungsbeziehungen verknüpft (z.B. die Ort-Zeit-Verknüpfung in *lange Strecke, lange Zeit* oder in *bis Stuttgart, bis 4 Uhr*). Diese systematischen Verknüpfungen entstehen im wesentlichen dadurch, daß neue Verwendungsweisen nach typischen Mustern an die schon vorhandenen angelagert werden (z.B. Metaphern wie Geld *verschlingen*, Benzin *schlucken*, Informationen *ausspucken*). In manchen Fällen kann man von produktiven Systemen von metaphorischen und metonymischen Verknüpfungen sprechen (vgl. Fritz 1995a, 94ff.). In der Literatur sind für die Konstellationen von Verwendungsweisen unterschiedliche Arten von Strukturen beschrieben worden, lineare Verkettungen, strahlenförmige Strukturen und Netze von Verwendungsweisen. Für die historische Betrachtung legt die Redeweise von der Struktur der Verwendungsweisen die Auffassung nahe, daß die Aufnahme einer neuen Verwendungsweise in den Gebrauch sich unter Umständen nicht auf eine reine Addition beschränkt, sondern einen mehr oder weniger starken Umbau der ganzen Struktur bedeuten kann (vgl. 3.5.6). Dies ist zweifellos eine fruchtbare Annahme, die zu interessanten

Beobachtungen führen kann. Sie ist aber in manchen Fällen sicherlich zu stark und vermittelt dann ein falsches Bild von den historischen Vorgängen, indem sie holzschnittartig Strukturveränderungen suggeriert, wo eher Offenheit und fließende Übergänge im Gebrauch zu beschreiben wären.

2.3 Gemeinsames Wissen und konversationelle Implikaturen

Zum Verstehen einer Äußerung benötigt man immer ein bestimmtes Wissen. Nehmen wir an, A äußert gegenüber B: *Du hast wieder geraucht*. Wenn wir das Wissen haben, daß A annimmt, daß B nicht rauchen sollte, können wir diese Äußerung als einen Vorwurf verstehen. Im Standardfall nimmt der Sprecher an, daß der Hörer das relevante Wissen hat und daß der Hörer auch annimmt, daß der Sprecher diese Annahme macht, und der Hörer nimmt an, daß der Sprecher die relevante Annahme macht und auch annimmt, daß der Hörer dieses Wissen hat. Diese Struktur von verschränktem Wissen bzw. von verschränkten Annahmen bezeichnet man als **gemeinsames Wissen** (vgl. Schiffer 1972, 30ff.). Den Begriff des gemeinsamen Wissens kann man u.a. dazu verwenden, einen Aspekt des **Kontextbegriffs** zu klären. Der relevante Kontext einer Äußerung ist bestimmt durch das gemeinsame Wissen der Kommunikationspartner in bezug auf den Zusammenhang dieser Äußerung. Dieses Wissen kann aus dem Wahrnehmungsraum der Dialogteilnehmer stammen, aus dem bisherigen Dialogverlauf, aus der gemeinsamen früheren Kommunikationsgeschichte der Dialogteilnehmer, oder es kann allgemein verbreitetes Standardwissen einer Gruppe oder Gesellschaft sein – das natürlich auch kommunikationshistorisch aufgebaut ist. Das gemeinsame Wissen gibt den Gesprächsbeiträgen Sinn und Zusammenhang. Ein spezifisches gemeinsames Wissen, das zeigt unser Beispiel, ist vor allem dann nötig, wenn ein Sprecher mit der Verwendung eines Ausdrucks etwas Anderes mitteilen will als man damit normalerweise mitteilt. Nehmen wir an, ein Schriftsteller sagt 1994 in bezug auf die neueste deutsche Geschichte »Die Geschichte dampft noch« (Erich Loest). Wenn nun ein Zuhörer nicht spontan versteht, was damit gemeint sein soll, könnte er Überlegungen folgender Art anstellen:

(i) Es ist gemeinsames Wissen, daß der Autor über die Beurteilung der neuesten deutschen Geschichte spricht.

(ii)   Der Sprecher will offensichtlich etwas Relevantes zu diesem Thema sagen.

(iii)   Er hat gesagt, daß die Geschichte noch dampft.

(iv)   Wovon würde man in diesem Zusammenhang sagen, daß es noch dampft? Beispielsweise vom frisch gekochten Essen.

(v)   Was ist bemerkenswert am frisch gekochten Essen, wenn es noch dampft? Es ist noch so heiß, daß man es noch nicht essen kann, ohne sich den Mund zu verbrennen.

(vi)   Wir, Sprecher und Hörer, kennen die metaphorische Verwendungsweise von *sich den Mund verbrennen*, die soviel bedeutet wie *sich durch unbedachtes Reden schaden*.

(vii)   Wenn der Sprecher die neueste Geschichte als noch heißes Essen darstellt, dann kann er damit zu verstehen geben, daß er der Meinung ist, daß man sich bei der Beurteilung der neueren Geschichte (im metaphorischen Sinne) den Mund verbrennen kann.

(viii) Das würde ganz gut mit dem zusammenpassen, was er vorher und nachher gesagt hat.

(ix)   Also gehe ich bis auf weiteres davon aus, daß er die Äußerung in diesem Sinne gemeint hat.

Auf diese Weise könnte sich ein Hörer unter Nutzung verschiedener Annahmen eine Deutung der betreffenden Äußerung zurechtlegen. Dies ist nicht die einzige Deutungsmöglichkeit, und wie alle Deutungen kann auch diese falsch sein. Die Beziehung zwischen dem, was jemand sagt, und dem, was er damit zu verstehen geben will (»to implicate«), bezeichnete Grice in seiner Vortragsreihe »Logic and conversation« von 1967 als **konversationelle Implikatur** (Grice 1989, 24ff.). Man bezeichnet inzwischen häufig auch das, was jemand zu verstehen geben will, als konversationelle Implikatur. Die besondere Nützlichkeit der Griceschen Konzeption der Implikaturen liegt darin, daß Grice Verfahren beschrieben hat, mit denen man auf systematische Art nach Auflösungen von Implikaturen suchen kann, die **Griceschen Räsonnements**. Mit einem solchen Räsonnement, wie ich es sehr verkürzt am obigen Beispiel vorgeführt habe, kann man bei einem gegebenen bzw. angenommenen gemeinsamen Wissen Deutungsmöglichkeiten für eine Äußerung suchen. Umgekehrt kann man auch, wenn man eine bestimmte Deutung sieht, rekonstruieren, welches gemeinsame Wissen diese Deutung voraussetzt. Dieses Analyseverfahren eignet sich besonders auch für die Rekonstruktion der Deutungsmöglichkeiten und vorausgesetzten Wissensbestände bei semantischen Neuerungen. Es ist damit ein Mittel methodischer Explizitheit für die Bestimmung des Zusammenhangs zwischen der etablierten Bedeutung eines Ausdrucks und innovativen konversationellen Verwendungen (metaphorischen, ironischen, euphemistischen Verwendungen etc.). Grice selbst hat darauf hingewiesen, daß eine ursprüngliche konversationelle Implikatur zu einer selbständigen Verwendungsweise konventionalisiert werden kann (Grice 1989, 39). Dieser Gedanke entspricht einer traditionellen Annahme der historischen Semantik – der Usualisierung von Okkasionellem –, so daß es für viele Autoren nahelag, diese Annahme in der Griceschen Version wiederaufzugreifen (vgl. König/Traugott 1988).

2.4 Kommunikationsprinzipien

Kommunikationsprinzipien dienen der Orientierung beim sprachlichen Handeln. Sie steuern u.a. die Auswahl unter sprachlichen Handlungsmöglichkeiten und zwischen alternativen Ausdrücken im Hinblick auf kommunikative Anforderungen wie Genauigkeit, Anschaulichkeit und Höflichkeit. Sie werden von den Sprechern zumeist implizit und unreflektiert befolgt, und die Hörer gehen normalerweise davon aus, *daß* die Sprecher sie befolgen. Es gibt allerdings auch Fälle, in denen einzelne Kommunikationsprinzipien thematisiert werden, beispielsweise dann, wenn einem Hörer eine Äußerung irrelevant, nicht ausreichend informativ oder unverständlich erscheint (vgl. Fritz 1994, 195ff.). Die Kommunikationsprinzipien lassen sich aus dem **Rationalitätsprinzip** ableiten, nach dem kommunikative Handlungen möglichst effektiv sein sollen (vgl. Kasher 1976). Wenn man dieses grundlegende Prinzip nach Aspekten sprachlicher Handlungen ausdifferenziert, kann man beispielsweise folgende Prinzipienbereiche nennen: Relevanz, Verständlichkeit, Informativität, Aufrichtigkeit, Genauigkeit, Anschaulichkeit, Originalität und Höflichkeit. Nach der Griceschen Theorie ist für den Hörer der Verdacht einer (scheinbaren) Verletzung eines Kommunikationsprinzips ein möglicher Indikator dafür, daß er sich eine andere, möglicherweise subtilere Deutung der Äußerung des Sprechers suchen muß. Es gibt aber viele Fälle, in denen das Sehen einer Implikatur nicht die Annahme einer Prinzipienverletzung voraussetzt, sondern nur ein ausreichendes gemeinsames Wissen. Für die historische Semantik spielen die Kommunikationsprinzipien nicht nur als hermeneutische Indikatoren eine Rolle, sondern auch an anderer Stelle: Erfolgreiche Verwendungsweisen empfehlen sich dadurch, daß sie den Sprechern ermöglichen, einschlägige Kommunikationsprinzipien zu befolgen.

2.5　Lexikalisches Wissen und Weltwissen

Eine traditionelle bedeutungstheoretische Annahme besagt, daß man eine klare Trennlinie ziehen kann zwischen lexikalischem Wissen und **Weltwissen** (dem sog. enzyklopädischen Wissen). Lexikalisches Wissen in diesem Sinne kann durch sog. analytisch wahre Sätze ausgedrückt werden, z.B. »Wenn jemand ein Junggeselle ist, dann ist er unverheiratet.« Diesem Wissen über den Gebrauch von Wörtern steht nach dieser Auffassung das Wissen über die Gegenstände gegenüber, auf die man sich mit diesen Ausdrücken beziehen kann. Unter dieses Wissen fallen auch die verbreiteten, aber vielleicht ungesicherten oder sogar verfehlten Annahmen: Junggesellen haben wechselnde Freundinnen, keine sozialen Verpflichtungen wie Ehemänner usw.

Schon die Beobachtung, daß in der historischen Entwicklung bestimmte Wissensbestände über Implikaturen in eine Verwendungsweise integriert werden, läßt an der klaren Trennbarkeit der beiden Wissenstypen zweifeln. Tatsächlich ist es in der Praxis auch schwierig, Kriterien für die Trennung zu geben. Was ist lexikalisches Wissen über das Wort *Lausbub*, und was ist Weltwissen über Lausbuben? Die Annahme, daß ein Lausbub männlich und jung ist, scheint zentral zu sein, aber nicht sehr spezifisch. Spezifischer wären die Annahmen, daß er frech und ungezogen ist, zu Streichen aufgelegt, nicht unsympathisch und nicht unintelligent. Ob hier irgendwo eine Grenze zu ziehen ist und ggf. wo, ist nicht recht deutlich. Vielleicht sind die letzten beiden Annahmen, die übrigens historisch jüngeren Datums sind, etwas lockerer assoziiert. Es scheint also eher so zu sein, daß für den Gebrauch vieler Ausdrücke bestimmte Annahmen zentraler und weniger leicht revidierbar sind als andere (vgl. Putnam 1975, 166ff.). Aber der Übergang von einer Annahmenkategorie in die andere ist offen. Die klare Trennbarkeit der Wissensbestände scheint am ehesten bei terminologischen Ausdrücken gegeben zu sein, die mit expliziten Definitionen eingeführt werden. Aber selbst in diesem Fall ist die Trennlinie nicht notwendigerweise auf Dauer stabil, wie Wittgenstein in den »Philosophischen Untersuchungen« (§ 79) bemerkt: »Das Schwanken wissenschaftlicher Definitionen: ›Was heute als erfahrungsmäßige Begleiterscheinung des Phänomens A gilt, wird morgen zur Definition von »A« benützt.‹« Ergänzen könnte man »und umgekehrt«. Sowohl in der handlungstheoretischen Semantik als auch in der kognitiven Semantik wird eine strenge Trennung derartiger Wissensbestände nicht angenommen. Allerdings kann es gerade für die historische Semantik nützlich sein, zwischen einem Wissen zu unterscheiden, das mit ein-

zelsprachlichen Ausdrücken verknüpft ist, und solchem, das über-
einzelsprachlich in bestimmten Kulturen und Traditionen verfügbar
ist.

2.6 Konventionen und wie sie entstehen

Wie spielt sich eine neue Verwendungsweise ein? Zur Beantwortung
dieser Frage gehe ich aus von einer Analyse von Lewis (1969), die
von verschiedenen Autoren diskutiert und im Hinblick auf sprachliche **Konventionen** weiterentwickelt worden ist (z.B. Bennett 1976,
176ff., Strecker 1987, 46ff., Keller 1995, 153ff.). Eine Konvention
ist eine Verhaltensregularität, die in einer Gemeinschaft aufrechter-
halten wird, weil die Mitglieder der Gemeinschaft das gemeinsame
Wissen haben, daß sie diese Regularität schon früher aufrechterhal-
ten haben und daß diese Regularität eine günstige Lösung für ein
bestimmtes, wiederkehrendes Koordinationsproblem ist. Das spezielle Koordinationsproblem, um das es beim Sprachgebrauch geht,
ist die gegenseitige Verständigung (vgl. Bennett 1976, 177ff.). Der
Sinn von Bedeutungskonventionen besteht also darin, dazu beizutragen, daß die Hörer eine stabile Grundlage für ihre Hypothesen
haben, was die Sprecher mit ihren Äußerungen meinen. Konventionen bauen sich dadurch auf, daß zunächst eine erfolgreiche Verwendung eines Ausdrucks als Vorbild (Präzedenz) für neue Verwendungen genutzt wird. Durch Wiederholung verstärkt sich die Erwartung, daß gerade dieser Ausdruck für diesen Zweck geeignet ist und
auch weiterhin in diesem Sinne benutzt wird, und gleichzeitig baut
sich das gemeinsame Wissen über diese Erwartung auf. (Ein Beispiel
für diesen Vorgang gebe ich in 3.6.) Konventionalisierung wird also
nicht *gemacht*, sie stellt sich graduell ein. Das gemeinsame Wissen
über die Erwartungen hat auch eine normative Wirkung. Die Konventionalisierung einer Verwendungsweise bedeutet nicht nur, daß
es nun eine bestimmte Verhaltensregularität gibt, sondern daß diese
Art der Verwendung als *richtig* gilt und daß Abweichungen als solche wahrgenommen werden können. Konventionen dieser Art werden oft auch als Regeln bezeichnet. Da man Gebrauchsregeln als
Mikroinstitutionen betrachten kann, sind für diesen Fragenkreis
auch Überlegungen zur Institutionalisierung einschlägig, wie sie
etwa Berger/Luckmann (1967, Kap. 2) anstellen.

2.7 Lexikalische und funktionale Perspektive

In der traditionellen Semantik wird bisweilen zwischen einer **semasiologischen** und einer **onomasiologischen** Perspektive unterschieden. Diese Redeweise ist einigermaßen unproblematisch im Bereich der Eigennamen und Gattungsnamen. So kann man z.b. unterscheiden zwischen dem Bezug eines Wortes wie *Kruste* auf das Endstück eines Brotlaibs und auf den Schorf einer Wunde. Man blickt sozusagen von den Ausdrücken auf die Gegenstände (semasiologisch). Umgekehrt kann man von den Gegenständen auf die Ausdrücke blicken (onomasiologisch) und dabei z.b. feststellen, daß der Ohrwurm in einem Dialekt als *Ohrenwusler* und im anderen als *Ohrenschlitz* bezeichnet wird. Die semasiologische Betrachtungsweise herrschte in der traditionellen historischen Semantik vor, die onomasiologische in dialektgeographischen und manchen strukturell-semantischen Arbeiten.

Dornseiff (1938, 122) sah in der onomasiologischen Perspektive die Lösung der Probleme der traditionellen historischen Semantik: »Man muß eben [...] bezeichnungsgeschichtlich, nicht bedeutungsgeschichtlich vorgehen. Man muß nicht fragen: wie erklärt es sich, kulturgeschichtlich, daß das Wort a von der Bedeutung x zu der Bedeutung y sich gewandelt hat?, sondern man muß fragen: Wie kommt ein Sprecher, der die Sache y bezeichnen will, dazu, statt des bisherigen normalen Ausdrucks dafür a zu sagen, das für gewöhnlich x bedeutet? Und wenn man hier die Möglichkeiten überlegt, so ist es gut, die Synonyma für den Begriffskreis y, womöglich aus verschiedenen Sprachen, zusammen zu haben, um die Bezeichnungswege, die Bezeichnungstechnik auf diesem Gebiet kennenzulernen«. Diese Betrachtungsweise ist nicht unvernünftig. Sie vernachlässigt allerdings ihrerseits gewisse Fragestellungen, beispielsweise das Entstehen und die Formen der Polysemie. Deshalb wurde oft salomonisch gefordert, daß die historische Semantik semasiologisch *und* onomasiologisch vorgehen solle (neuerdings z.B. Geeraerts 1997, 43ff.). Die traditionelle onomasiologische Theorie hat allerdings einen theoretischen Pferdefuß. Sie ist streng genommen auf die meisten Arten von sprachlichen Ausdrücken nicht anwendbar, da sie gegenstandstheoretisch fundiert ist. Sie basiert auf der Namensrelation, die bei Ausdrücken wie Verben, Adjektiven, Adverbien oder gar Partikeln nicht sinnvoll angenommen werden kann. Adjektive beispielsweise werden nicht dazu verwendet, auf Gegenstände Bezug zu nehmen, sondern dazu, Eigenschaften anzugeben. Wenn wir also die Intuition fruchtbar machen wollen, die der Semasiologie/Onomasiologie-Unterscheidung zugrundeliegt, müssen wir sie theoretisch rekonstruieren. Im Rahmen einer handlungstheoretischen Semantik kann das so aussehen, daß man einerseits von den Ausdrücken und ihren unterschiedlichen Verwendungsweisen spricht (die **lexikalische Perspektive**) und andererseits von den Funktionen, die man mit bestimmten Arten der Verwendung realisiert (die **funktionale Perspektive**). Nach dieser Rekonstruktion können wir nun ebenfalls salomonisch entscheiden: Für die historische Semantik sind beide Perspektiven von Bedeutung. Ein Beispiel aus der Geschichte der Modalverben: Man kann fragen, mit welchen Ausdrücken im Althochdeutschen eine Erlaubnis ausgedrückt werden kann – nämlich mit *muoz* und mit *mag* – (funktionale Perspektive), und man kann fragen, welche Verwendungsweisen *muoz* im Althochdeutschen hat (lexikalische Perspektive). In beiden Perspektiven kann man historische Veränderungen beschreiben. Man kann einerseits zeigen, daß für das Erteilen einer Erlaubnis im Laufe der Geschichte unterschiedliche Ausdrücke verwendet werden *(muoz, mag, kann, darw)*, und man kann andererseits zeigen, wie das Spektrum der Verwendungsweisen eines Ausdrucks wie *mag* sich verändert. Beide Beschreibungsperspektiven erfassen jeweils einen Aspekt der historischen kommunikativen Wirklichkeit. Das Spektrum der Verwendungsweisen bildet die Einheit der Wortbedeutung, und die Funktion ist die relevante Einheit der kommunikativen Praxis.

2.8 Methodische Fragen: Heuristik und Hermeneutik

Als Grundlage für eine möglichst breite und kontinuierliche Entwicklungsgeschichte des Gebrauchs sprachlicher Ausdrücke benötigt man eine geeignete empirische Basis. Die Mahnung, daß man Datenkenntnis nicht durch Spekulation ersetzen solle, ist seit hundert Jahren ein Topos der historischen Semantik (vgl. etwa Sperber 1923, 83). Im allgemeinen ist man heute der Auffassung, daß viele empirische Fragen nur auf der Grundlage einer Untersuchung von umfangreichen **Corpora** ernsthaft behandelt werden können. Das gilt gleichermaßen für das zu einer bestimmten Zeit erkennbare Spektrum der Verwendungsweisen wie für deren Gebräuchlichkeit. Die Frage, wie man das Datenmaterial findet und nutzt, hat verschiedene Aspekte. Da gibt es zum einen praktisch-technische Fragen wie die folgenden: Gibt es von einschlägigen Kommunikationen Material auf Datenträger oder in Transkriptionen? Sind einschlägige Texte zugänglich? Liegen relevante Texte im Druck vor? Gibt es für bestimmte Corpora schon Wortverzeichnisse oder Wörterbücher?

Kann man die Texte scannen und in eine maschinenlesbare Form bringen? Wie erstellt man Indizes und Konkordanzen? Wie programmiert man Suchroutinen für ältere Texte? Wie nutzt man elektronische Texte, Indizes und Konkordanzen?

Die heutigen Möglichkeiten der computerunterstützten Corpusanalyse erleichtern die Arbeit immens und machen in vielen Fällen einen Umgang mit größeren Datenmengen überhaupt erst realisierbar. Diesen technischen Fragen sind jedoch heuristische Fragen einer anderen Art vorgelagert, die häufig die spezifische Form annehmen: Wie findet man die relevanten Quellen für eine bestimmte historische Fragestellung? Einige Beispiele für dieses Problem sind in Fritz (1997, 18ff.) angeführt. Ein Teilaspekt dieser Frage betrifft die Auswahl von Materialien aus bestimmten Diskurstraditionen bzw. Textsorten. Die Beachtung dieser Spezifik ist wichtig für die historische Betrachtung, weil damit zu rechnen ist, daß sowohl die Innovation als auch die Verbreitung und Überlieferung bestimmter Verwendungsweisen an bestimmte Diskurstraditionen oder **Textsorten** gebunden sein kann. Insbesondere bei Datierungsfragen spielt eine geeignete Datengrundlage aus Texten unterschiedlicher Textsorten eine wichtige Rolle. So lassen sich z.B. viele Erstbelege des DWb durch frühere Belege ersetzen, wenn man das Textsortenspektrum über den traditionellen Kernbereich literarischer Texte hinaus erweitert. Mit dem Finden von Belegen ist es aber noch nicht getan. Man muß die **Belege** auch methodisch sinnvoll nutzen. Insgesamt ist die Frage des Umgangs mit Belegen noch nicht gut erforscht. Heringer (1993, 57) fordert daher eine Beleglehre, die etwa folgende Fragen klärt: »Wie erfiltert der Linguist die Bedeutung aus einem Beleg? Wieviel Belege braucht er, um die Bedeutung zu eruieren? Welche Belegeigenschaften gehen in seine Beschreibung ein? Wie hoch muß der Anteil entsprechender Belege im Belegkorpus sein?«

Auch in einer anderen Hinsicht ist es mit der Bereitstellung von Belegen nicht getan. Wer historische Semantik betreibt und dabei mit empirischem Datenmaterial arbeitet, macht unweigerlich die Erfahrung, daß die Deutung einzelner Belege, vielleicht sogar der entscheidenden Belege, große Schwierigkeiten bereitet und oft unentschieden bleiben muß. Nun liest man in neueren Arbeiten zur historischen Semantik aber relativ selten etwas über die Schwierigkeiten der **Deutung von Belegen**. Das hängt z.T. damit zusammen, daß die Autoren oft ihre Belege samt Bedeutungsbeschreibung aus zweiter oder dritter Hand übernehmen und die textlichen Verwendungszusammenhänge nicht vor Augen haben. In vielen Fällen mag das praktischen Zwängen entspringen, etwa bei einer sprachvergleichenden Methodik mit einem breiten Corpus von Sprachen, wie sie etwa Bybee/Perkins/Pagliuca (1994) anwenden, und es mag oft auch keine nachteiligen Folgen haben. In manchen Fällen ist eine textferne historische Semantik jedoch in Gefahr, gerade die entscheidenden Fakten aus den Augen zu verlieren. Eine gerade bei historischen Belegen besonders wichtige und gleichzeitig besonders schwierige hermeneutische Aufgabe ist es, bei einzelnen Belegstellen zu entscheiden, welcher Anteil des Gemeinten auf die Bedeutung des jeweiligen Ausdrucks zurückzuführen ist und welcher Anteil kontextuell determiniert ist, m.a.W. ob wir einen konventionellen Bedeutungsaspekt des betreffenden Ausdrucks oder eine konversationelle Implikatur vor uns haben.

2.9 Beschreiben, Erzählen, Erklären

Wie jedes wissenschaftliche Arbeitsfeld umfaßt die historische Semantik vielfältige und unterschiedliche Arten von Aktivitäten, z.B. das Formulieren von Entwicklungshypothesen, das Suchen, das Interpretieren, das Ordnen und das Zählen von Belegen. Für die Präsentation von historisch-semantischen Forschungsergebnissen sind besonders drei Aktivitäten von Bedeutung: das Beschreiben, das Erzählen und das Erklären. Diese Aktivitäten sind auch in besonderer Weise Gegenstand der wissenschaftlichen Selbstreflexion. Dabei gibt es über die Rolle des Beschreibens den größten Konsens, das Erzählen wird in der Linguistik am wenigsten beachtet, und am umstrittensten sind die Eigenschaften des Erklärens.

2.9.1 Beschreiben

Einen Gegenstand beschreiben heißt, verschiedene Eigenschaften dieses Gegenstands angeben. Die Vielfalt der **Spielarten des Beschreibens** in der historischen Semantik ergibt sich daraus, daß eine Bedeutungsentwicklung kein einheitlicher Vorgang ist, sondern aus unterschiedlichen Teilvorgängen besteht, die jeweils gesondert beschrieben werden können. Darüber hinaus gibt es unterschiedliche Beschreibungsperspektiven, z.B. die **Makroperspektive** des Sprachsystems bzw. der ganzen Sprechergemeinschaft und die **Mikroperspektive** der sprachlichen Handlungen einzelner Sprecher. Weiterhin gibt es unterschiedliche Ausführungmodi, z.B. knappe Elementarbeschreibungen und umfassende Detailbeschreibungen. Ähnliches gilt mutatis mutandis natürlich auch für das

Erzählen und Erklären. Einige Beispiele für Beschreibungen aus der Mikroperspektive sind:

– beschreiben, wie jemandem eine Abweichung vom bisherigen Sprachgebrauch passierte,
– beschreiben, wie jemand zum ersten Mal im Freundeskreis eine neue metaphorische Verwendung ausprobierte und wie die Freunde reagierten,
– beschreiben, wie jemand eine neue Verwendung zum ersten Mal in den Nachrichten hörte und wie er sich eine Deutung dieser Verwendung suchte,
– beschreiben, wie sich die Verwendung eines Ausdrucks in einer Sprechergruppe verbreitet.

Beispiele für Beschreibungen aus der Makroperspektive sind:

– beschreiben, wie ein Ausdruck oder mehrere Ausdrücke zu einem bestimmten Zeitpunkt verwendet werden (z.b. die Bedeutung der Ausdrücke zur Kennzeichnung von Verwandtschaftsbeziehungen im 12. Jahrhundert),
– vergleichend beschreiben, wie bestimmte Ausdrücke zum Zeitpunkt t_1 und zum Zeitpunkt t_2 in einer Sprache verwendet werden (z.B. die Adjektive für intellektuelle Qualitäten um 1200 und um 1300),
– beschreiben, wie sich die Verwendung eines Ausdrucks oder einer Gruppe von Ausdrücken in einem bestimmten Zeitraum entwickkelt (z.B. die Entwicklung des Systems der epistemischen Modalverben vom 12.-16. Jahrhundert),
– beschreiben, wie sich bestimmte Ausdrücke in einer oder in verschiedenen Sprachen parallel entwickeln (z.B. die Parallelentwicklungen bei Schnelligkeitsadverbien im Englischen; Stern 1931, 185ff.).

Derartige Beschreibungen setzen voraus, daß die im vorigen Abschnitt erwähnten heuristischen und hermeneutischen Fragen zufriedenstellend gelöst sind. Qualitätskriterien für Beschreibungen könnte man folgendermaßen formulieren: Gute Beschreibungen beruhen auf einer soliden theoretischen Basis, auf einer ausreichenden Datenmenge, und sie bedienen sich geeigneter Beschreibungsausdrükke. Sie sind zutreffend, ausreichend genau und umfassend und auf die relevanten Details konzentriert. Diese scheinbar einfachen und einleuchtenden Anforderungen sind im konkreten Fall nicht leicht zu erfüllen. So wurde etwa Jost Trier, einem der bekanntesten historischen Semantiker, vorgehalten, die theoretischen Grundannahmen seiner Beschreibungen seien verfehlt, seine Beschreibungen seien oft unklar, weil in metaphorischer Redeweise formuliert, und sie seien teilweise unzutreffend, weil er einschlägiges Datenmaterial nicht berücksichtigt habe (vgl. 4.2).

2.9.2 Erzählen

Das Erzählen, wie etwas passiert ist, ist eng verwandt mit dem Beschreiben, wie etwas passiert ist. Standardformen des Erzählens erkennt man an der Konzentration auf die Abfolge von Ereignissen in ihrem Zusammenhang, an der Prominenz des *und-dann*-Zusammenhangs. In der Methodendiskussion der historischen Sprachwissenschaft hat das Erzählen nicht dieselbe Aufmerksamkeit gefunden wie in der Geschichtswissenschaft, in der die Rolle des Erzählens, angeregt durch Scriven (1959), Danto (1965) und andere, seit den 70er Jahren ausführlich diskutiert wurde (vgl. z.B. Kocka/Nipperdey 1979). Der Erkenntniswert des **historischen Erzählens** wird zumeist darin gesehen, daß beim Erzählen bestimmte Ereignisse ausgewählt und in einen kohärenten Zusammenhang gebracht werden, der ein besseres Verständnis der Ereignisse ermöglicht. Aufgrund dieses Erkenntniswerts nimmt Danto an, daß das Erzählen in der Geschichtsschreibung u.a die Funktion hat, Veränderungen zu *erklären* (Danto 1965/1974, 404). Diese Einschätzung der Funktion des Erzählens bezieht sich besonders auf eine personenorientierte Ereignisgeschichte und weniger auf die Institutionengeschichte. Bei Erzählungen in dieser Funktion steckt nach Auffassung von Scriven das Element der Verallgemeinerung, das man normalerweise in einer Erklärung sucht, in der Berücksichtigung von historischen Stereotypen oder in (oft nicht explizierten) Annahmen über Rationalität und andere allgemeine Prinzipien des Handelns.

Daß das Erzählen in der historischen Semantik traditionell nicht im Vordergrund stand, hängt damit zusammen, daß die »Schicksale« der Wörter häufig aus einer Perspektive großer Distanz von der tatsächlichen Praxis ihrer Verwendung dargestellt wurden, so daß allenfalls sehr globale Kurzgeschichten wie (1) oder (2) erzählt wurden:

(1) Das Wort *adripare* wurde im Vulgärlateinischen von den Seeleuten im Sinne von *mit dem Schiff ans Ufer kommen* verwendet. Später übernahmen im Französischen weitere Kreise der Sprachgemeinschaft das Wort (in der Form *arriver*). Dabei erfuhr es eine Bedeutungserweiterung und wurde nun im Sinne von *ankommen* verwendet (vgl. Meillet 1905/06).

(2) Im Alt- und Mittelhochdeutschen konkurrierten eine Zeitlang
     zwei Wörter zum Ausdruck des Sich-auf-etwas-Verstehens,
     kunst und *list*. Im Lauf der Zeit wurde *list* eher für technisch-
     handwerkliche Fähigkeiten verwendet, *kunst* eher für höfische
     und wissenschaftliche Fähigkeiten. Im Kampf der beiden Wör-
     ter im Wissensbereich siegte schließlich *kunst*, während *list* aus
     diesem Bereich ganz verdrängt wurde (vgl. Trier 1931, 310ff.).

Hinter diesen sehr abstrakten Bedeutungsgeschichten stehen außerordentlich komplexe Kommunikationsgeschichten. Die betreffenden
Wörter müssen Millionen Male verwendet worden sein, von großen
Mengen von Menschen unterschiedlicher sozialer Gruppen, in vielfältigen Kontexten. Wollte man also die Sprachentwicklung aus der
Kommunikationsgeschichte ableiten, so müßte man für die Geschichte eines einzigen Ausdrucks riesige Ereignisräume abdecken
und hunderttausende von sehr detaillierten Kommunikationsgeschichten erzählen. Natürlich ist das praktisch nicht möglich, schon
deshalb, weil wir die Gebrauchsgeschichten der Ausdrücke nur in
ganz kleinen Ausschnitten überblicken, selbst bei nicht so weit entfernten Zeitstufen wie in den Geschichten (1) und (2). Es ist zum
Verständnis vieler Faktoren der Entwicklung auch nicht nötig, da
sich ein großer Teil dieser Kommunikationsgeschichten ähneln würden. Aber als Teil des theoretischen Horizonts ist ein derartiger Pro-
grammentwurf von großer Bedeutung. Was praktisch möglich ist,
um die Wirklichkeit des Bedeutungswandels besser zu verstehen, ist
das Erzählen und Betrachten von *exemplarischen* Kommunikationsgeschichten. Beispiele für derartige Geschichten findet man bei verschiedenen Autoren, wenn auch kaum in den Handbüchern der historischen Semantik. Dafür einige Beispiele:

– Thomas Mann erzählt in den »Buddenbrooks«, wie sich in der
  Kommunikation zwischen zwei Verliebten der Ausdruck *auf den
  Steinen sitzen* im Sinne von *vereinsamt sein und sich langweilen*
  schrittweise einspielt (vgl. 3.6).
– Victor Klemperer erzählt in seinem »Notizbuch eines Philologen« von der Entwicklung des Ausdrucks *aufziehen* im Sinne von
  organisieren (z.B. *etwas ganz groß aufziehen*), wie sie ihm während
  der Zeit des Nationalsozialismus aufgefallen war (LTI, 47-50).
– Dietz Bering erzählt die Verwendungsgeschichte des Schimpfworts *Intellektuelle* in der ersten Hälfte des 20. Jahrhunderts (Bering 1978).
– Matthias Jung erzählt in »Öffentlichkeit und Sprachwandel«
  Ausschnitte aus der Kommunikationsgeschichte des Wortes *Entsorgungspark* (Jung 1984, 77ff. und 112ff.).

Solche Geschichten belehren uns über Bedingungen, unter denen eine Verwendungsweise ins Spiel kommt und unter denen sie sich etabliert, über Intentionen der Sprecher und die Prinzipien, denen sie folgen, über Wissen und Bewertungen der Sprecher usw. Insgesamt ist das Erzählen von exemplarischen Kommunikationsgeschichten, insbesondere von Verbreitungsgeschichten, eine historisch-semantische Darstellungsform, deren Möglichkeiten noch nicht ausgeschöpft sind.

2.9.3 Erklären

In der alltäglichen Praxis erklärt man jemandem einen Sachverhalt oder ein Ereignis,

(i) um ihn/es ihm verständlich zu machen,
(ii) indem man den Sachverhalt/das Ereignis in einen größeren Zusammenhang stellt, der dem Adressaten der Erklärung vertraut ist.

Auch **wissenschaftliche Erklärungen** haben im wesentlichen diese Eigenschaften des alltäglichen Erklärens. Dabei liegt der kritische Punkt darin, zu entscheiden, welcher Art die größeren Zusammenhänge sind, die in einer erfolgreichen Erklärung dargelegt werden müssen. Bei Naturereignissen erwarten wir normalerweise die Angabe von bestimmten physikalischen Bedingungen und von allgemein gültigen Gesetzmäßigkeiten, nach denen unter den gegebenen Bedingungen die zu erklärende Wirkung eintritt. (A: Warum hat sich der Ballon ausgedehnt? B: Die darin enthaltene Luft hat sich erwärmt. Wenn sich Luft erwärmt, dehnt sie sich aus.) Bei Ereignissen wie menschlichen Handlungen oder Unterlassungen erwarten wir dagegen einen Hinweis auf die Lebenszusammenhänge, insbesondere die Gründe des Handelnden. (A: Warum hast du das Wort *geil* nicht verwendet? B: Ich bin zu alt dafür. Ich sage lieber *toll*.) Es stellt sich nun auch für die historische Semantik die Frage, welche Arten von Zusammenhängen man angeben muß, um Ereignisse wie Bedeutungsveränderungen verständlich zu machen.

Bevor ich auf diesen Punkt näher eingehe, möchte ich zwei **Spielarten des Erklärens** unterscheiden:

1. das Erklären, *wie* eine Bedeutungsveränderung vor sich gegangen ist,
2. das Erklären, *warum* eine Bedeutungsveränderung stattgefunden hat.

Die erste Spielart ist relativ leicht zu charakterisieren:
A *erklärt* B, *wie* eine bestimmte Bedeutungsveränderung vor sich gegangen ist, indem er *beschreibt, wie* diese Bedeutungsveränderung
vor sich gegangen ist (unter Berücksichtigung der obengenannten
Aspekte (i) und (ii)).

Diese Charakterisierung zeigt einen engen Zusammenhang zwischen
Erklären-wie und *Beschreiben-wie*. Die Einsicht in diesen Zusammenhang macht verständlich, warum viele Sprachhistoriker bereit
sind, der differenzierten Beschreibung der Aspekte und Stadien einer Bedeutungsentwicklung den Status einer Erklärung dieser Bedeutungsentwicklung zuzuschreiben.

   Vergleichen wir nun damit die **Erklärung-warum**. Einen Prototyp der Erklärung-warum, den wir aus den Naturwissenschaften
kennen, illustriert unser Beispiel vom Ballon. Hier werden Bedingungen angegeben und Gesetzesaussagen genannt, aus denen zusammengenommen die Aussage folgt, mit der das zu erklärende Ereignis
ausgedrückt ist. Dieser Typ von Erklärung wird oft als kausale Erklärung oder deduktiv-nomologische Erklärung bezeichnet (vgl.
Hempel/Oppenheim 1948). Der Versuch, auch in der historischen
Semantik – wie schon früher in der Lautlehre – kausale Erklärungen
zu finden, führte seit dem Ende des 19. Jahrhunderts zur Suche
nach Regularitäten, die z.T. als »Gesetze des Bedeutungswandels«
bezeichnet wurden. Die in der Literatur angeführten Formulierungen von Regularitäten haben jedoch zumeist ganz offensichtlich
nicht den Charakter von Gesetzesaussagen. Einige Beispiele sollen
das verdeutlichen:

– Sterns Gesetz, daß alle Ausdrücke des Englischen, die vor 1300
  die Bedeutung ›rapidly‹ haben, einen Übergang zu ›immediately‹
  zeigen, nicht aber diejenigen, die diese Bedeutung nach 1300 bekommen (Stern 1931, 185ff.),
– Pauls Generalisierung, daß Bezeichnungen für räumliche und
  zeitliche Verhältnisse häufig zu Bezeichnungen für Kausalverhält-
  nisse werden (Paul 1886, 82; vgl. 5.4.2.1),
– Schuchardts Beobachtung, daß der Bedeutungswandel von »unglücklich« zu »schlecht«, »böse« außerordentlich häufig ist (Schuchardt 1928, 146),
– Sperbers Gesetz, daß »wenn zu einer bestimmten Zeit ein Vorstellungskomplex so stark affektbetont ist, daß er *ein* Wort aus
  den Grenzen seiner ursprünglichen Bedeutung hinaustreibt und
  es veranlaßt, eine neue Bedeutung anzunehmen, [...] mit Be-
  stimmtheit zu erwarten [ist], daß derselbe Vorstellungskomplex
  auch andere ihm angehörige Ausdrücke zur Überschreitung ihrer

Verwendungssphäre und damit zur Entwicklung neuer Bedeutungen treiben wird« (Sperber 1923, 67),

- Bréals Gesetz der Bedeutungsdifferenzierung von Synonymen (Bréal 1897, Kap. 2) und sein Gegenstück, das Prinzip der Homonymenflucht,

- Meillets Generalisierung, daß Ausdrücke bei der Übernahme aus einer Gruppensprache in die gruppenübergreifende Umgangssprache und bei der umgekehrten Übernahme ihre Bedeutung verändern (Meillet 1905/06).

Von diesen allgemeinen Feststellungen scheint allenfalls Meillets Generalisierung hinreichende Bedingungen für eine Bedeutungsentwicklung anzugeben. Das von Meillet und anderen vor ihm beobachtete Phänomen kann man auf das Gefälle an gemeinsamem Wissen zwischen kleineren Gruppen und den Benutzern der gruppenübergreifenden Umgangssprache zurückführen. Wenn das für den Gebrauch eines Ausdrucks relevante gemeinsame Wissen sich ändert, ändert sich notwendigerweise auch der Gebrauch dieses Ausdrucks. Bei den anderen Generalisierungen handelt es sich entweder um die einfache Feststellung, daß bestimmte Veränderungen häufig stattgefunden haben (Sterns »Gesetz«, Pauls und Schuchardts Beobachtungen), oder um die Angabe von Tendenzen, d.h. von Entwicklungsmöglichkeiten, die unter bestimmten Bedingungen besonders naheliegend sind (Sperbers und Bréals »Gesetze«, Pauls und Schuchardts Beobachtungen in einer anderen Lesart). Beide Arten von allgemeinen Feststellungen sind keine Gesetzesaussagen und können folglich nicht dazu verwendet werden, Veränderungen kausal zu erklären.

Unabhängig davon sind diese Angaben zu Häufigkeiten und **Tendenzen des Bedeutungswandels** aber durchaus interessant, weil sie als Ausgangspunkt für eine genauere Analyse der Bedingungen und Erscheinungsformen häufiger Entwicklungen dienen können.

So beruhen Entwicklungen wie die funktionale Differenzierung von Synonymen und die Homonymenflucht auf der Anwendung von Kommunikationsprinzipien wie dem der Genauigkeit und dem der Verständlichkeit. Bréal selbst spricht von einem »Deutlichkeitstrieb«. Die Tatsache, daß es sich hier um Anwendungen von Kommunikationsprinzipien handelt, macht auch verständlich, warum diese »Gesetze« nicht notwendig gelten. Kommunikationsprinzipien kann man verletzen, vor allem dann, wenn es einen Konflikt zwischen verschiedenen Prinzipien gibt. Die Schuchardtsche und die Paulsche Beobachtung führen zu der Überlegung, daß bestimmte neue Verwendungen den Sprechern dann naheliegen, wenn relevante Annahmen zu bestimmten Zeiten gemeinsames Wissen in Sprechergruppen sind (»Leute in sozialer Notlage neigen zu asozialem Verhalten«, »Ereignis E_1 geht Ereignis E_2 voraus, also verursacht Ereignis E_1 Ereignis E_2«).

Wenn der Hinweis auf derartige Regularitäten nicht als kausale Erklärung einer Bedeutungsentwicklung gelten kann, so liegt die Frage nahe, ob es überhaupt kausale Erklärungen in der historischen Semantik gibt. Coseriu (1958/1974, Kap. VI) hat ausführlich dargelegt, daß die historischen Veränderungen der Sprache auf dem intentionalen Handeln der Sprecher beruhen, für das es keine Erklärung mit Hilfe von Gesetzen geben kann. Soweit wir intentionales Handeln nicht verstehen, fragen wir nach den *Gründen* bzw. *Zielen* der Handelnden. Bei einer neuen Verwendung, die das Ergebnis eines Kommunikationsversuchs war, können wir fragen, warum der Sprecher das *so* gesagt hat, d.h. was das Ziel dieses Kommunikationsversuchs war. Beim genannten Beispiel der Nicht-Übernahme einer neueren Verwendungsweise von *geil* wollen wir primär die *Gründe* für diese Abstinenz kennenlernen. Wir fragen nicht nach den *Ursachen*, da wir in solchen Fällen zumeist nicht annehmen, daß eine solche Abstinenz durch eine Droge oder dergl. verursacht wird. Wir suchen also – zumindest für diese Aspekte des semantischen Wandels – keine kausale Erklärung. Da ein semantischer Wandel aber ein komplexer Vorgang ist, erhebt sich die Frage, ob wir *alle* Aspekte des semantischen Wandels intentional erklären können. Das fängt schon damit an, daß manche Neuerungen den Sprechern spontan *passieren*, so daß diese Neuerungen zwar im Zusammenhang mit intentionalem Handeln stehen, aber als solche nicht intendiert sind (vgl. 3.1). Aber es gibt noch weitergehende Probleme mit dem Versuch einer intentionalen Gesamterklärung.

Die Auffassung, daß man den semantischen Wandel insgesamt intentional erklären kann, kommt in Konflikt mit einer Einsicht, die vielen Sprachtheoretikern am Ende des 19. Jahrhunderts vertraut war (z.B. Paul 1886, 29f., Marty 1908, 621ff.), daß nämlich die Sprecher bei ihren sprachlichen Aktivitäten zwar bestimmte Intentionen verfolgen, z.B. ihre Gesprächspartner zu informieren oder zu beeinflussen, daß sie aber zumeist nicht die Intention verfolgen, ihre Sprache als Institution zu verändern. Die Veränderung der Sprache ergibt sich als nicht-intendierte Folge des intentionalen Handelns der Sprachbenutzer. Diese Einsicht in den Mechanismus der Entstehung und Entwicklung von Institutionen wurde in neuerer Zeit von verschiedenen Autoren als sog. **unsichtbare-Hand-Erklärung** genauer expliziert (z.B. Ullmann-Margalit 1978: »invisible-hand explanation«) und auch auf den Sprachwandel angewendet

(Keller 1990). Nach dieser Konzeption enthält eine historisch-semantische Erklärung drei Bestandteile:

1. Die Angabe von relevanten Bedingungen für das kommunikative Handeln der Sprecher, aus dem Neuerungen entspringen. Dazu gehören vor allem ihre Kenntnis der Regeln des etablierten Sprachgebrauchs mit seinen systematischen Eigenschaften, ihre kognitive Ausstattung, das gemeinsame Wissen innerhalb von Sprechergruppen, bekannte Muster und Prinzipien für neue Verwendungen (metaphorische Vorbilder, Prinzipien indirekter Sprechakte), die kommunikativen Prinzipien (Verständlichkeit, Originalität, Höflichkeit, Explizitheit, Genauigkeit etc.) und schließlich die kommunikativen Aufgaben, die die Sprecher zu lösen haben.
2. Die Angabe von Mechanismen, die kumulativ nicht-intentionale, institutionelle Resultate des intentionalen Handelns der einzelnen Sprecher hervorbringen.
3. Die Angabe von Resultaten der Wirkung dieser Mechanismen, nämlich neue Verwendungsweisen, lexikalische Strukturen und Kommunikationsformen.

Als Beispiele für die erwähnten Mechanismen könnte man anführen:

– Wenn die Sprecher einer bestimmten Gruppe eine neue Verwendung nachahmen und regelmäßig als Muster benutzen, spielt sich diese Verwendungsweise ein.
– Wenn viele Sprecher eine neue Verwendungsweise attraktiv finden und übernehmen, verbreitet sie sich.
– Wenn sehr viele Leute einen Ausdruck in einer neuen Verwendungsweise gebrauchen, um das Prinzip der Originalität zu befolgen, ist diese Verwendungsweise bald so verbreitet, daß ihr Gebrauch nicht mehr originell ist – eine paradoxe Wirkung.
– Wenn sehr viele Leute einen Ausdruck in einer neuen Verwendungsweise gebrauchen, um das Prinzip der Höflichkeit besonders auffällig zu befolgen, dann ist diese Verwendungsweise bald so verbreitet, daß ihr Gebrauch nicht mehr besonders auffällig höflich ist.
– Wenn die Sprecher aufhören, ein Wort zu verwenden, stirbt es aus.

Die Angabe von Mechanismen dieser Art erscheint z.T. relativ trivial. Dies mag der Grund dafür sein, daß sie in der traditionellen Forschung kaum erwähnt wurden, vielleicht auch dafür, daß ihr Status nicht deutlich erkannt wurde. Man setzte sie in vielen Fällen wohl

als selbstverständlich voraus und konzentrierte sich auf die unter
Punkt 1. genannten Bedingungen, insbesondere auf die strukturellen Eigenschaften des etablierten Sprachgebrauchs (Wortfelder, Poly-
semien, Homonymien), neuerungsfördernde Verfahren (metaphorische Rede, euphemistische Rede) und die Bedingungen der Kommunikation (Wissensbedingungen, Kontakt zwischen Sprechern unterschiedlicher Sprachen, Kontakt von Laien mit Spezialisten, kommunikative Bedürfnisse bei der Bezugnahme auf neue Arten von
Gegenständen etc.). Insofern ist die Frage berechtigt, ob man manche traditionelle Darstellungen nicht als grobe Erklärungsskizzen
verstehen kann, in denen sowohl der Aspekt des intentionalen Handelns der Sprecher als auch die Mechanismen, die nicht-intendierte
Resultate produzieren, implizit vorausgesetzt werden. Auch wenn
dies wissenschaftshistorisch zutreffen sollte, so bleibt doch die Forderung nach mehr Explizitheit berechtigt, denn Explizitheit fördert
die Übersicht über die Zusammenhänge des Gegenstandsbereichs,
in diesem Fall die Übersicht über den Zusammenhang zwischen den
sprachlichen Handlungen der einzelnen Sprecher und dem kollektiven, nicht-intendierten Resultat dieser Handlungen, dem regelhaften Gebrauch sprachlicher Ausdrücke. Eine ganz andere Frage ist
die, ob man eine Erklärung, die diese Mechanismen berücksichtigt,
als kausale Erklärung bezeichnen möchte.

Die Einsicht, daß ein semantischer Wandel ein komplexer Vorgang ist, dessen Bestandteile im Zusammenhang behandelt werden
müssen, hat noch einen bisher nicht erwähnten Aspekt, der jedoch
den Klassikern der historischen Semantik wohlbekannt war. Man
muß bei einem Erklärungsversuch zunächst einmal darauf achten,
daß man den richtigen **Gegenstand der Erklärung** zu fassen bekommt. Nehmen wir an, wir wollten erklären, wie sich die Verwendung von *noise* ›Lärm‹ im heutigen Englischen aus der lateinischen
Verwendung von *nausea* ›Seekrankheit‹ entwickelt hat. In einem gewissen Sinn kann man sagen, daß sich *diese* Entwicklung gar nicht
vollzogen hat. Eine Hypothese wie die, daß mit der Seekrankheit
lautes Geräusch beim Erbrechen verbunden sei und daß sich daher
die Verwendung im Sinne von ›Lärm‹ einspielen konnte, ist phanta-
sievoll, aber verfehlt. Vielmehr vollzieht sich diese Entwicklung
langfristig in kleinschrittigen Bedeutungsübergängen ›Seekrankheit‹
> ›Krankheit‹ > ›(seelischer) Schmerz‹ > ›laute Klage‹ > ›Lärm‹ (vgl.
Spitzer 1945). Was man jeweils direkt erklären kann, sind die einzelnen Bedeutungsübergänge. Die Gesamtentwicklung muß als Se-
quenz von Teilentwicklungen erklärt werden. Aus dieser methodischen Einsicht heraus wurde das Prinzip der kleinen Schritte formuliert (vgl. 3.3).

Zum Abschluß dieser knappen Darstellung will ich noch zwei Arten von Erklärungsversuchen erwähnen und dabei auf Probleme hinweisen, die mit diesen Erklärungsmustern verbunden sind.

1. Stanforth (1967, 104) erklärt die Abnahme der Zahl von Dimensionsadjektiven und die Entstehung einer Symmetrie von Dimensions- und Mengenadjektiven (*groß/klein, viel/wenig*) seit dem Mhd. als das Ergebnis des Versuchs der Sprache, Ordnung in das mhd. lexikalische Chaos zu bringen. Wenn dies nicht nur eine metaphorische Redeweise ist, beruht diese Erklärung auf einem Kategorienfehler, nämlich der Annahme, die Sprache könne Versuche unternehmen. Wie wir gesehen haben, sind es die *Sprecher* einer Sprache, die irgendwelche Versuche unternehmen, wenn auch diese Versuche sich normalerweise nicht darauf richten, die semantische Struktur der Sprache in eine bessere Ordnung zu bringen. Dieser Kategorienfehler bzw. diese übertragene Redeweise ist in strukturalistischen Untersuchungen nicht selten.

2. Heute sind es besonders die Vertreter verschiedener Versionen der kognitiven Semantik, die sich um die Suche nach Regularitäten und die Formulierung von Generalisierungen bemühen, die als Indikatoren für kognitive Strukturen gelten sollen (vgl. 4.4). Diese Forschungsstrategie stützt sich auf folgende Annahme: Häufig beschrittene Pfade des Bedeutungsübergangs können als ein Indiz für einen Zusammenhang innerhalb einer kognitiven Kategorie bzw. zwischen kognitiven Kategorien gelten. Wenn nun aber die auf diesem Wege erschlossenen kognitiven Kategorien dazu verwendet werden, einschlägige Bedeutungsübergänge als von diesen Kategorien determiniert zu erklären, dann liegt der Verdacht eines methodischen Zirkels nahe, solange nicht weitere, unabhängige Hinweise auf die Strukturen der betreffenden kognitiven Kategorien verfügbar sind. Zudem erklärt eine Erklärung dieser Art – falls sie erfolgreich ist – nur ganz bestimmte Aspekte derartiger bedeutungsgeschichtlicher Vorgänge, nämlich: warum diese Art der Neuerung den Sprechern nahe liegt und warum die Hörer sie leicht verstehen.

3. Zur Theorie der Bedeutungsentwicklung

3.1 Innovation –
die Entstehung semantischer Neuerungen

Wie **semantische Neuerungen** entstehen, ist die traditionelle Zentralfrage der historischen Semantik. Diese Frage wurde häufig in der Form gestellt, wie *ein* Mensch auf eine bisher ungebräuchliche Verwendungsvariante verfallen konnte (vgl. Wellander 1917, 52). Diese Fragerichtung ist im Prinzip methodisch richtig, weil man den Sprachwandel letztlich auf die Praxis der einzelnen Sprecher zurückführen muß. Die Art der Fragestellung erfaßt den Vorgang einer semantischen Neuerung aber nur unvollständig. Der entscheidende Mangel dieser Betrachtungsweise hängt mit folgendem Faktum zusammen: Eine einmalige neue Verwendung verändert die Bedeutung eines Ausdrucks nicht. Erst wenn die neue Verwendungsweise Teil einer kollektiven Praxis ist, können wir von einer *Bedeutungs*veränderung reden. Deshalb muß die Frage nach der Entstehung neuer Varianten (**Innovation**) ergänzt werden um die Frage nach der Auswahl aus dem Pool von Varianten (**Selektion**), die Frage nach der Konventionalisierung von Neuerungen und die Frage nach der Verbreitung (**Diffusion**). Dabei muß man berücksichtigen, daß es Aspekte und Möglichkeiten der semantischen Neuerung gibt, die nicht (nur) Sache eines einzelnen innovativen Sprechers sind oder die nicht (nur) in der Einführung einer neuen Verwendung liegen, beispielsweise folgende:

(i)   Oft sind innovative Verwendungen eines Ausdrucks schon darauf zugeschnitten, daß sie für einen Hörer verständlich sind und bei diesem eine gewünschte Wirkung erzielen.

(ii) Manchmal liegt die Innovation in der *Deutung* einer Verwendung durch einen Hörer.

(iii) Manche Bedeutungsveränderungen entstehen als *Folge* einer Veränderung des gemeinsamen Wissens, so daß ein innovatives Individuum nicht auszumachen ist.

(iv) Durch die Aufnahme einer neuen Verwendungsweise verändert sich für die Sprecher, unabhängig vom Innovator, die *Struktur* der Verwendungsweisen.

Schließlich ist zu bedenken, daß es für die empirische Analyse einer individuellen Neuerung schwierige Probleme gibt. Zum einen bekommt man empirisch die eigentliche innovative Äußerung und den Erstverwender außerordentlich selten zu fassen. Dafür legt die gesamte historisch-semantische Forschung Zeugnis ab. Man ist also bei diesem Verfahren meistens in der Lage, eine historisch etablierte neue Verwendungsweise auf eine fiktive Erstverwendungssituation zurückzuprojizieren und diese zu rekonstruieren. Zum andern wird in vielen Fällen nicht zu entscheiden sein, welche semantischen Zusammenhänge der Innovator bei der innovativen Verwendung tatsächlich gesehen hat, selbst wenn man sein eigenes Zeugnis hätte. Im allgemeinen ist leichter zu entscheiden, welche Zusammenhänge später für den etablierten Gebrauch bestimmend sind. – Insgesamt ist es notwendig zu unterscheiden zwischen den **kommunikativen Verfahren**, die die Sprecher benutzen und bei denen dann innovative Verwendungen vorkommen (z.B. metaphorische Rede), den **Prozessen**, die die Kommunizierenden anstoßen und vorantreiben, zumeist ohne sie selbst zu intendieren (z.B. das Sich-Einspielen einer Neuerung) und den **Resultaten**, die diese Verfahren und Prozesse haben, nämlich Veränderungen der Bedeutung für eine ganze Sprechergemeinschaft.

In einem ersten Zugriff kann man fragen, welche Gründe und welche Ressourcen die Kommunizierenden für semantische Neuerungen haben. Bei den Gründen für das Suchen und Verwenden neuer Varianten ist in erster Linie **der kommunikative Nutzen** zu nennen. Der kommunikative Nutzen einer Neuerung für den Benutzer besteht in allgemeinster Form in ihrem Beitrag zu seinem kommunikativen Erfolg. Genauer gesagt besteht der kommunikative Nutzen der neuen Verwendungsweise im erweiterten Handlungspotential des betreffenden Ausdrucks, wozu auch die Möglichkeit gehört, mit einer Verwendung des Ausdrucks bestimmte Kommunikationsprinzipien befolgen zu können. Diese Beschreibung darf allerdings nicht so verstanden werden, als reflektierten die Sprecher normalerweise extensiv über den kommunikativen Nutzen von Neuerungen. Sie *sehen* ihn vielmehr spontan, oder sie *erproben* ihn. Das erweiterte **Handlungspotential** eines Ausdrucks besteht darin, daß ein Sprecher mit einer Verwendung dieses Ausdrucks beispielsweise eine oder mehrere der folgenden Intentionen realisieren kann:

(i)   eine neue Art von Gegenstand identifizieren,

(ii)   eine neue Sichtweise eines Gegenstands einführen,

(iii)   auf einen Gegenstand auf leichtverständliche Art Bezug nehmen,

(iv)   auf einen Gegenstand auf ungewöhnliche Weise Bezug nehmen,

(v)   eine neue Art von Sachverhalt ausdrücken,

(vi)   einen Sachverhalt auf besonders anschauliche Weise ausdrücken,

(vii)   einen Sachverhalt ausdrücken, ohne dabei verpönte Ausdrücke verwenden zu müssen,

(viii) seine Gefühle besonders ausdrucksvoll zu erkennen geben,
(ix)   jemanden auf besonders subtile Art ärgern,
(x)   seine Kompetenz in einem bestimmten Sachbereich zeigen.

Die **Kommunikationsprinzipien**, denen die Sprecher beim Kommunizieren und folglich auch bei ihren Neuerungen folgen, lassen sich aus dem Rationalitätsprinzip ableiten, nach dem kommunikative Handlungen möglichst effektiv sein sollen. Wenn man dieses grundlegende Prinzip nach Aspekten sprachlicher Handlungen ausdifferenziert, kann man beispielsweise folgende Prinzipien nennen, die ein Sprecher mit der innovativen Verwendung eines Ausdrucks befolgen kann:

(i)   das Prinzip der Genauigkeit (z.B. in wissenschaftlicher Rede oder in technischer Dokumentation),
(ii) das Prinzip der Anschaulichkeit (z.B. beim Lehren und anderen Formen der Wissensvermittlung),
(iii) das Prinzip der Höflichkeit (z.B. in formeller Rede),
(iv) das Prinzip der Originalität (z.B. in unterhaltender Rede),
(v)   ästhetische Prinzipien (z.B. in literarischen Texten).

Neben dem Nutzenaspekt haben semantische Neuerungen auch einen **Ökonomieaspekt**. Mit ihnen gelingt es den Kommunizierenden, schon vorhandene Ressourcen günstig zu nutzen, um neuen Wein in alte Schläuche zu bringen. Zu diesen Ressourcen für die Produktion von Neuerungen gehören in erster Linie drei Dinge:

(i)   die Fähigkeit, sprachliche Ausdrücke nach etablierten Mustern zu verwenden,
(ii) umfangreiche Wissensbestände, vor allem in der Form des gemeinsamen Wissens,
(iii) eingeführte Verfahren zur flexiblen Nutzung der etablierten Gebrauchsmuster.

Bevor ich nun auf typische Entstehungsbedingungen und neuerungsträchtige kommunikative Verfahren eingehe, will ich kurz einige Bemerkungen dazu machen, was eine neue **Verwendungsvariante** ist. Zunächst einmal ist jede Verwendung eines Ausdrucks eine neue Variante in dem Sinne, daß sie in einem neuen kommunikationshistorischen Zusammenhang steht. Das gilt auch für ganz routinemäßige sprachliche Handlungen. Soweit man diese Varianten aber nach etablierten Regeln deuten kann, wird man in ihnen keine Neuerungen sehen. Von Varianten in diesem Sinne sind Varianten zu unterscheiden, die den Rahmen des bisherigen Usus verlassen. Offensichtliche Beispiele dafür sind Übertragungen eines Prädikatsausdrucks auf neue Arten von Gegenständen, z.B. *eine nahrhafte Theorie*. In vielen Fällen gibt es aber keine sicheren Kriterien dafür, wann eine einzelne Verwendung noch durch den Usus gedeckt ist und wann sie als Neuerung gelten muß. Die Regeln für den Gebrauch von Ausdrücken sind in manchen Dimensionen offen (Vagheit der Bedeutung). Die Sprecher selbst überblicken im allgemeinen die Gebrauchsmöglichkeiten der Ausdrücke ihrer Sprache nur ansatzweise, so daß sie, selbst wenn sie über ihre Praxis reflektieren würden, oft nicht entscheiden könnten, ob sie eine neue Variante gefunden haben oder eben nur das normale Anwendungsspektrum des Ausdrucks ausgeschöpft haben.

Auch wenn klare Grenzen des Gebrauchs oft nicht gezogen sind, können wir doch als Beschreibende in vielen Fällen Neuerungen identifizieren. Diese Neuerungen kommen auf unterschiedliche Art ins Spiel, wie die folgende Typen von **Neuerungssituationen** zeigen:

(i) Ein Sprecher denkt sich gezielt eine Verwendungsweise aus, die den bisherigen Gebrauch überschreitet. Er feilt an seiner Formulierung, zieht Alternativen in Betracht usw. Das kann ein Dichter sein, der den Ausdruck *goldne Träume* verwendet, oder eine Technikerin, die ein Stück Bedienoberfläche auf dem Bildschirm als *Fenster* bezeichnet, oder ein Linguist, der die Merkmalübertragung innerhalb eines Strukturbaums als *percolating* bezeichnet, d.h. als eine Form von Durchsickern, wie bei einem Kaffeefilter. Derartige Neuerungen sind reflektierte Lösungen von kommunikativen Aufgaben. Dabei bleiben die poetischen Neuerungen oft einmalige Anwendungen – das gilt allerdings nicht für *goldne Träume* –, während die terminologischen Neuerungen der zweiten Gruppe sich möglicherweise auf längere Zeit etablieren, wenn auch oft nur in bestimmten Fachsprachen.

(ii) Eine weniger reflektierte Variante dieses Suchens hat Marty (1908, 641f.) beschrieben: »Es gibt auch ein Wählen, wo man unbedacht zum ersten besten greift, was die spontane Assoziation bietet, und was nach Analogie zu früher Erfahrenem die gewünschte Wirkung zu üben verspricht, und wo nur, wenn dieses den Dienst versagt (in unserem Fall, wenn das zunächst gewählte Mittel kein Verständnis findet), etwas anderes versucht wird, bis dieses planlose Tasten doch schließlich den beabsichtigten Erfolg hat.« Diese Beschreibung weist sehr schön auf den experimentellen Charakter von neuen Verwendungen hin.

(iii) Einem Sprecher passiert es spontan und ohne daß in irgendeinem Sinne von Suchen oder Problemlösen die Rede sein müßte, daß er die Grenzen des bisherigen Gebrauchs überschreitet. Hinterher stellt sich heraus, daß er dabei auf eine nützliche Verwendungsmöglichkeit gestoßen ist.

(iv) Ein Hörer deutet die Verwendung eines Ausdrucks durch einen anderen Sprecher auf eine neuartige Weise und verwendet den Ausdruck daraufhin im Sinne dieser Deutung weiter.

(v) Eine Neuerung im gemeinsamen Wissen der Sprecher erzeugt eine neue Verwendungsvariante.

(vi) Die Sprecher fangen an, eine bisher marginale Verwendungsweise häufiger zu verwenden. Daraufhin wird diese langsam zum Prototyp und die ursprünglich prototypische Verwendungsweise wird marginal.

(vii) Die Sprecher verzichten, ohne daß ihnen das auffällt, auf bestimmte Verwendungsmöglichkeiten eines Ausdrucks. Diese Praxis erzeugt natürlich keine neue Variante, aber sie führt doch zu einer Veränderung der Bedeutung, nämlich zu einer Einschränkung des Verwendungsspektrums des Ausdrucks. Diese Form der Selbsteinschränkung ist u.a. dann zu erwarten, wenn die Sprecher sich im Hinblick auf das Verwendungsspektrum des Ausdrucks unsicher sind, z.B. bei Fremdwörtern oder Fachwörtern, oder wenn sie einen konkurrierenden Ausdruck für bestimmte Verwendungen vorziehen.

Wenn man von Fall (i) absieht, sind Neuerungen dieser Art als solche nicht intendiert, sie sind Nebenprodukte des kommunikativen Alltagsgeschäfts und werden oft gar nicht als innovativ wahrgenommen. Diese Art der Genese macht auch verständlich, warum neu entstehende Varianten oft als nahe Verwandte von etablierten Verwendungsweisen erscheinen: Die etablierte Praxis dient den Sprechern als Ausgangspunkt und normative Orientierung beim tastenden Suchen nach erfolgversprechenden Formulierungen.

3.2 Innovative kommunikative Verfahren

In diesem Abschnitt werden **kommunikative Verfahren** und Ressourcen dargestellt, die es erlauben, das vorhandene Gebrauchspotential von sprachlichen Ausdrücken für neue Zwecke zu nutzen. Diese Verfahren ermöglichen es, mit der Verwendung eines Ausdrucks (zusätzlich) etwas anderes zu verstehen zu geben, als man normalerweise damit zu verstehen gibt. Einige dieser Verfahren waren schon der antiken Rhetorik als sog. **Tropen** bekannt (Metapher, Metonymie, Euphemismus, Ironie). Die Anwendung derartiger Verfahren erzeugt konversationelle Implikaturen in vielfältigen Varianten, weit über das klassisch-rhetorische Repertoire hinaus. Die Analyse dieser Verfahren ermöglicht systematische Fragestellungen, wie die folgenden: Inwiefern sind produktive metaphorische oder metonymische Anwendungssysteme Mittel der sprachlichen Ökonomie? Welche semantischen Pfade eröffnen diese Verfahren? Welches sind die verschiedenen Funktionen derartiger Verfahren? Wie sind sie kombinierbar? Gibt es Gemeinsamkeiten aller dieser Verfahren? – In diesem Abschnitt werden zwar primär innovative *Verfahren* dargestellt, zur Illustration werden aber historisch eingespielte Verwendungsweisen herangezogen. Die Beispiele überspringen also die komplexen Prozesse der Konventionalisierung, Verbreitung etc., die in den darauffolgenden Abschnitten behandelt werden.

3.2.1 Metaphorische Verwendung

Im 12. Jahrhundert wurde *scharf* protoypisch auf Schwerter und Messer angewendet. Dabei war es gemeinsames Wissen, daß ein scharfes Schwert auch wehtun kann. Dieses Wissen konnte nun jemand nutzen, um *scharf* in der Verbindung *scharfer wint* zu verwenden. Damit konnte er auf eine anschauliche Art zu verstehen geben, daß es sich um einen »schneidenden« Wind handelt, der wehtut wie eine scharfe Waffe. Belege für diese Art der übertragenen Verwendung von *scharf* gibt es seit dem 13. Jahrhundert. Damit erweitert sich das Spektrum der Verwendungsweisen dieses Adjektivs um eine Verwendung, die mit der prototypischen durch eine metaphorische Verknüpfung verbunden ist. (Zur Geschichte des Systems von metonymischen und metaphorischen Verknüpfungen im Gebrauch von *scharf* vgl. 5.4.3). Die Lexikalisierung von metaphorischen Verwendungsweisen ist besonders häufig (*Früchte der Arbeit, ein Problem erfassen, Benzin schlucken, ein süßer Klang, trübe Gedanken* usw.) und in der historischen Semantik auch gut dokumentiert. Zum Verständnis einer einzelnen metaphorischen Redeweise und der Praxis metaphorischen Redens im allgemeinen ist es nützlich zu betrachten, welche Funktionen metaphorische Verwendungen haben können und welche Wissensbestände bzw. Traditionen für metaphorische Rede verfügbar sind. Als Beispiele für typische **Funktionen metaphorischer Rede** nenne ich:

– Die Metaphorik liefert eine neue, zusammenhängende Sichtweise für einen Gegenstand (Kommunikationsformen als »Sprach*spiele*« bei Wittgenstein, die Computermetaphorik für das Gehirn in der Künstlichen Intelligenz),

– sie vermittelt den Eindruck der Vertrautheit bei unvertrauten Gegenständen (*Fenster, ausschneiden, Lineal, Papierkorb* in der

Beschreibung von PC-Benutzeroberflächen; das *Fließen* des elektrischen *Stroms*),
- sie erlaubt assoziationsreiche Beschreibungen (*jemanden im Regen stehen lassen, ein frostiger Empfang*), sie ist ein probates Mittel auffälliger Rede (*eine appetitliche Theorie*),
- sie hilft über Wortschatzlücken hinweg (z.b. musikalische Metaphorik für seelische Eindrücke: *ein Nachklang, Nachhall, Widerhall* oder *Echo in der Seele*; vgl. Langen 1974, 195).

Auch für relevante Wissensbestände, Alltagstheorien und metaphorische Traditionen will ich einige Beispiele geben: Alltagswissen über den Sport wird in neuerer Zeit häufig für metaphorische Rede in der politischen Berichterstattung verwendet (*Kohls Reservemannschaft, ein Eigentor, die Opposition im Abseits, die defensive Spielweise der Regierung*). Wenn als gemeinsames Wissen die Annahme verbreitet ist, daß bestimmte Tiere unappetitlich und schädlich sind, dann kann man Menschen als unappetitlich und schädlich kennzeichnen, indem man sie z.b. als Ratten und Schmeißfliegen bezeichnet (dazu genauer: Keller-Bauer 1984). Wenn es eine verbreitete Alltagstheorie gibt, nach der Gedanken in Sätze »verpackt« und dann in dieser Form an den Adressaten übermittelt werden, dann erlaubt das Formulierungen wie die folgenden: *Dieser Satz enthält eine Aufforderung, In dieser Äußerung steckt ein Irrtum, Der Vorwurf war fein verpackt*. Wenn es eine Tradition gibt, über das Zusammenpassen von Menschen wie über das Zusammenklingen von Instrumenten zu reden (vgl. lat. *consonare*), dann ermöglicht das neue Verwendungen von Harmoniebezeichnungen wie *Einklang, Übereinstimmung, Harmonie, Disharmonie, ein Mißklang in unserer Beziehung* usw., die im Deutschen zumindest seit dem 18. Jahrhundert gebräuchlich sind. Zu den wichtigsten Anwendungen des metaphorischen Verfahrens gehört die Möglichkeit, geistige, innere Vorgänge als körperliche, äußere Vorgänge zu sehen. Unser Wortschatz ist voll von lexikalisierten Metaphern dieser Art: *den Zusammenhang »sehen«, das Problem »begreifen«* (vgl. lat. *comprehendere*), *to grasp the problem, er rafft es nicht*. Im Einzelfall ist schwer zu entscheiden, was für neue Verwendungen dieser Art jeweils die primäre Basis ist, ein bestimmter Wissensbestand oder eine bestimmte Tradition metaphorischer Rede. In Arbeiten zur kognitiven Semantik wird m.E. oft die Rolle semantischer Traditionen unterschätzt, z.B. diejenige christlich-antiker Traditionen in Europa. Dadurch erscheint manches als universell-kognitiv, was historisch-traditionell ist. – Nach herkömmlicher Auffassung setzt die metaphorische Übertragung eine Ähnlichkeit oder – besser gesagt – das Sehen einer Ähnlichkeit zwischen zwei verschiedenen Arten von Gegenständen voraus. Bei manchen der genannten Beispiele wäre es aber erhellender zu sagen, daß die metaphorische Verwendung es ist, die das Sehen von Ähnlichkeiten erst ermöglicht (vgl. Black 1962, 37). Entwicklungsstufen metaphorischer Verwendungen von der kreativen über die konventionelle bis zur lexikalisierten Metapher behandelt Emonds (1986, 164ff.).

3.2.2 Metonymische Verwendung

Für die uns vertrauten Arten von Gegenständen und Situationen verfügen wir über zusammenhängende, stereotype Wissensbestände, auch **Frames** genannt, die für unterschiedliche Verwendungsweisen eines Ausdrucks genutzt werden können, u.a. in metonymischer Rede. So gehört zum Gesundheits-Frame u.a. der Wissenszusammenhang, daß eine Person gesund sein kann, daß geeignetes Essen zur Gesundheit beiträgt und daß man Gesundheit manchmal an der Gesichtsfarbe ablesen kann. Dieses Wissen ermöglicht die Verwendung von Verbindungen wie *gesundes Kind, gesundes Essen, eine gesunde Gesichtsfarbe.* Ähnliche Wissensbestände stützen den Zusammenhang der Verwendungsweisen von *gelehrt:* »Wer von einem *gelehrten Mann* spricht, kommt leicht darauf, von seiner *gelehrten Zunge* oder *gelehrten Feder* zu reden usw.« (Wellander 1917, 66). Auf vergleichbare Art kann der Ausdruck *die Universität* verwendet werden, um auf die Institution, die Vertreter der Institution und die Gebäude dieser Institution Bezug zu nehmen. Diese Möglichkeit der Nutzung von verbreiteten Wissensbeständen ist ein wichtiges Mittel semantischer Ökonomie: *Ein* Ausdruck bietet ein ganzes System von Verwendungsweisen. Das durch ein solches produktives metonymisches Muster eröffnete Potential von Verwendungsweisen ist allerdings nicht immer auch realisiert. Das Spektrum gebräuchlicher Verwendungsweisen entfaltet und verändert sich historisch in der Einzelsprache. Wie bei der Nutzung von metaphorischen Verfahren sind auch bei den metonymischen Verwendungsweisen diejenigen für die historische Semantik von besonderem Interesse, die uns Hinweise auf bevorzugt genutzte Zusammenhänge innerhalb von Frames und auf verbreitete Lösungen von spezifischen Ausdrucksaufgaben geben. So beobachtet Paul (1920a, 99), daß in vielen Fällen »Gemütsbewegungen nach den sie begleitenden Reflexbewegungen bezeichnet werden«: *beben, schauern, aufatmen, mit den Zähnen knirschen* etc. So unterschiedlich die Strukturen von Frames sind, so heterogen sind auch die Möglichkeiten metonymischer Rede. Listen häufig genutzter metonymischer Zusammenhänge finden sich z.B. in Norrick (1981, 86-100) und Blank (1997, 249ff.). Beispiele sind: Handlung/Gegenstand der Handlung/Instrument/ Resultat der Handlung oder Behälter/Inhalt. Die Kombination von metaphorischem und metonymischem Verfahren zeigt folgendes Beispiel: »Das ahd. Wort *klawa*, nhd. Klaue, bedeutete zunächst ›Kralle, Pfote, Tatze‹ ... , wurde aber spätestens seit der Luther-Zeit in salopper Redeweise auch als Metapher für die menschliche Hand verwendet, bevor es schließlich in metonymischer Ableitung die zusätzliche Bedeutung ›schlechte Handschrift‹ erwarb« (Burkhardt 1996, 188).

3.2.3 Euphemistische Verwendung

Als euphemistisch bezeichnet man eine Verwendung von Ausdrükken, die unangenehme, unschickliche oder gesichtsbedrohende Äußerungen dadurch entschärfen soll, daß ein Ausdruck verwendet wird, der normalerweise für unverfänglichere Äußerungen verwendet wird. Euphemistische Rede bedient sich häufig der Metaphorik und Metonymie. So ist *heimgehen* zumindest seit dem 18. Jahrhundert einer der vielen **Euphemismen** für *sterben* (vgl. *hinscheiden, die Augen schließen, abberufen werden*, frz. *décéder* ›weggehen‹, *disparaître* ›verschwinden‹; eine sarkastische Variante ist *ins Gras beißen*). Im Mhd. konnte der Ausdruck *kranc* ›schwach‹ euphemistisch zur Zuschreibung von Krankheit verwendet werden (vgl. lat. *infirmus* ›schwach‹, ›krank‹). Seit dem 15. Jh. wird der Ausdruck *Dirne*, bis dahin im Sinne von *Mädchen* und *junge Dienerin, Magd* verwendet, zum Euphemismus für *Hure*. Damit die Verständigung funktioniert, müssen die Gesprächspartner sich natürlich darüber im klaren sein, was mit der euphemistischen Rede gemeint ist. Das ist normalerweise auch der Fall. Manchmal versuchen die Benutzer mit solchen Verwendungen allerdings auch, Sachverhalte zu verschleiern, insbesondere gegenüber Außenstehenden, die nicht über einschlägiges Wissen verfügen. Daß *Beitragsanpassung* normalerweise so viel wie *Beitragserhöhung* bedeutet, wird keinem Krankenversicherten entgehen. Auch der Ausdruck *Diätenanpassung* für die kräftige Diätenerhöhung der deutschen Bundestagsabgeordneten im Jahre 1995 führte die Öffentlichkeit wohl nicht irre. Allerdings wurde die Verwendung dieses Ausdrucks als verniedlichend kritisiert. Der Verdacht gezielter Verharmlosung wurde bei zahlreichen Ausdrücken der Atomenergiedebatte ausgesprochen (*Störfall, Havarie*; zur Einschätzung des Verschleierungsvorwurfs vgl. Jung 1994). Eine auffällige Eigenschaft euphemistischer Rede ist, daß sie oft einem starken Verschleiß unterliegt. Die erfolgreiche euphemistische Verwendung wird schnell routinisiert, verliert dadurch den euphemistischen Charakter und muß durch einen neuen Euphemismus ersetzt werden. Zu den wichtigsten Anwendungsbereichen euphemistischer Rede vgl. Luchtenberg (1985). Eine kurze Liste von historischen Euphemismen findet sich in Paul (1992, 1103).

3.2.4 Ironische Verwendung

Weniger häufig als bei den bisher erwähnten kommunikativen Verfahren verfestigen sich ironische Redeweisen. Beispiele sind: *ein schöner Freund, ein sauberer Patron* (vgl. Paul 1920a, § 71). Beim ironischen Reden wird konversationell verfügbares Wissen genutzt, um spielerisch zu reden oder Distanzierung zu signalisieren. Bei der Konventionalisierung derartiger Wendungen wird diese Handlungsmöglichkeit regelhaft fixiert. Verwandte Verfahren sind das übertreibende, hyperbolische Reden und sein Gegenteil, das Understatement. Hyperbolische Rede gilt als ein Charakteristikum der sog. Jugendsprache der letzten 40 Jahre (*ein Wahnsinnssound*). Eine etablierte hyperbolische Redeweise ist *vor Langeweile sterben*. Beispiele für Understatement sind das lobende *nicht übel* und die Verwendung der mhd. Ausdrücke für *wenig* (*lützel, wênec, kleine*) im Sinne von *nichts*.

3.2.5 Implikaturen

Es gibt vielfältige Möglichkeiten von konversationellen Implikaturen, die nicht unter die klassischen Typen von Tropen zu subsumieren sind. Im folgenden sollen einige Beispiele für besonders interessante **Implikaturentypen** angeführt werden.
1. Nehmen wir an, ein Modalverb wird zu einer bestimmten Zeit wie in (1) verwendet, um anzugeben, daß gegebene Umstände eine bestimmte Möglichkeit zulassen.

(1) Das Schiff kann jetzt schon gelandet sein.

In dieser Situation könnte jemand folgende Annahme machen:

(2) Wenn die gegebenen Umstände die Möglichkeit zulassen – und sonst nichts dagegen spricht –, daß das Schiff jetzt schon gelandet ist, dann ist die Vermutung berechtigt, daß das Schiff jetzt schon gelandet ist.

Wer die Annahme (2) macht und annimmt, daß der Gesprächspartner erkennen kann, daß er diese Annahme macht, der kann mit (1) zum Ausdruck bringen, daß er *vermutet*, daß das Schiff schon gelandet ist. Die Implikatur ermöglicht also eine sog. epistemische Verwendung. Diese Art von Neuerung läßt sich im Deutschen im 15. Jahrhundert feststellen und ist generell für die Entstehung epistemischer Verwendungsweisen grundlegend (vgl. Fritz 1997, 96f.).

2. Das zweite Beispiel betrifft die Entwicklung kausaler Verwendungsweisen bei temporalen Partikeln (ausführlicher in 5.4.2). Mit einem Satz wie (3) kann man zunächst einmal feststellen, daß ein bestimmtes Ereignis einem anderen folgte:

(3) Nachdem das Azorenhoch wirksam wurde, besserte sich das Wetter.

Nimmt man nun zusätzlich an, daß Ereignisse vom ersten Typ normalerweise kausal relevant für das Eintreten von Ereignissen des zweiten Typs sind, so kann man mit diesem Satzgefüge zu verstehen geben, daß das erste Ereignis die Ursache für das zweite ist. Das entsprechende weitergehende Verständnis der Konjunktion *nachdem* kann man als konversationelle Implikatur auf der Grundlage der etablierten temporalen Verwendungsweise rekonstruieren. Diese Art von Implikatur ist für uns naheliegend, und sie war es offensichtlich schon in früheren Zeiten, so daß sich für Sätze wie (3) häufig eine kausale Deutung einspielte. Beispiele sind Sätze mit englisch *since*, mhd. *sît*, nhd. *da* und – unser Beispiel – *nachdem*. Die Konventionalisierung dieser Deutungsmöglichkeit führt dazu, daß diese Ausdrücke zumindest zeitweise gleichzeitig eine temporale und eine kausale Verwendungsweise haben, die durch eine Implikaturbeziehung verknüpft sind (vgl. 5.4.2.1).

3. In diese Großkategorie gehört auch das, was man eine spezialisierte Verwendung nennen könnte. Der Ausdruck *die Pille* wurde seit dem Fnhd. zur Bezugnahme auf ein medizinisches Präparat in Tablettenform beliebiger Art verwendet. In den 60er Jahren wurde dieser Ausdruck zusätzlich speziell auf einen in der Öffentlichkeit viel diskutierten Typ von Präparat angewendet, nämlich auf die neuentdeckten Mittel zur hormonellen Empfängnisverhütung, und zwar sowohl individualisierend (*Ich habe die Pille vergessen*) als auch generisch (*Die Pille ist gesundheitlich nicht unbedenklich*). Für den Ausdruck *die Wende* gab es seit Anfang der 80er Jahre gleich zweimal eine verfestigte spezialisierte Verwendung, seit 1982 zur Kennzeichnung der sog. geistig-moralischen Wende Kohls – eine Verwendungsweise, deren Karriere inzwischen weitgehend abgeschlossen ist – und seit 1989 zur Kennzeichnung der politischen Ereignisse in

der DDR im Herbst 1989 (vgl. Herberg/Steffens/Tellenbach 1997, Kap. 1). Traditionell hat man in solchen Fällen von einer Bedeutungsverengung gesprochen, was den eigentlich interessanten Punkt dieser Neuerung nicht trifft. Kommunikativ handelt es sich dabei um die Fixierung der **Referenz** auf eine spezielle Art von Gegenstand, bei der das Relevanzprinzip befolgt und ein spezifisches gemeinsames Wissen genutzt wird. (Referenztheoretische Aspekte der Bedeutungsverengung und Bedeutungserweiterung bei Substantiven werden in 5.1.1 behandelt.)

4. In die Kategorie der nicht-klassischen Implikaturen gehören auch neue Verwendungsweisen, die als Formen sog. **indirekter Sprechakte** beschrieben worden sind. Ein Beispiel ist die Verwendung von *dürfen* in Sätzen wie *Darf ich Sie bitten ...?*, die heute konventionell für höfliche Bitten oder Aufforderungen verwendet werden. Es gibt Hinweise darauf, daß im 18. Jahrhundert Äußerungen dieser Form noch als Frage um Erlaubnis verstanden wurden. Dabei setzt die Frage um Erlaubnis die Annahme voraus, daß der Gesprächspartner einen Status hat, der es ihm ermöglicht, eine Erlaubnis zu geben oder zu verweigern. Konversationell konnte man deshalb mit derartigen Äußerungen signalisieren, daß man dem Gegenüber einen hohen Status zuschreibt – ein typisches Mittel der Höflichkeit. Diese konversationelle Möglichkeit höflicher Rede wurde spätestens im 19. Jahrhundert konventionalisiert (vgl. Gloning 1997, 410ff.).

3.2.6 Kleinschrittige Erweiterung der Verwendungskontexte

Neben klar profilierten Neuerungen gibt es viele Fälle, in denen die Sprecher fast unmerklich die **Verwendungskontexte erweitern.** Diese Art von Neuerung liegt besonders nahe in Dimensionen, in denen der Gebrauch offen ist, z.B. bei den häufig fließenden Selektionsgrenzen von Prädikatsausdrücken. Ein schon in der älteren Forschung relativ gut dokumentiertes Beispiel für kleinschrittige Erweiterung findet sich in der Geschichte von *können* (vgl. Fritz 1997, 117ff.). Wir sehen bei diesem Verb eine Öffnung des Gebrauchs von der Verwendung zur Angabe einer geistigen Fähigkeit im Ahd. über die Angabe von Handlungsmöglichkeiten bis hin zur Angabe der allgemeinen, nicht-agensbezogenen Möglichkeit im Fnhd. Diese Veränderung scheint schrittweise über die Erweiterung relevanter Redehintergründe und Selektionsgrenzen verlaufen zu sein: Möglichkeit zu handeln *aufgrund von* geistigen Fähigkeiten, *aufgrund von* körperlichen oder geistigen Fähigkeiten, *aufgrund von* äußeren

Gegebenheiten, Möglichkeit von kausal bewirkten Ereignissen *aufgrund von* diversen Gegebenheiten. Man könnte diesen Vorgang rekonstruieren über eine Skala von Vorkommensweisen von *können* mit semantisch unterschiedenen Verbtypen, unterschiedlichen Aktanten und unterschiedlichen Konstruktionstypen, in denen ein abnehmender Grad von Agentivität repräsentiert ist. Diese Skala reicht von typischen Handlungsverben bis zu Passivkonstruktionen und unpersönlichen Konstruktionen. – Einen ähnlichen Entwicklungsgang nimmt Aijmer (1985, 13f.) für die Entstehung des englischen *will*-Futurs an: »the semantic development of *will* into a ›pure‹ or non-volitional future is initiated [...] in the third person where it is caused by the extension from human to non-human subjects. In the original (i.e. prototypical) use *will* requires a human subject. This (selectional) restriction can be relaxed so that *will* also collocates with a non-human subject. The change is mediated by the existence of vague cases characterized by the fact that the subject is neither human nor non-human. The vague area can be placed between the end-points on a gradient scale [...]. If the subject of *will* is not a human noun, the hearer tries to assimilate it to the human noun of the prototype. If this is not possible *will* loses its volitional meaning and a development to a future marker can take place«. Diese Formen gleitender Übergänge waren auch der älteren Forschung wohlbekannt (vgl. Wellander 1917, 53).

Grenzfälle sind diejenigen Öffnungen von Selektionsgrenzen, bei denen man auch von kleinschrittiger Metaphorik sprechen könnte. Ein Beispiel beschreibt Robert Musil im »Mann ohne Eigenschaften« (Gesammelte Werke, 1952, S. 44):

»Es hatte damals schon die Zeit begonnen, wo man von Genies des Fußballrasens oder des Boxrings zu sprechen anhub, aber auf mindestens zehn geniale Entdecker, Tenöre oder Schriftsteller entfiel in den Zeitungsberichten noch nicht mehr als höchstens ein genialer Centrehalf oder großer Taktiker des Tennissports. Der neue Geist fühlte sich noch nicht ganz sicher. Aber gerade da las Ulrich irgendwo, wie eine vorverwehte Sommerreife, plötzlich das Wort ›das geniale Rennpferd‹. Es stand in einem Bericht über einen aufsehenerregenden Rennbahnerfolg, und der Schreiber war sich der ganzen Größe des Einfalls vielleicht gar nicht bewußt gewesen, den ihm der Geist der Gemeinschaft in die Feder geschoben hatte.«

Ob ein Übergang von *genialer Tenor* zu *genialer Libero* ein großer oder kleiner Schritt ist, hängt davon ab, wie eng die Zeitgenossen die Verwandtschaft zwischen einem Opernauftritt und einem Auftritt auf dem Fußballrasen sehen.

3.2.7 Verwendung von Ausdrücken
in neuen Gebrauchsdomänen

Unter Gebrauchsdomänen verstehe ich größere Verwendungszusammenhänge wie etwa den religiösen Sprachgebrauch, den Sprachgebrauch der Rechtspraxis und andere fachsprachliche Verwendungszusammenhänge von Ausdrücken. Eine Übernahme von Ausdrücken aus der Umgangssprache in die juristische Fachsprache oder aus der religiösen Sphäre in die allgemeine Umgangssprache ist wegen der veränderten Wissenskonstellationen an sich schon eine veränderte Verwendung, sie geht aber zumeist auch mit anderen Verwendungsbesonderheiten einher, z.B. mit metaphorischer, spezialisierter oder offenerer Verwendung. Auswirkungen umfangreicherer Vorgänge der Übernahme von Ausdrücken in neue Gebrauchsdomänen sind die **Christianisierung** nicht-christlichen Wortschatzes im Ahd. (vgl. Weisweiler/Betz 1974, 86ff.), die **Säkularisierung** von religiösem Wortschatz im 18. Jahrhundert (vgl. Langen 1974, 174ff.) und die **Popularisierung** von wissenschaftlichem oder technischem Wortschatz im 19. und 20. Jahrhundert (zum Wortschatz der Psychoanalyse vgl. Pörksen 1986, 168ff., zum Computerwortschatz vgl. Wichter 1991).

3.2.8 Elliptische Verwendungen

Bei ausreichendem gemeinsamem Wissen können Teile eines komplexen Ausdrucks weggelassen werden, ohne daß sich die Funktion des Ausdrucks ändert. Die Sprecher befolgen auf diese Weise das **Prinzip der Kürze**. Ein Beispiel: Im 17. Jahrhundert wurde die Unsitte des Prahlens metaphorisch durch die Redeweise *mit dem großen Messer aufschneiden* gekennzeichnet. In geeigneten Kontexten konnte die Angabe *mit dem großen Messer* ausgelassen werden. Durch Konventionalisierung dieser elliptischen Verwendung ergab sich eine Erweiterung des Gebrauchs von *aufschneiden*, die heute noch gebräuchlich ist (vgl. 5.2.1). Ende des 19. Jahrhunderts bezeichnete man in Frankreich die neuen Kraftfahrzeuge als *voiture automobile*. Wenig später wurde das ursprüngliche Adjektiv *automobile* unter Auslassung von *voiture* als Substantiv zum Bezug auf Autos verwendet. Eine umfangreiche Untersuchung zu **Ellipsen** als Neuerungsressource ist Wellander (1928).

3.2.9 Nutzung von Präzedenzen

Die bisher angeführten Neuerungsmöglichkeiten wurden im wesentlichen so beschrieben, daß die Neuerung durch die Nutzung eines bekannten kommunikativen Verfahrens bei aktuell verfügbarem, relevantem Wissen ermöglicht wurde. Es gibt aber noch eine andere Art Ressource für neue Verwendungen und Deutungen, nämlich die schon erwähnte Nutzung von **Präzedenzen**. In diesen Fällen wird ein bestimmter Aspekt des Gebrauchs eines anderen Ausdrucks, möglicherweise die ganze Struktur von Verwendungsweisen, als Muster genutzt. So konnte beispielsweise die metaphorische Verwendung von *Ermüdung* in *Materialermüdung* als Muster dienen für die Verwendung von *Erschöpfungsgrad* in bezug auf Anlagenteile von Atomkraftwerken (Beleg von 1992). Aufgrund schon vorhandener Verwendungsähnlichkeiten dienten die Verwendungsweisen von *mögen* im Mhd. und Fnhd. als Muster für neue Verwendungen von *können*. Die mehrfache Nutzung von Präzedenzen kann Parallelentwicklungen in einer ganzen Familie bedeutungsverwandter Ausdrücke führen. So hat beispielsweise Meillet beobachtet, daß im französischen Argot Verben, die im Sinne von *reinigen* verwendet werden (z.B. *polir* schon bei Villon), auch im Sinne von *stehlen* verwendet werden können (*fourbir, brunir, sorniller, nettoyer*; vgl. dt. *abstauben*; Meillet 1921, 247). Ähnlich sind die Parallelentwicklungen in Wortfeldern zu erklären, auf die Lehrer (1985) aufmerksam gemacht hat. Auch Verwendungen bedeutungsverwandter Ausdrücke anderer Sprachen können als Präzedenzen genutzt werden. In diesen Fällen sprechen wir von einer Lehnbedeutung, so z.B. bei der Verwendung von *schlank* in *schlanke Verwaltung* nach dem Muster von *lean management*. Bei diesem Beispiel ist bemerkenswert, daß nicht naheliegende Übersetzungsäquivalente wie *mager, dürr, drahtig* für die Anlagerung der neuen Verwendungsweise benutzt wurden, sondern das kurze und mit positiven Bewertungen verbundene *schlank*. Im Lauf der Geschichte können bei demselben Ausdruck mehrfach Verwendungsweisen nach fremdsprachlicher Präzedenz aufgenommen werden, wie etwa beim Wort *Geist*, bei dem im Ahd. die Verwendungsweise *heiliger Geist* (nach lat. *spiritus sanctus*) und im 18. Jahrhundert die Verwendungsweise im Sinne von frz. *esprit* übernommen wurde (zu Lehnbedeutungen vgl. auch 4.1).

3.2.10 Umdeutung einer Verwendungsweise

Eine weitere Möglichkeit der Neuerung ist die **Umdeutung** (Reanalyse). Als eine Umdeutung beschreibt Oksaar (1958, 371) die Entstehung der Verwendung von mhd. *gelîche* ›sofort‹ ausgehend von der Verwendungsweise ›gleichzeitig‹. Ein Befehl *kommt alle gleichzeitig* kann bei geeigneten Zusatzannahmen im Sinne von *kommt sofort* gedeutet werden. Ein etwas anders gelagertes Beispiel einer Umdeutung beschreibt Gloning für den Bereich der Modalverben (1997, 394ff.): Seit dem 16. Jahrhundert sind Verwendungen von Ausdrücken wie *ich möchte sagen* zur Kennzeichnung einer etwas heiklen Formulierung gebräuchlich, wie in (1):

(1) ja es mangelt wenig/ so *möcht* ich sprechen/ er wäre mein halber College (Weise 1679)
     ›ja es fehlt wenig und ich könnte sagen ...‹

Bis weit ins 17. Jahrhundert wird *möchte* vorwiegend im Sinne von heutigem *könnte* verwendet. Gegen Ende des 17. Jahrhunderts wird dann die Verwendung von *möchte* im Sinne von *hätte gern, würde gern* gebräuchlicher, und im Laufe des 18. und 19. Jahrhunderts wird umgekehrt die alte Verwendungsweise im Sinne von *können* ungebräuchlicher, d.h. wir beobachten eine Verschiebung der prototypischen Verwendungsweise. Die hier angeführte Redeweise bleibt aber kontinuierlich im Gebrauch bis zum heutigen Tage. Irgendwann im 18. oder 19. Jahrhundert scheint eine Umdeutung dieser Redewendung stattgefunden zu haben, die darin bestand, sie der neueren Verwendungsweise von *mögen* zuzuordnen und nicht mehr als ›ich könnte beinahe sagen‹ zu verstehen, sondern als ›ich würde beinahe gerne sagen‹, wie in (2):

(2) ... und sie auf diese Weise, ich *möchte* fast sagen, sinnlich vorführen (Weinrich 1976)

Umdeutungen können auch dazu führen, daß Verwendungsweisen ähnlich klingender Ausdrücke aufeinander bezogen werden. Ein Beispiel ist die Umdeutung der Verwendung von *turren* ›wagen‹ in eine Verwendungsweise von *dürfen*. Schon im 13. Jahrhundert wird das veraltende Verb *turren* ›wagen‹ offenbar als eine Form des lautlich ähnlichen *dürfen* gedeutet. Damit erhält *dürfen* eine neue Verwendungsweise im Sinne von *wagen*, die vor allem im 16. und 17. Jahrhundert gut belegt ist (vgl. Fritz 1997, 111f.). Umdeutungen spielen ebenfalls eine Rolle beim Zusammenfallen der beiden niederländischen Ausdrücke *verduwen* ›wegschieben‹ und *verdouwen* ›verdauen‹ zu einem Ausdruck seit dem 16. Jahrhundert, das Geeraerts (1997,

134ff.) beschreibt. Verwandte Erscheinungen sind die sog. **Volksety-mologien.** Vermutlich im 16. Jahrhundert wurde im Kompositum *Wahnwitz* das erste Kompositionsglied, ursprünglich *wan* (mhd. ›leer, nichtig‹), als eine Verwendung von *wahn* (mhd. *wân* ›Wahn‹) gedeutet (Paul 1920a, 219). Zu Volksetymologie und Bedeutungs-wandel vgl. Blank 1997, 308ff.

3.3   Kleine Schritte und Entwicklungspfade

In verschiedenen Arbeiten zur Bedeutungsgeschichte wird seit dem 19. Jahrhundert ein Prinzip erwähnt, das ich das **Prinzip der klei-nen Schritte** nennen will. Es ist einerseits ein methodisches Prin-zip, das verlangt, daß der Forscher bei der Beschreibung der Be-deutungsgeschichte eines Ausdrucks über längere historische Peri-oden hinweg die Bedeutungsentwicklung in möglichst einfache Vorgänge zerlegt und diese Bedeutungsübergänge einzeln unter-sucht (vgl. Paul 1895, 72; Wellander 1923, V). Dabei müssen oft sog. Übergangsbedeutungen als **semantische Brücken** gesucht oder rekonstruiert werden. Andererseits wird vom Prinzip der kleinen Schritte aber auch angenommen, daß es bei der historischen Ent-wicklung selbst wirksam ist (vgl. Paul 1886, 18: »Bei jeder verän-derung kann nur ein kurzer schritt getan werden«). Unter der An-nahme, daß kleine Schritte diejenigen sind, die leicht möglich sind, wird in der älteren Literatur häufig festgestellt, daß ein be-stimmter Bedeutungsübergang »leicht möglich« sei. Die Theorie der **leichten Übergänge** ist dort jedoch noch wenig explizit. Ein Bedeutungsübergang ist leicht möglich, so könnte man annehmen, wenn eine neuartige Verwendung dem Sprecher naheliegt und für den Hörer leicht deutbar ist. Eine neue Verwendung liegt nahe und ist leicht deutbar, wenn sie zumindest eine der Bedingungen (i) bis (iv) erfüllt. Dies gilt vor allem – aber nicht nur –, wenn die neue Verwendung einem der produktiven kommunikativen Ver-fahren folgt.

(i)   In einer bestimmten Sprechsituation ist das für die neue Ver-wendung relevante gemeinsame Wissen aktuell kommunikati-onshistorisch aufgebaut worden (z.B. bei einer ad-hoc-Metapher oder einer elliptischen Äußerungsform), so daß ihr Sinn ins Auge springt.

(ii) Es gibt für die neue Verwendung prägnante Verwendungsvorbil-der (Präzedenzen), die Teil des gemeinsamen Wissens sind.

(iii) Die neue Verwendung stützt sich auf in der Sprechergemeinschaft verbreitetes, historisch-spezifisches stereotypes Wissen über Gegenstände und Sachverhalte.

(iv) Sie stützt sich auf eine möglicherweise universelle kognitive Ausstattung, etwa auf das Sehen eines Zusammenhangs zwischen der kausalen und der temporalen Verknüpfung von Ereignissen, zwischen zeitlicher und räumlicher Ausdehnung, zwischen Menge und Größe oder zwischen Gefühlen und Symptomen für diese Gefühle.

Neuerungen, die als kleine Schritte gelten können, haben nicht nur deshalb eine gute Chance, als neue Varianten ins Spiel zu kommen, weil sie dem Sprecher naheliegen, sondern auch deshalb, weil der Sprecher bei der Kalkulation des gemeinsamen Wissens damit rechnen kann, daß diese Verwendungen dem Hörer keine Verstehensprobleme bereiten. Erfolgversprechende Kandidaten für die Aufnahme und Weiterverbreitung sind besonders diejenigen Neuerungen, die die Bedingungen (iii) oder (iv) erfüllen, die also kein Spezialwissen zu ihrem Verständnis erfordern.

Eine charakteristische Entwicklungsmöglichkeit bezeichnet man in der neueren Literatur manchmal als **Entwicklungspfad**. Diese Redeweise wird vor allem dann angewendet, wenn ein bestimmter Entwicklungsschritt mehrfach oder gar häufig bei semantisch verwandten Ausdrücken derselben Sprache oder in unterschiedlichen Sprachen zu belegen ist. Bekannte Entwicklungspfade sind beispielsweise:

– Die Entwicklung von temporalen zu kausalen und von konditionalen zu konzessiven Konjunktionen (vgl. 5.4.2),
– die Entwicklung von Adverbien der Stärke zu Adverbien der Schnelligkeit (vgl. 5.3.12),
– die Entwicklung von der Verwendung eines Modalverbs zum Ausdruck allgemeiner Möglichkeit zur Verwendung zum Ausdruck einer schwachen Vermutung (vgl. 5.2.3).

Wenn mehrere Entwicklungsschritte aufeinanderfolgen, kann man die Entwicklung in einem Entwicklungsgraphen wie (1) oder (2) auf Seite 56 darstellen, dessen Kanten von rechts nach links zu lesen sind als ›historisch direkt abgeleitet von‹ (vgl. Bybee/Perkins/Pagliuca 1994, 240). Dem ersten Entwicklungspfad – Verwendung eines Wortes zum Ausdruck eines Wunsches, dann einer Intention etc. – entspricht in grober Annäherung die Entwicklung des englischen *will*, dem zweiten die Entwicklung von deutsch *kann*.

(1) Wunsch   —>   Intention   —>   Futur —>   Befehl

(2) Fähigkeit —>   Möglichkeit   ⟶⟍   epistemische Möglichkeit
                                         ⟍>
                                         Erlaubnis

Die Idee, den Zusammenhang von Entwicklungsschritten als **Entwicklungsgraph** in Baumform zu visualisieren, ist seit der zweiten Hälfte des 19. Jahrhunderts verbreitet (z.B. Darmesteter 1887, 73ff.; Stöcklein 1897, 12; Sperber 1912, 448; Hatzfeld 1924, 60; Spitzer 1945, 276). Eine **Kartographie der Pfade** zu bestimmten semantischen Kategorien versuchen u.a. Bybee/Perkins/Pagliuca (1994) für die verschiedenen Quellen epistemischer Ausdrücke und für Futurformen, Anderson (1986) für die Evidentiale (d.h. eine Teilgruppe der epistemisch verwendeten Ausdrücke) und Koch (1998) für Ausdrücke zur Kennzeichnung großer Quantität.

3.4 Kontexte der Innovation

Es ist bekannt, daß es Sprechergruppen, Kommunikationsformen und thematische Bereiche gibt, in denen Innovationen besonders häufig beobachtet werden, während andere eher innovationsresistent sind. Generell ist ein hoher Grad an gemeinsamem Wissen der Entstehung von Innovationen und ihrer gruppeninternen Verbreitung förderlich. In manchen Kulturen sind Gruppen von Jugendlichen besonders aktiv in der Produktion und Aufnahme von Neuerungen (vgl. Sornig 1981; Henne 1986; Studenten- und Schülersprache: Henne/Objartel 1984). Ähnliches gilt für Spezialistengruppen in der Technik, in der Wissenschaft oder im Sport. Für manche Typen von Innovationen ist angenommen worden, daß sie besonders in der gesprochenen Sprache entstehen (vgl. Koch/Oesterreicher 1996). Neue Varianten entstehen nicht nur innerhalb von Sprechergruppen, sie entstehen häufig auch bei der Übernahme von Verwendungsweisen aus anderen Gruppen. Manchmal konzentrieren sich innovative Gruppen regional, so daß sich örtliche Innovationszentren ausbilden. So galt die Stadt Berlin in der ersten Hälfte unseres Jahrhunderts als ein derartiges Zentrum (Grober-Glück 1975). Ähnliches gilt auch für Hauptstädte wie London und Paris. Semantisch kreativ werden Sprecher oft in Schimpf- und Beleidigungskommunikationen sowie in anderen Bewertungskommunikationen. (Zur Geschichte von Schimpfwörtern vgl. 5.1.7; eine besondere Herausforderung zur Innovation scheinen die Extrembewertungen wie *toll, su-*

per, geil, cool und Intensivierer wie *schrecklich lustig, tierisch gut* zu sein; vgl. 5.3.11). Neuerungsfördernd sind generell wichtige Themen. Das gilt besonders für die affektiv besetzten Urthemen wie Sexualität, Krankheit und Tod, die zu immer neuen Euphemismen anregen (vgl. Sperber 1923, 38ff.). So wie es thematische Empfängerbereiche gibt, in denen semantische Innovationen besonders häufig sind, so gibt es auch thematische Spenderbereiche, deren stereotypes Wissen besonders häufig für Innovationen genutzt wird (Sportmetaphorik, Klimametaphorik, Lichtmetaphorik, Computermetaphorik, Maschinenmetaphorik etc.). Die Bevorzugung von thematischen Spender- und Empfängerbereichen kann sich historisch verändern. Sie ist damit ein Indikator für das jeweilige aktuelle Interesse der Sprecher an bestimmten Themenbereichen und auch für Verknüpfungen, die Sprecher zwischen unterschiedlichen Themenbereichen sehen (z.B. für die von Mystikern gesehenen Zusammenhänge zwischen Licht und religiöser Erkenntnis, vgl. *einleuchten*).

3.5 Resultate von semantischen Entwicklungsprozessen

Das Resultat von semantischen Entwicklungsprozessen ist der **Bedeutungswandel**. Da die Resultate von Neuerungsprozessen sich häufig semantisch als direkte Reflexe bestimmter Neuerungs*verfahren* beschreiben lassen, schließe ich an dieser Stelle die Betrachtung von *Resultaten* historischer Entwicklungsprozesse an, um dann in den folgenden Abschnitten auf *Prozesse* wie Konventionalisierung, Übernahme und Verbreitung einzugehen.

3.5.1 Erweiterung des Spektrums der Verwendungsweisen

Wenn sich eine neue Verwendungsweise einspielt, so bedeutet das zunächst einmal eine Erweiterung des Spektrums der Verwendungsweisen des betreffenden Ausdrucks. Allgemein formuliert: Semantische Neuerung erzeugt **Polysemie**. Dabei ist es von besonderem Interesse zu sehen, in welchen semantischen Beziehungen neue Verwendungsweisen zu den schon etablierten stehen. Soweit die Neuerung mit einem der erwähnten kommunikativen Verfahren (Metapher etc.) eingeführt wurde, ist die Art der semantischen Beziehung zwischen der neuen Verwendungsweise und derjenigen, die der Ausgangspunkt für die Neuerung war, ein direkter Reflex des betreffenden Verfahrens. Wir können also im Spektrum der Verwendungsweisen metaphorisch oder metonymisch fundierte Bedeutungsbeziehungen feststellen, wie etwa bei *scharfes Messer, scharfer Verstand, scharfer Schnitt*. Auch Implikaturen anderer Art hinterlassen charakteristische Bedeutungsbeziehungen, wie etwa das Nebeneinander der Verwendung von *die weil* zum Ausdruck der Gleichzeitigkeit und der Kausalität im Mhd. und Fnhd. Die semantische Nähe zwischen Verwendungsweisen ist eine Wirkung des Prinzips der kleinen Schritte.

3.5.2 Einschränkung des Spektrums der Verwendungsweisen

Eine Gebrauchsveränderung ganz anderer Art ist das Verschwinden von Verwendungsweisen. Auch dadurch ändert sich das Spektrum der Verwendungsweisen eines Ausdrucks. Im Extremfall verschwinden Ausdrücke völlig, für die es keinen Verwendungsbedarf mehr gibt. Ein besonders interessanter Fall ist der, daß eine Verwendungsweise aufgegeben wird, die ursprünglich die **semantische Brücke** zwischen zwei anderen Verwendungsweisen bildete. Nach einem derartigen Vorgang erscheinen die beiden verbleibenden Verwendungsweisen ohne semantischen Zusammenhang. Diese relativ häufigen Fälle stellen die historischen Semantiker vor die Aufgabe, das »missing link«, den semantischen Archaeopterix, zu finden oder zu rekonstruieren. Ein Beispiel sind die heute unverbundenen Verwendungsweisen von *Schein* ›Licht‹ und ›Bescheinigung‹. Die semantische Brücke bildeten die Verwendungsweisen ›was offen sichtbar ist‹ und ›Dokument, das einen Sachverhalt erkennbar nachweist‹, beide im Mhd. und Fnhd. gebräuchlich (vgl. DWb 14, 2420ff.). Ähnlich verhält es sich bei der Isolierung der epistemischen Verwendungsweise von *dürfte*, die noch im 16. Jahrhundert mit einer Möglichkeitslesart von *dürfen* verknüpft war (vgl. Fritz 1997, 97f.).

Häufig treten Erweiterung und Reduktion des Spektrums von Verwendungsweisen nacheinander ein. Eine neue Verwendungsweise kommt hinzu, und eine andere geht verloren, so daß im nachhinein der Eindruck entsteht, eine Verwendungsweise habe die andere unmittelbar abgelöst. Dies gilt beispielsweise für sog. Bedeutungsverengungen und -erweiterungen, die in der älteren Literatur als semantische Entwicklungskategorien eine Rolle spielen. Diese Kategorien sind per se eher uninteressant, weil Veränderungen dieser Art auf ganz unterschiedlichen kommunikativen Verfahren beruhen und zudem häufig das Ergebnis sehr komplexer Vorgänge sind. Bedeutungsverengungen ergeben sich beispielsweise als Ergebnis einer **spezialisierten Verwendung** in Fachsprachen. Der Ausdruck *vaz* wurde

vom Ahd. bis ins 16. Jahrhundert auf Gefäße aller Art angewendet.
Daneben gab es seit dem Mhd. eine Spezialverwendung zur Bezugnahme auf Bier- und Weinfässer. Im Laufe des Fnhd. veraltete die
Verwendungsweise im Sinne von *Gefäß*, und die spezialisierte Verwendungsweise blieb erhalten. Bedeutungserweiterungen ergeben
sich beispielsweise als Resultat der Öffnung der Selektionsbereiche
von Prädikatsausdrücken, etwa bei der Übertragung von *hell* vom
akustischen auf den optischen Bereich (vgl. 5.3.5), aber auch bei bei
der Erweiterung des Referenzbereichs von Substantiven: ahd. *fetiro*
›Bruder des Vaters‹ > fnhd. *vetter* ›entfernter männlicher Verwandter‹
(vgl. 5.1.3), lat. *passer* ›Spatz‹ > span. *pájaro* ›kleiner Vogel‹ (vgl.
Koch 1995, 30).

3.5.3 Bedeutungswandel
als Folge der Veränderung relevanten Wissens

Das Wissen der Kommunizierenden verändert sich dauernd, als direkte Folge der Kommunikation selbst, aber auch als Folge der Teil-
nahme an nicht-sprachlichen Handlungen und der Beobachtung äußerer Ereignisse. Insoweit gemeinsames Wissen für den Gebrauch
sprachlicher Ausdrücke einschlägig ist, verändert sich mit dem Wissen auch der Gebrauch der Ausdrücke. Ein Beispiel ist das Wissen
über Gegenstände, das sich ändert, wenn sich die Gegenstände ändern oder verändert werden. Im Grimmschen Wörterbuch (Bd. 27,
1922, 380) steht zum Gebrauch von *Wagen:* »gewöhnlich versteht
man unter wagen ein auf rädern gehendes beförderungsmittel für
gegenstände und personen, das von thieren, namentlich von pferden, gezogen wird«. Eine, wenn nicht *die* Standardverwendung von
Wagen ist heute diejenige im Sinne von *Auto.* Zu unserem heutigen
Standardwissen gehört, daß ein Wagen einen Motor besitzt. Dieses
Wissen setzen wir beim Kommunizieren auch regelmäßig voraus.
Nach diesem Befund hat sich mit der Veränderung unseres Wagen-
Stereotyps auch der Gebrauch des Ausdrucks *Wagen* verändert. Diese Art von Bedeutungswandel müßte der strukturalistische Semantiker leugnen. Nach seiner Auffassung handelt es sich dabei um eine
Veränderung von Sachen – allenfalls eine Veränderung der Kenntnis
der Sachen –, die von der Veränderung der Bedeutung säuberlich zu
trennen ist. Die traditionellen Semantiker waren da offener, aber
doch zwiespältig. Sie akzeptierten, daß die an ein Wort wie *Wagen*
»geknüpften Vorstellungen andere geworden sind« (Paul 1920a,
104f.), aber einen richtigen Bedeutungswandel wollten sie darin
doch nicht sehen. Der Zwiespalt hängt offensichtlich damit zusam-

men, daß die Grenzen zwischen einem punktuellen Wissen über
Gegenstände und dem etablierten stereotypen Wissen fließend sind.

3.5.4 Pejorisierung

Ein spezielles Entwicklungsresultat ist die sog. **Pejorisierung** (vgl. Jaberg 1901). Von Pejorisierung spricht man z.b., wenn ein Ausdruck
ursprünglich vorwiegend deskriptiv oder positiv bewertend verwendet wird und dann zu einem späteren Zeitpunkt mit einer Festle-
gung auf eine negative Bewertung verwendet wird, bei Adjektiven
z.b. *frech* ›mutig‹ > ›unverschämt‹, *billig* ›preisgünstig‹ > ›wertlos‹, *gemein* ›gewöhnlich‹ > ›niederträchtig‹ (vgl. 5.3.10), bei Substantiven
Bube ›junger Diener‹ > ›Asozialer, Gauner‹, *Dirne* ›junge Dienerin‹ >
›Hure‹. Diese Art der Veränderung ist nicht direkter Reflex eines intentionalen kommunikativen Verfahrens wie der metaphorischen
Verwendung, sondern sie ist eine nicht-intentionale *Folge* euphemistischen Redens. Wenn eine Gruppe von Sprechern regelmäßig den
Ausdruck *Bube* euphemistisch zum Bezug auf Gauner verwendet,
dann hat das als mögliche Folge, daß der Bezug von *Bube* auf Gauner routinisiert wird – was eine Pejorisierung des Ausdrucks bedeutet. Ähnliche Konsequenzen kann eine Routinisierung besonders
höflicher Redeweisen haben, wie z.b. bei der schmeichelnden Verwendung von *Fräulein* ›adlige junge Dame‹ zur Anrede von jungen
Frauen im ausgehenden 18. Jahrhundert: »So ist die Geschichte der
Titulaturen überhaupt nichts anderes als eine Geschichte ihrer allmählichen Herabdrückung« (Paul 1920a, 102).

3.5.5 Verblassen der Bedeutung

Eine Reihe unterschiedlicher Entwicklungen und deren Resultate
werden als **Verblassen der Bedeutung** (engl. bleaching, ›Ausblei-
chen‹), als **Bedeutungsabschwächung** oder auch als Desemantisie-
rung bezeichnet (vgl. auch Blank 1997, 326ff.). Die zur Kennzeichnung derartiger Vorgänge verwendeten Metaphern wie *verblassen*
oder *abschwächen* zeugen von einer gewissen Verlegenheit bei der
Beschreibung dieser Entwicklungen. Nachteilig ist die Verwendung
dieser Beschreibungskategorie vor allem dann, wenn sie an die Stelle
genauer Detailbeschreibungen tritt. Auch das Verblassen ist nicht
ein spezifisches kommunikatives Verfahren, sondern eine Folge des
häufigen Gebrauchs, der Routinisierung und des Vergessens von
spezifischen Aspekten der Verwendung. Ein erster Typ von Verblas-

sen ist diejenige Veränderung, bei der ein besonderer **Verwendungs-aspekt** abhanden kommt, z.B. der metaphorische oder euphemistische Charakter einer Verwendungsweise. Nehmen wir an, ein Ausdruck wird innovativ euphemistisch oder metaphorisch dazu verwendet, auf einen Gegenstand Bezug zu nehmen. Wenn nun diese Verwendungsweise erfolgreich ist und der Ausdruck häufig in dieser Weise verwendet wird, kann es dazu kommen, daß er zu einem Standardausdruck für den Bezug auf den betreffenden Gegenstand wird und deshalb keine verhüllende oder auffallend kreative Wirkung mehr erzielt, obwohl die Sprecher noch den Bezug zu der historisch zugrundeliegenden Verwendungsweise sehen. Dieses Zwischenstadium kann sehr lange anhalten. In einem nächsten Schritt kann es dann vorkommen, daß Sprecher, die diese Verwendungsweise neu lernen, auch diesen Bezug nicht mehr sehen, vielleicht weil die historisch zugrundeliegende Verwendungsweise aufgegeben wurde. Sie lernen dann einfach eine etablierte Verwendungsweise. Ein Beispiel ist der metaphorisch-sarkastische Charakter der Verwendung von *kopf* im Mhd. (vergleichbar *er haut ihm auf den Becher*), der spätestens im 16. Jahrhundert abhanden kam (vgl. 5.1.2). Ein Indiz für den Verlust des metaphorischen Aspekts können z.B. Valenzänderungen sein. Substantive wie *Einfluß*, *Einwirkung* und *Eindruck* hatten ursprünglich die Präposition *in* zur Richtungsangabe bei sich. Der Übergang zur Präposition *auf* im 18. Jahrhundert deutet darauf hin, daß die Ausdrücke nicht mehr als metaphorisch verwendete Nominalisierungen von Verben mit einer Richtungskomponente gesehen wurden (vgl. Paul 1920a, 238).

Ein zweiter Typ von Verblassen wird häufig im Zusammenhang mit der Beschreibung von **Grammatikalisierungsphänomenen** diagnostiziert (vgl. 4.5). Hier handelt es sich zumeist um die Entwicklung einer Verwendungsweise, der in anderen historischen Phasen der betreffenden Sprache oder in anderen Sprachen die Verwendung von grammatischen Morphemen entspricht. Ein Beispiel ist die Entwicklung einer Verwendung von Modalverben (z.B. mhd. *wollen* und *sollen*, engl. *will* und *shall*) zur Kennzeichnung des Zukunftsbezugs (*he will come*). In diesem Fall erscheint die Rede vom »Verblassen« nicht angemessen. Was wir vorfinden, ist eben eine zusätzliche, *andere* Art der Verwendung.

Vom semantischen Verblassen wird auch in den Fällen gesprochen, in denen ein selbständiges Substantiv über eine Zwischenstufe als zweiter Teil eines Kompositums zu einem **Wortbildungsmorphem** wird, wie etwa das germanische *haidu-* ›Art und Weise‹, ahd. *heit* ›Stand, Zustand, Charakter‹, das im Ahd. in Verbindungen wie *kindheit* ›Zustand als Kind‹ vorkommt, wobei schwer zu entscheiden ist, ob wir hier noch ein Kompositum oder schon eine Derivation mit einem Abstraktsuffix -*heit* vor uns haben. Ähnliches gilt für die Entwicklung der Suffixe -*schaft* und -*tuom*. Vergleichbar ist auch die Entwicklung sogenannter **Elativpräfixe** wie in *arschkalt* und *saukalt*.

3.5.6 Wandel der Struktur der Verwendungsweisen

Im Abschnitt 3.5.1 stand im Vordergrund der Aspekt der Einführung einer neuen Variante und deren Verknüpfung mit etablierten Verwendungsweisen. Richtet man nun den Blick auf die Entwicklung der gesamten Konfiguration von Verwendungsweisen, so ergibt sich als Resultat aus der Einführung von neuen Varianten, der Aufgabe anderer Verwendungsweisen und der Umdeutung der Zusammenhänge von Verwendungsweisen häufig ein Wandel der **Struktur der Verwendungsweisen**. Bei einer linearen Entwicklung, wie sie in 3.3 für englisch *will* skizziert ist, kann es sein, daß sich neue Glieder einer Entwicklungskette angesetzt haben, während frühe Glieder der Entwicklungskette verloren gegangen sind. In anderen Fällen bietet sich eher das Bild einer Entfaltung eines Netzes von Verwendungsweisen, das dadurch erzeugt wird, daß sich an verschiedene Neuerungen jeweils wieder zusätzliche Verwendungsweisen anlagern. Dieses Bild vermittelt etwa die Struktur der Verwendungsweisen von *scharf*, deren Geschichte in Fritz (1995a) ansatzweise beschrieben wird. Eine ähnliche Form hat das Netz von Verwendungsweisen der Partikel *ja*, das Heringer (1988) zu rekonstruieren versucht. Eine anschauliche Darstellung dieses Entwicklungstyps in Form eines Entwicklungsgraphen gibt Geeraerts (1997, 58) am Beispiel der Entwicklung von niederländisch *vergrijpen* (entspricht dt. (*sich*) *vergreifen*). Strukturentwicklungen dieser Art könnte man auch aus vielen der umfangreicheren Artikel des Grimmschen Wörterbuchs rekonstruieren.

3.5.7 Prototypenverschiebung

Ein Sonderfall des vorigen Entwicklungstyps ist die **Prototypenverschiebung**. Dabei wird eine prototypische Verwendungsweise schrittweise zu einer mehr peripheren und umgekehrt. Schon H. Paul liefert eine entsprechende historische Beschreibung: »*Sache* auf einen Prozeß bezogen empfinden wir als eine Spezialisierung der allgemeinen Bedeutung, während das historische Verhältnis vielmehr umgekehrt ist« (Paul 1920a, 250). Nach dieser Auffassung ist im älteren Deutsch die juristische Verwendung im Sinne von *Gegenstand einer rechtlichen Auseinandersetzung* eine prototypische Verwendungsweise, und die Verwendung im Sinne von *Angelegenheit* ist peripher, während heute die Gewichtung gerade umgekehrt ist. (Die historischen Verhältnisse liegen im einzelnen sehr kompliziert.) In ähnlicher Weise spricht Durrell (1972, 252) von der »allmählichen Verlagerung der Bedeutungskerne« bei den Verben des Wartens (vgl. 5.2.5). Man könnte einen derartigen Übergang auffassen als das Resultat der Umdeutung einer Gestalt, bei der ein Aspekt des Gebrauchs in den Hintergrund und ein anderer in den Vordergrund tritt.

Eine Analyse als Prototypenverschiebung gibt Goossens (1992) für die Entwicklung von altenglisch *cunnan* zu neuenglisch *can*. Nach seiner Darstellung verlagert sich das prototypische Zentrum des Gebrauchs von *cunnan* von der Verwendung im Sinne von *wissen* über die Verwendung zur Zuschreibung einer Fähigkeit bis hin zur Möglichkeitslesart. Nerlich/Clarke (1992) haben für das Englische verschiedene Prototypenverschiebungen beschrieben, u.a. am Beispiel von *fair*, das im 11. Jahrhundert prototypisch zur positiven ästhetischen Bewertung von Körpern verwendet wird und, nach vielfältigen Umstrukturierungen, im 19. Jahrhundert zur positiven sozialen Bewertung von Handlungsweisen.

3.5.8 Semantischer Wandel in Konstellationen von Ausdrücken

Wenn man die Untersuchungsperspektive erweitert und semantische Entwicklungen unter dem Gesichtspunkt der **Organisation von lexikalischen Strukturen** betrachtet, z.B. in sog. Wortfeldern, in terminologischen Systemen von Theorien oder in lexikalischen Frames, dann zeigt sich bisweilen, daß man Entwicklungen, die zunächst auf *einen* Ausdruck beschränkt erscheinen, besser versteht, wenn man sie als Entwicklungen in Konstellationen von Ausdrücken sieht. Ausdruckspaare oder Gruppen von Ausdrücken können zum Ausdruck von Folgerungs- und Kontrastbeziehungen dienen, sie können in bestimmten Verwendungsweisen konkurrieren, oder sie können in ihrem Verwendungsspektrum komplementär sein. All diese Beziehungen können sich historisch verändern. Ergebnisse solcher Entwicklungen sind beispielsweise: die Neuordnung von Antonymenbeziehungen (mhd. *starc/kranc* > nhd. *stark/schwach, krank/gesund*; vgl. 5.3.8), die Lexikalisierung des Unterschieds von Dimensionskennzeichnung und Quantitätskennzeichnung im Nhd. (*groß*, *klein* vs. *viel, wenig*; gegenüber ahd./mhd. *mihhil/michel* ›groß, viel‹, *luzzil/lützel* ›klein, wenig‹; vgl. 5.3.4), die Aufgabe der lexikalischen Unterscheidung zwischen Vater- und Mutterseite bei der Bezeichnung der Geschwister der Eltern (vgl. 5.1.3), die Entwicklung eines Systems von epistemischen Verwendungsweisen von Modalverben im Fnhd., in dem der Status der Verwendungsweisen jeweils durch ihre Stellung in diesem skalaren System mitbestimmt ist (*mag – kann – dürfte – wird – muß*; vgl. Fritz 1997, 94ff.). Die Blickrichtung auf Systementwicklungen ermöglicht auch die Fragestellung, welche Ausdrucksmöglichkeiten für bestimmte Funktionen es zu einem bestimmten Zeitpunkt gab.

3.5.9 Wandel von Mustern für kommunikative Funktionen

Wechselt man von der lexikalischen zu der **funktionalen Perspektive**, so stellen sich viele Fragen sozusagen spiegelbildlich: Der Frage, wie ein Ausdruck bestimmte Gebrauchsmöglichkeiten entwickelt, steht die Frage gegenüber, wie sich Muster für die Verwendung von Ausdrücken in bestimmten kommunikativen Funktionen ausbilden. In dieser Perspektive kann man semantische Entwicklungen als eine Geschichte der Entfaltung und Veränderung von kommunikativen Ausdrucksmöglichkeiten beschreiben. Dabei gibt es einerseits die Fälle, in denen die Verwendung eines bestimmten Ausdrucks in einer bestimmten Funktion durch die Verwendung eines anderen Ausdrucks abgelöst wird, möglicherweise nach einer längeren Phase der Konkurrenz mehrerer Ausdrücke für diese Funktion. So wird das Handlungsmuster des Erlaubnis-Gebens im Lauf der Geschichte nacheinander mit den Ausdrücken *muoz, mag, kann* und *darf* realisiert. Andererseits gibt es die besonders interessanten Fälle, in denen sich neue kommunikative Möglichkeiten entwickeln. Beispiele aus der Geschichte der deutschen Sprache sind: die Entwicklung des eben erwähnten Systems zur Gradierung der Evidenzstärke *mag – kann – dürfte – wird – muß*, die Entwicklung eines hochdifferenzierten Systems höflicher Anreden im 16. und 17. Jahrhundert (vgl. 5.1.5), die Entwicklung der Möglichkeit einer reinen Intellektualbewertung – ohne Bezug auf ethische und ständische Kategorien – mit Ausdrücken wie *klug* und *gescheit* im 14. Jahrhundert (vgl. 5.3.7), die Bezeichnung einer neuen psychischen Befindlichkeit, der Nervosität, im ausgehenden 18. Jahrhundert (*nervös*, vgl. Ladendorf 1906, 223ff.) oder die Entwicklung differenzierter psychologischer Kategorien im Sprachgebrauch der Pietisten im 18. Jahrhundert (vgl. Langen 1974, 143ff.). Natürlich gibt es auch die umgekehrte Entwicklung, daß kommunikative Möglichkeiten aufgegeben werden. Das gilt z.b. für die Aufgabe des komplexen Systems der Anredepronomina zugunsten des *Du/Sie*-Systems im 19. Jahrhundert.

Die Betrachtung aus der Perspektive der kommunikativen Funktionen ermöglicht auch die allgemeinere Frage, welches typische **lexikalische Quellen** für bestimmte Funktionen sind. Diese Frage ist vor allem im Bereich der Grammatikalisierungsforschung gestellt worden, z.B. in Bybee/Perkins/Pagliuca (1994).

3.6 Konventionalisierung

Damit Neuerungen der in Abschnitt 3.2 behandelten Arten in den allgemeinen Sprachgebrauch übergehen, müssen sehr komplexe **Entwicklungsprozesse** stattfinden. Sie müssen sich bei den Erstverwendern allmählich einspielen, sie müssen von anderen Sprechern ausgewählt und weiterverwendet werden, sie müssen gebräuchlich werden – möglicherweise zuerst in bestimmten Kommunikationsformen –, und sie müssen sich weiter verbreiten. Auch die negativen Neuerungen sind komplexe Prozesse: das Vermeiden von Verwendungsweisen bestimmer Ausdrücke und sein Resultat, das Veralten und Verschwinden von Verwendungsweisen. Man könnte diese Prozesse als Formen der **Gebrauchsdynamik** bezeichnen. Dieser Abschnitt hängt mit dem folgenden über die Verbreitung von Neuerungen eng zusammen. Konventionalisierung setzt Übernahme einer Neuerung voraus, und jede Übernahme einer Neuerung ist auch ein Verbreitungsschritt. Die möglicherweise unterschiedlichen Gründe, die die einzelnen Sprecher haben, eine bestimmte Verwendungsweise zu übernehmen und zu favorisieren, tragen hochgerechnet zu den Verbreitungsmechanismen bei. Die Gebräuchlichkeit einer Verwendungsweise hängt eng mit dem Grad ihrer Verbreitung zusammen usw. Insofern könnte man natürlich Verbreitungsvorgänge in eincm Zusammenhang mit den hier behandelten Entwicklungsprozessen behandeln. Da jedoch die Verbreitung von Neuerungen eine Reihe von deutlich abgrenzbaren Gesichtspunkten umfaßt, widme ich ihr einen eigenen Abschnitt.

Wie eine neue Verwendungsweise auftaucht, sich einspielt und sich dann allmählich verfestigt, ist empirisch noch relativ schlecht erforscht. Das hängt u.a. damit zuammen, daß es methodisch schwierig ist, geeignetes Material zu dokumentieren, da man nur selten darauf vorbereitet ist, wenn eine Neuerung auftaucht. Zudem gibt es theoretische Probleme bei der Entwicklung geeigneter Beschreibungskategorien. Eines dieser Probleme besteht darin, daß diese Entwicklungen kontinuierlich verlaufen, und Kontinua sind schwer zu beschreiben. Man versucht dieses Problem im allgemeinen so zu lösen, daß man typische Entwicklungsphasen als Stufen oder Schritte beschreibt (z.B. sog. Habitualisierungsgrade; vgl. Koch 1994, 203ff.). Mit dem Hinweis auf diese Schwierigkeiten will ich aber nicht sagen, daß wir über diese Vorgänge nichts wissen. Zum einen gibt es in der Literatur verstreute Hinweise zu Konventionalisierungsschritten, zum andern sehen wir diese Entwicklungen als teilnehmende Beobachter täglich in unserer Umgebung. Wie es scheint, ist unser Alltagswissen in diesem Bereich differenzierter als unser wissenschaftlicher Kenntnisstand. Eine besonders schöne Darstellung der Anfangsphase eines solchen Vorgangs stammt nicht von einem Linguisten, sondern von einem Romanschriftsteller. In seinem Roman *Die Buddenbrooks* schildert Thomas Mann die Begegnung zwischen der Patriziertochter Tony Buddenbrook und Morten Schwarzkopf, dem Sohn eines Lotsenkommandeurs (Thomas Mann, Ges. Werke, Bd. 1, 1960, 131-141). Auf einem gemeinsamen Spaziergang kommt es zu folgendem Dialog:

»Nun marschieren wir geradewegs auf den Möllendorpfschen Pavillon zu«, sagte Tony. »Lassen Sie uns doch etwas abbiegen!«
»Gern ... aber Sie werden sich nun ja wohl den Herrschaften anschließen ... *Ich* setze mich da hinten auf die *Steine*.«
»Anschließen ... ja, ja, ich werde wohl guten Tag sagen müssen. Recht zuwider, müssen Sie wissen.« [...] »Hören Sie, Fräulein Buddenbrook, ich muß Sie auch noch eines fragen ... aber bei Gelegenheit, später, wenn Zeit dazu ist. Nun erlauben Sie, daß ich Ihnen Adieu sage. Ich setze mich da hinten auf die Steine ...«
»Soll ich Sie nicht vorstellen, Herr Schwarzkopf?« fragte Tony mit Wichtigkeit. »Nein, ach nein ...«, sagte Morten eilig, »ich danke sehr. Ich gehöre doch wohl kaum dazu, wissen Sie. Ich setze mich da hinten auf die Steine ...« Es war eine größere Gesellschaft, auf die Tony zuschritt, während Morten Schwarzkopf sich rechter Hand zu den großen Steinblöcken begab, die neben der Badeanstalt vom Wasser bespült wurden, [...] Man ging oberhalb des Strandes auf dem Steg [...] der Badeanstalt zu; und als man an den Steinen vorüberkam, wo Morten Schwarzkopf mit seinem Buche saß, nickte Tony ihm aus der Ferne mehrmals mit rascher Kopfbewegung zu. Jemand erkundigte sich: »Wen grüßtest Du, Tony?« »Oh, das war der junge Schwarzkopf«, sagte Tony; »er hat mich heruntergebegleitet...« [...] Es konnte nicht fehlen, daß Tony oftmals mit ihrer städtischen Bekanntschaft am Strande oder im Kurgarten verkehrte, daß sie zu dieser oder jener Réunion und Segelpartie hinzugezogen wurde. Dann saß Morten ›auf den Steinen‹. Diese Steine waren seit dem ersten Tage zwischen den beiden zur stehenden Redewendung geworden. ›Auf den Steinen sitzen‹, das bedeutete: ›vereinsamt sein und sich langweilen‹. Kam ein Regentag, der die See weit und

breit in einen grauen Schleier hüllte, daß sie völlig mit dem tiefen Himmel zusammenfloß ..., dann sagte Tony: »Heute müssen wir beide auf den Steinen sitzen ... das heißt in der Veranda oder im Wohnzimmer. [...]« »Ja«, sagte Morten, »setzen wir uns ... Aber wissen Sie, wenn *Sie* dabei sind, so sind es keine Steine mehr!«

Man sieht hier sehr schön einige wichtige Aspekte des **Sich-Einspielens von Neuerungen**: Das Schwebende der ersten metaphorischen Verwendung und Deutung, die Entstehung von gemeinsamem Wissen über den Sinn dieser Verwendung durch Bezug auf frühere Verwendungen (sog. Präzedenzen), das Element der Wiederholung, das Erwartbarkeit erzeugt, die Verfestigung als offensichtlich metaphorische Redeweise (»auf den Steinen sitzen ... in der Veranda«), schließlich die Reflexion über diese Neuerung. Man sieht auch die Gründe für die Aufnahme und Weiterverwendung dieses Ausdrucks, nämlich die Attraktivität der Redewendung als Kennzeichnung einer emotional brisanten Situation und als ein Stück Geheimsprache für die Verliebten.

In allgemeiner Form lassen sich **Routinisierung, Standardisierung** und **Konventionalisierung** folgendermaßen beschreiben. Bei sich häufig wiederholenden Situationen desselben Typs kann sich allmählich eine Routine einspielen. Die Verwendung eines bestimmten Ausdrucks erweist sich als geeignet für diese Situation, und als solche wird sie von einem Sprecher zunehmend eingesetzt. Die Routinisierung verläuft also graduell. Routinen sind zunächst einmal eine Sache des Individuums, aber die Routinen der Individuen können ineinandergreifen und so zu kollektiven Routinen werden. Manchmal geht Routinisierung einher mit Standardisierung. So werden oft bestimmte Äußerungsformen, etwa formelhafte Redewendungen (*darf ich Sie bitten ...?*) und elliptische Formen (*kann sein*), als Standardformen routinisiert. Unter dem Gesichtspunkt der Konventionalisierung ist entscheidend, daß jede neue Verwendung des Ausdrucks in einem speziellen Sinne bei den Beteiligten die wechselseitige Erwartung verstärkt, daß die Kommunikationspartner für die Lösung der betreffenden kommunikativen Aufgabe diese Verwendung für besonders geeignet halten und den Ausdruck deshalb in diesem Sinne verwenden. Genau diese Rolle spielt die Verwendung von *auf den Steinen sitzen* beim Thema »Alleinsein« in unserem Thomas-Mann-Beispiel. Ein weiterer Konventionalisierungsschritt ist der, daß die Verwendungsweise nicht nur kollektiv als geeignet, sondern als »richtig« gilt (im Gegensatz zu *auf dem Stein sitzen* oder *auf den Balken sitzen*), d.h. daß die Verwendung normativ geregelt ist. Wenn dieser Regel zumindest in einer bestimmten Varietät einer Einzelsprache gefolgt wird, spricht man von Lexikalisierung der Verwendungsweise. In einem nächsten Entwicklungsschritt gehen oft die ursprünglichen pragmatischen Spezifika der Neuerung, z.B. der euphemistische oder metaphorische Charakter, verloren. Manche Autoren bezeichnen erst diesen Schritt als Lexikalisierung.

Es erscheint in mancher Hinsicht erhellend, den Prozeß des Sich-Einspielens einer Verwendungsweise mit biologischen Prozessen zu vergleichen. Die Struktur des graduellen Aufbaus, soweit sie das Individuum betrifft, erinnert an neurophysiologische Vorgänge, bei denen Zellverbände durch wiederholte Reize in einen jeweils höheren Aktivierungszustand versetzt werden, bis ein bestimmter Schwellenwert erreicht ist. Dadurch daß eine Verwendungsweise, die schon einmal en vogue ist, dann auch gern wieder benutzt wird, ergibt sich eine Art Aufschaukelungseffekt. Umgekehrt gibt es so etwas wie eine »Abkühlung« der Gebrauchshäufigkeit, die bis zum »Aussterben« des Ausdrucks führen kann. Das Bedürfnis nach metaphorischer Rede kommt an dieser Stelle nicht von ungefähr. Die Bilder nehmen vorläufig noch den Platz einer noch nicht entwickelten Theorie ein.

Ein besonders interessanter Fall der Gebrauchsdynamik sind vereinzelte Verwendungen und **ephemere Verwendungsweisen**, d.h. Verwendungsweisen, die kurz auftauchen, wieder verschwinden und möglicherweise viel später wieder einmal auftauchen. Diese semantischen Eintagsfliegen sind aus der Perspektive einer evolutionären Betrachtungsweise deshalb interessant, weil sie einerseits ein semantisches Entwicklungspotential der betreffenden Ausdrücke zeigen, das aus der Betrachtung der langfristig etablierten Verwendungsweisen möglicherweise nicht erkennbar wird, und weil sie andererseits den evolutionären Aspekt der Selektion in seiner negativen Wirkung zeigen. Sie geben möglicherweise Hinweise auf Zusammenhänge, die die Sprecher davon abhalten, eine Verwendungsweise dauerhaft zu akzeptieren. (Zu ephemeren Verwendungen vgl. Fritz 1997, 49ff.; Geeraerts 1997, 24f.).

Für empirische Untersuchungen bieten diese gebrauchsdynamischen Entwicklungsprozesse große Schwierigkeiten, zumindest bei entfernteren Zeitstufen. Einen ersten methodischen Zugang erhält man durch die Untersuchung von quantitativen Veränderungen der **Gebräuchlichkeit**. So bekommt man schon elementare Hinweise auf die Gebrauchsdynamik, wenn man feststellt, daß eine bestimmte Verwendungsweise in einer bestimmten Textsorte über eine Zeitspanne hinweg auffallend stärker oder schwächer belegt ist. Es läßt sich z.B. festellen, daß die Belegzahlen für die epistemischen Verwendungen von *dörfte* in den gedruckten Wochenzeitungen von

1667 etwa das Zehnfache des Anteils von 1609 ausmachen. Aus diesem Befund können wir, mit gebotener methodischer Vorsicht, auf einen deutlichen Anstieg der Gebräuchlichkeit dieser Verwendungsweise in dieser Textsorte schließen. Insgesamt gibt es nur für wenige Ausdrücke und ihre Verwendungsweisen historische Gebräuchlichkeitsuntersuchungen. Mit der Auswertung von größeren Corpora mit elektronischen Mitteln sind in diesem Arbeitsbereich in Zukunft erhebliche Fortschritte zu erwarten (vgl. etwa Untersuchungen zum sog. Wendekorpus des IdS, z.B. Herberg/Steffens/Tellenbach 1997).

Einen Bezug zur Gebrauchsdynamik haben auch Fragestellungen im Bereich der sozialwissenschaftlichen Medienforschung. Dazu gehört insbesondere die Erforschung von sog. Themenkarrieren im Zusammenhang mit der Thematisierungsfunktion von Medien, dem sog. agenda-setting (vgl. Schönbach 1982, Protess/McCombs 1991). Einerseits zeigen **Wortkarrieren** Parallelen zu typischen Themenkarrieren, wenn z.B. bestimmte Modeausdrücke bzw. -verwendungsweisen eingeführt werden, sich schnell verbreiten, eine Phase regen Gebrauchs haben und dann wieder in Vergessenheit geraten. Andererseits sind Themenkarrieren oft direkt mit Wortkarrieren verbunden, da Themen in der öffentlichen Auseinandersetzung häufig mit bestimmten Standardausdrücken behandelt werden. Einschlägige linguistische Beobachtungen zu Wortkarrieren in der Zeit seit 1945 finden sich in Jung (1994) und den Beiträgen in Stötzel/Wengeler (1995).

3.7 Übernahme und Verbreitung semantischer Neuerungen

Die **Übernahme** und **Verbreitung** von neuen Verwendungsweisen ist ein wichtiges Thema der historischen Semantik, das jedoch in der Forschung insgesamt unterrepräsentiert ist. Dies liegt einerseits daran, daß viele Theoretiker sich vorwiegend auf den »Moment der Entstehung« einer Neuerung (Wellander 1917, 53) konzentrierten, andererseits liegt es daran, daß die empirische Verbreitungsforschung erhebliche methodische Probleme bereitet. Bis heute sind differenzierte Untersuchungen zur Verbreitung von neuen Verwendungsweisen Mangelware. Derartige Untersuchungen sind nicht zuletzt deshalb wünschenswert, weil sie eine Brücke schlagen zwischen der **Mikroebene** der Kommunikationsgeschichte von Individuen und der **Makroebene** von Veränderungen der Sprachpraxis größerer Sprechergemeinschaften.

Die historisch-semantische **Verbreitungsforschung** kann auf Vorarbeiten in verschiedenen Bereichen zurückgreifen. Von den älteren Theoretikern betonte Meillet (1905/1906) die Bedeutung von Verbreitungsvorgängen, in denen er einen wichtigen Faktor der Bedeutungsveränderung sah (vgl. 2.9.3). Im engeren linguistischen Bereich sind weiterhin die historische Wortgeographie und die Lehnwortforschung zu nennen, die für den Wortschatz Ergebnisse regionaler und zwischensprachlicher Verbreitungsvorgänge dokumentieren. Allerdings ist die genaue Beachtung unterschiedlicher Verwendungsweisen und die detaillierte Beschreibung der Verbreitungsvorgänge hier eher die Ausnahme. Außerhalb der Linguistik ist die sozialwissenschaftliche Diffusionsforschung zu nennen, die seit den 70er Jahren beachtliche Fortschritte gemacht hat, insbesondere durch die Berücksichtigung des kommunikativen Aspekts bei der Verbreitung von Neuerungen (vgl. Rogers 1995). Aus den Sozialwissenschaften stammt auch ein hoffnungsvolles Modell für die Verbreitung von Neuerungen durch persönlichen Kontakt, nämlich das Konzept der »social networks«, das im Bereich der Phonologie für Variations- und Verbreitungsstudien genutzt worden ist (vgl. Milroy 1992, Kap. 6). Auch die erwähnten Arbeiten der Medienforschung zu Themenkarrieren sind für die historisch-semantische Verbreitungsforschung methodisch von Interesse, insbesondere die Nutzung von sog. Tagebuch-Panels zur Erforschung der Aufnahme von thematischen Neuerungen.

Eine interessante Spezialfrage ist, welche Rolle **Verbreitungsintentionen** für die tatsächliche Verbreitung von semantischen Neuerungen spielen. Hier können wir ein Spektrum unterschiedlicher Fälle unterscheiden. Auf der einen Seite des Spektrums haben wir den Fall, daß Ausdrücke und Verwendungsweisen gezielt auf die Verbreitung hin ausgewählt oder entworfen werden (»Wortdesign«) und daß die Verbreitung durch die Wahl von Verbreitungskanälen, durch Unterricht oder durch Sanktionen bis zu einem gewissen Grad sichergestellt wird. Diese Beschreibung gilt beispielsweise für sprachnormerische Bemühungen von Regierungen und Verwaltungsinstanzen, die in ihrem Einflußbereich bestimmte Verwendungsweisen festlegen und durchsetzen, für die Terminologienormung, für semantische Neuerungen in der Werbung und für den produktrelevanten Wortschatz, der mit technischen Produkten verbreitet wird (etwa die Bezeichnungen für Bedienelemente von PCs). Auch im Bereich der Wissenschaft kann man Versuche beobachten, terminologische Redeweisen quasi als Markenartikel zu verbreiten. Bei Journalisten kann man sicherlich dann und wann eine Verbreitungsintention für semantische Neuerungen unterstellen, im allgemeinen wird aber ihre Intention eher auf die erfolgreiche Ansprache der Adressaten zielen als auf die Veränderung der deutschen Sprache. Wörterbücher sind zwar zumeist nicht explizit unter dem Verbreitungsgesichtspunkt angelegt, können aber die Verbreitung durch Aufnahme oder Nicht-Aufnahme von neuen Verwendungsweisen sowohl unterstützen als auch bremsen. Gezielt *gegen* die Verbreitung von Neuerungen kämpfen oft puristische Sprachkritiker und Lehrer, allerdings meist vergebens.

Am anderen Ende des Spektrums haben wir den Normalfall der Alltagskommunikation, daß die Sprecher Neuerungen aufnehmen, um erfolgreich zu kommunizieren, und dadurch faktisch zur Verbreitung beitragen, obwohl sie selbst keinerlei Verbreitungsintentionen haben. Dieser Verbreitungsmechanismus wird durch die Theorie der unsichtbaren Hand plausibel erfaßt (vgl. Keller 1990, Kap. 4). Daß die unsichtbare Hand aber oft auch dort wirksam ist, wo Politiker oder Vertreter von Wirtschaftszweigen einen bestimmten Sprachgebrauch durchzusetzen oder Begriffe zu »besetzen« versuchen, haben neuere Untersuchungen gezeigt (z.B. Jung 1994, 211ff.). Gerade auch bei extremen Formen der Sprachlenkung ist es naheliegend, daß sich neben den offiziell verordneten Verwendungsweisen nicht-vorgesehene, distanzierend-zitierende oder ironische Verwendungsweisen einspielen. Diese nicht-intendierten Verbreitungsformen bezeichnen manche Autoren als *Ausbreitung*, im Gegensatz zur intendierten *Verbreitung* (vgl. Heringer 1992, 275). Sozialwissenschaftliche Diffusionsforscher unterscheiden hier zwischen *diffusion* und *dissemination* (Rogers 1995, 7).

Eine Theorie der Verbreitung semantischer Neuerungen sollte zumindest folgende zwei Fragestellungen erfassen: 1. Unter welchen Bedingungen übernehmen Sprecher/innen semantische Neuerungen? 2. Welche Verbreitungswege und Verbreitungsmechanismen gibt es? Einige Teilantworten auf diese beiden Grundfragen der Verbreitungsforschung will ich im folgenden skizzieren. Dabei kann ich mich zum Teil auf vorhandene Forschung stützen, zum Teil muß ich mich auf wissenschaftliche Zukunftsmusik beschränken.

3.7.1 Bedingungen für die Übernahme semantischer Neuerungen

Die Bedingungen für die Übernahme von semantischen Neuerungen entsprechen im wesentlichen den in Abschnitt 3.1 behandelten Bedingungen für die Entstehung einer Neuerung. Im günstigen Fall sehen die Sprecher/innen in der neuen Verwendungsweise einen

kommunikativen Nutzen, der in einem neuen Handlungspotential
besteht – bei ökonomischer Nutzung schon vorhandener Ressourcen, nämlich ihres lexikalischen und sonstigen Wissens. Zu den erwähnten Möglichkeiten der kreativen, effizienten, treffenden und
auffälligen Rede kommen noch einige weitere Aspekte des Hand-
lungspotentials eines Ausdrucks hinzu. Mit der Übernahme einer
neuen Verwendungsweise kann man Neuerungsbereitschaft und
Aufgeschlossenheit zeigen. Wenn die betreffende Verwendungsweise
in einer bestimmten Gruppe schon etabliert ist, kann ein Sprecher
mit der Übernahme der Innovation die Zugehörigkeit zu der Gruppe signalisieren, Solidarität mit dieser Gruppe demonstrieren und
ggf. von dem Ansehen der Gruppe profitieren. Weiterhin ist es mit
der Übernahme einer neuen Verwendungsweise möglich, andere
Ausdrücke zu vermeiden, deren Verwendung irgendwelche Nachtei-
le hat (Homonymien, unangenehme Assoziationen).

Wer das Handlungspotential einer neuen Verwendungsweise attraktiv findet, wird geneigt sein, diese Neuerung zu übernehmen,
wenn nichts anderes dagegen spricht. Die Übernahme einer Neuerung muß aber nicht auf Dauer geschehen: Manchmal übernehmen
Sprecher eine Neuerung probeweise und geben sie dann bald wieder
auf.

Als Gegenstück zu diesen, einer Übernahme günstigen Bedingungen sind diejenigen Bedingungen zu nennen, die eine Übernahme behindern. Auch hier spielen Wissensbedingungen, Handlungspotential und Kommunikationsprinzipien die entscheidende Rolle.
Mangelndes Wissen behindert das Verstehen der neuen Verwendung
und damit zumeist auch die Weiterverbreitung. Auch das Wissen,
daß wichtige Mitglieder im persönlichen Umfeld die neue Verwendungsweise ablehnen, kann die aktive Übernahme behindern. Was
das Handlungspotential angeht, so ist es denkbar, daß Sprecher keinen Nutzen in der neuen Verwendungsweise sehen, sondern etwa
die Zuordnung der neuen Verwendungsweise zu einer bestimmten
Sprechergruppe eher als Nachteil empfinden. Ein potentieller Benutzer des Ausdrucks möchte vielleicht gerade nicht wie ein 17jähri-
ger oder wie ein Computerfreak reden. Was die Kommunikationsprinzipien angeht, so gibt es auch Prinzipien mit verbreitungshem-
mender Wirkung. In der Frühphase einer Neuerung kann das Prinzip »Nicht auffallen!« die Verbreitung verzögern. Das Prinzip der
Verständlichkeit ist ambivalent: Seine Befolgung kann einerseits
Neuerungen blockieren, die Verstehensprobleme machen oder von
denen die Sprecher *annehmen*, daß sie Verstehensprobleme machen
könnten. Andererseits kann sie aber auch die Übernahme von Neuerungen begünstigen, von denen die Sprecher annehmen, daß sie

durch Anschaulichkeit oder Genauigkeit zur größeren Verständlichkeit beitragen.

3.7.2 Konkurrenz und Selektion

In vielen Fällen bedeutet eine neue Verwendungsweise eine neue Alternative zur Realisierung von bestimmten kommunikativen Aufgaben. Damit ergibt sich für die Sprecher die Frage der Auswahl. Aus evolutionärer Perspektive sehen wir in solchen Fällen eine **Konkurrenz der Ausdrucksmittel** und damit den Ausgangspunkt für einen **Selektionsprozeß**. Beispiele aus der Geschichte der deutschen Sprache sind:

– die Quantitäts- und Dimensionsadjektive, bei denen im Mhd. zusätzlich zu *lützel* ›klein, wenig‹ Verwendungen anderer Adjektive als Konkurrenz aufkommen, die ursprünglich gar nicht zu diesem Verwendungsbereich gehören (mhd. *kleine* ›fein, filigran‹, *wênec* ›armselig‹; vgl. 5.3.4);
– die Konkurrenz von *siech* und *kranc* bei den Krankheitsadjektiven (vgl. 5.3.8);
– die Konkurrenz von *kunst* und *list* bei den Substantiven für intellektuelle Fähigkeiten im Mhd. (vgl. 5.1.8);
– die langandauernde Konkurrenz von *können* und *mögen* im Mhd. und Fnhd. (vgl. Peilicke 1997).

Wenn bestimmte Entwicklungspotentiale mehrfach genutzt werden, so können sich komplexe Konkurrentengruppen bilden, so z.B. bei den kausalen Konjunktionen im Fnhd. (vgl. 5.4.2). Es stellt sich hier die Frage: Wie funktioniert die Selektion einzelner Einheiten und wie entstehen aus scheinbarem Chaos Systemansätze? Dieser Selektionsprozeß bei konkurrierenden Ausdrucksmitteln kann u.a. folgende Verläufe nehmen:

(i) Die in bestimmten Verwendungsweisen neu aufkommenden Ausdrücke (*klein, kranc, kunst, können*) werden von den Sprechern aus verschiedenen Gründen gegenüber den etablierten Ausdrücken bevorzugt.
(ii) Bei den für bestimmte Funktionen ursprünglich zentralen Ausdrücken verlagert sich der Schwerpunkt des Gebrauchs auf ursprünglich periphere Verwendungsweisen (*siech, list, mögen*) – eine Form der sog. funktionalen Differenzierung.
(iii) Ursprünglich zentrale Ausdrücke veralten (*lützel*) als Folge von (i).

3.7.3 Verbreitungswege und Verbreitungsmechanismen

Als **Verbreitungswege** für semantische Neuerungen spielen vor allem zwei Arten von Kommunikationskanälen eine wichtige Rolle: die persönlichen Kommunikationsbeziehungen der Sprecher in ihren »**social networks**« und – seit der Erfindung des Buchdrucks – die Massenmedien. Zu den Networks eines Individuums gehören seine Kontaktpersonen in der Familie und in anderen Kleingruppen, innerhalb seiner Altersgruppe (den sog. peer-groups in Kindergarten, Schule etc.), am Arbeitsplatz oder in Organisationen. Als Verbreitungs*wege* sind zu nennen: die Verbreitung von Eltern zu Kindern und umgekehrt, von Freundin zu Freundin, von Spezialisten zu Laien, die Verbreitung über Multiplikatoren (z.B. von Lehrerinnen zu Schülern), die Verbreitung über Vermittler von höheren sozialen Schichten zu niedrigeren Schichten, die Verbreitung von Region zu Region (z.B. über bestimmte Handelswege). Einen Sonderstatus hat die Verbreitung von Neuerungen über **Massenmedien**, die oft so schnell und effektiv verläuft, daß man von einer epidemischen Verbreitung sprechen möchte. Allerdings ist auch bei der Verbreitung durch Medien ein mehrschrittiger Verbreitungsweg nicht ungewöhnlich: über das Medium zu prominenten Mitgliedern im Network und von dort weiter zu anderen Mitgliedern (der sog. two-step flow).

Verbreitung gibt es auch von einer sprachlichen Varietät zu einer anderen und von einer Diskurstradition oder Textsorte zu einer anderen. So gibt es Indizien dafür, daß manche Verwendungsweisen zunächst in der gesprochenen Sprache üblich waren und dann erst in die geschriebene Sprache übernommen wurden. Desgleichen kann man etwa vermuten, daß manche formellen und höflichen Ausdrucksweisen in offiziellen Schreiben gebräuchlich waren, bevor sie in Privatbriefe übernommen wurden.

Das Gegenstück zu den Verbreitungswegen sind die **Verbreitungsbarrieren**.

Allgemein gesprochen gibt es dort Verbreitungsbarrieren, wo wenig oder keine Kommunikation stattfindet und wo (deshalb) das relevante gemeinsame Wissen fehlt. Im einzelnen können solche Barrieren an regionalen Grenzen liegen, an Gruppengrenzen, an Generationengrenzen und allgemein an Wissensgrenzen (bei einer Bildungsschranke, an einer Spezialisten/Laien-Schranke usw.).

Einige Aspekte von **Verbreitungsmechanismen**, die auch für die historische Semantik relevant sein dürften, wurden in der sozialwissenschaftlichen Diffusionsforschung behandelt, z.B. die entscheidende Rolle der »weak ties«, die aus einer Gruppe hinausführen, gegenüber den gruppeninternen »strong ties« (Milroy 1992, 175ff.; Rogers 1995, 309f.), die Funktion von Multiplikatoren (der erwähnte »two-step flow«) oder das Vorhandensein einer kritischen Masse von Benutzern (vgl. Rogers 1995, 313ff.). Wenn die kritische Masse erreicht ist, wird die Verbreitung zum Selbstläufer. Im Extremfall sieht sich ein Sprecher von anderen Sprechern umzingelt, die diese Neuerung verwenden, und paßt sich diesem Gebrauch an – es sei denn, er ist ein hartgesottener Nichtverwender, ein »hard-nosed resister«. Generell spielen die Eigenschaften unterschiedlicher Personentypen für die Verbreitung eine Rolle. Die Einstellung zu Innovationen, von den »early adopters« bis zu den Nachzüglern (vgl. Rogers 1995, 263ff.), scheint zu korrelieren mit Faktoren wie dem Grad der Integration in eine bestimmte Gruppe, der Altersgruppe, der sozialen Stellung, der Bildung und dem Geschlecht. Für die Verbreitung semantischer Neuerungen gibt es noch einen weiteren wichtigen Personentyp, der in der sozialwissenschaftlichen Verbreitungsforschung weitgehend unbekannt ist, nämlich den Passivbenutzer, der die neue Verwendungsweise zwar versteht, sie aber nie selbst gebraucht. Bei ihm reißt die verbreitende Kommunikationskette ab.

Die traditionelle Wortgeschichte erklärt Verbreitung häufig mit einem Standardmechanismus, dem sog. Prestige-Modell. Nach diesem Modell ahmt eine Gruppe mit niedrigerem Prestige den Sprachgebrauch einer Gruppe mit höherem Prestige nach (z.B. der deutsche Adel den französischen Adel, die sozial niedrigeren Schichten die sozial höheren Schichten). Dieses Modell ist aber sehr undifferenziert und gibt auf der Mikroebene ein unzureichendes Bild von Verbreitungswegen und Übernahmemotiven.

3.7.4 Untersuchungen zu Verbreitungsvorgängen

Untersuchungen zur Verbreitung von semantischen Neuerungen waren meist makroskopisch orientiert. Dies gilt z.B. für viele Arbeiten der traditionellen **Wortgeographie** ebenso wie für die Lehnwortforschung, die, wie erwähnt, im allgemeinen die *Ergebnisse* von Verbreitungsvorgängen dokumentieren, nicht die Prozesse selbst. Im Rahmen der historischen Wortgeographie konnte man z.B. feststellen, daß sich die Praxis, den Ausdruck *krank* als Standardausdruck dem Ausdruck *siech* vorzuziehen, regional von Norden nach Süden ausbreitete (vgl. Ising 1968, 76-79). Ebenso konnte beobachtet werden, daß das Wort *Minne* im 15. Jahrhundert als Ausdruck für Liebe in Südwestdeutschland gebraucht wird, während im restlichen deutschen Sprachgebiet das Wort *Liebe* bevorzugt wird. Im 16. Jahrhundert ist das Wort *Liebe* dann auch im Südwesten stärker zu belegen (vgl. Besch 1967).

Makroskopisch ist im wesentlichen auch die traditionelle **Lehnwortforschung**. Hier geht es um die Verbreitung von einer Sprache zur andern. Eine zusammenfassende Darstellung wie die »Deutsche Wortgeschichte« beschränkt sich für die Zeit des 16. und 17. Jahrhunderts im wesentlichen darauf, Wörter aufzulisten und bestimmten Herkunftssprachen und Fachgebieten zuzuordnen, also dem Lateinischen oder Französischen und der Verwaltung oder dem Heereswesen (Flemming/Stadler 1974, 24ff.). Für das Mittelalter versucht Öhmann (1974, 399), »die Einmarschstraßen des französischen Wortgutes« festzustellen und kommt zu der Annahme, daß besonders die Stadt Köln eine wichtige »Einfallspforte« war. Einen Fortschritt bedeuten die Beobachtungen von Jones (1976, 59ff.), der explizit darauf hinweist, daß häufig nur bestimmte Verwendungsweisen und zwar in bestimmten Kommunikationsformen übernommen werden. Aber auch in der traditionellen Wortgeschichte gibt es schon differenziertere **Verbreitungsuntersuchungen** unter regionalem und sozialem Aspekt. Ein schönes Beispiel ist Friedrich Kluges Darstellung der Verbreitung von *Kneipe* (Kluge 1912). Er stellt fest, daß dieses Wort aus der Gaunersprache in Obersachsen stammt und dort »Herberge für Diebe« bedeutet. Um das Jahr 1780 verwenden es verschiedene obersächsische Autoren im Sinne von »schlechtes, anrüchiges Wirtshaus«. Um dieselbe Zeit nehmen die Studenten an den obersächsischen Hochschulen Halle, Wittenberg und Leipzig den zunächst noch als vulgär geltenden Ausdruck auf. Die damals noch zahlreicheren Studienortwechsler tragen dann das Wort schnell von Hochschule zu Hochschule. 1813 ist es in Göttingen belegt, 1825 in Tübingen. Dabei fällt ein interessantes Verwendungsspektrum auf: »Kneipe heißt nicht nur jedes Wirtshaus, sondern auch jedes Zimmer.« Auch wird *Kneipe* gleichbedeutend mit *Zeche* gebraucht, also für ein Trinkgelage. Diese Darstellung zeigt, daß es bei Berücksichtigung geeigneter Quellen gelingen kann, eine noch differenziertere Verbreitungsgeschichte zu erzählen, als man sie etwa in dem an sich schon guten Artikel im DWb findet (DWb 11, 1405ff.).

Interessante Hinweise auf Verbreitungsphänomene findet man auch in der Luther-Forschung. Luther ging es mit seinen deutschen Schriften, insbesondere mit der Bibelübersetzung, um die Verbreitung reformatorischen Gedankenguts an die des Lateins unkundigen Laien, nicht um die Veränderung der deutschen Sprache. Dazu versuchte er so zu schreiben, daß möglichst viele Adressaten in unterschiedlichen Regionen seine Texte verstehen würden. Seine eigene ostmitteldeutsche Sprache, schon ein historisches Ausgleichsprodukt, war dafür eine gute Ausgangsbasis. Zusätzlich versuchte Luther, bei der Wortwahl solche Ausdrücke zu berücksichtigen, die schon eine weite Verbreitung im deutschen Sprachgebiet hatten. Sein Sprachgebrauch – Wortwahl und Verwendungsweisen – wurde durch Schüler und Anhänger (z.B. Hans Sachs) weiterverbreitet, aber auch durch seine Gegner, die sich ebenfalls an seiner Bibelübersetzung orientierten. Eine wichtige Rolle in den Verbreitungsvorgängen spielten auch die Korrektoren und Drucker, die in reformatorischen Schriften einerseits ihren eigenen regionalen Sprachgebrauch berücksichtigten und dadurch neue Varianten ins Spiel brachten und andererseits Lutherschen Wortschatz durch Glossare erläuterten und so dessen Verbreitung erleichterten (z.B. Petris Glossar von 1523, vgl. Kluge 1918, 106-112). Leser und Hörer, die an den reformatorischen Ideen interessiert waren, verbreiteten diesen Sprachgebrauch weiter, im allgemeinen sicherlich ohne eine auf die Verbreitung gerichtete Intention. Insgesamt ergaben sich sehr komplexe Verbreitungsmechanismen, die zur Ausbildung eines überregionalen schriftsprachlichen Wortschatzes im Deutschen beitrugen. (Zu Luthers Rolle bei der Wortschatzverbreitung vgl. Erben 1974. Vgl. auch 5.1.9. Eine schöne Sammlung von Arbeiten zur sprachhistorischen Stellung Luthers findet sich in Wolf 1996).

Ein kleines Lehrstück zur Verbreitung sprachlicher Ausdrücke bieten die Abschnitte in Jung (1994), die die **Wortkarriere** des Ausdrucks *Entsorgungspark* behandeln. Dieser Ausdruck wurde – soweit man das rekonstruieren kann – im Jahre 1975 im Innenministerium erfunden und dort intern etwa eineinhalb Jahre lang verwendet. In die Öffentlichkeit gelangte das Wort erstmalig im Mai 1975, als Innenminister Maihöfer es in einem Vortrag bei einer Reaktortagung verwendete. Die anderen Ministerien, vor allem das Forschungsministerium, zogen »Entsorgungs*anlage*« vor. 1975 finden sich weitere vereinzelte Verwendungen, z.B. in der Rede eines Bundestagsabgeordneten. Aber schon 1976 verwenden die Experten das Wort nicht mehr, es ist eine terminologische Eintagsfliege. Auch in der Presse sind Belege kaum zu finden. Nachdem es eigentlich schon tot ist, wird das Wort in den 80er Jahren von Sprachkritikern in den Medien und in der Wissenschaft entdeckt. Es wird als abschreckendes Beispiel eines manipulativen Euphemismus zitiert und als Standardbeispiel weitertradiert. So erlebt es eine Karriere aus zweiter Hand, die bis heute viel dynamischer ist als die unbedeutende Erstkarriere. *Entsorgungspark* ist, wie Jung (1994, 77) es nennt, ein »Phantomwort«. Natürlich ist eine solche Verbreitungsgeschichte ein Extremfall, aber sie enthält eine Reihe von lehrreichen Faktoren, u.a. den, daß Verbreitung nicht immer durch normale Verwendung geschieht, sondern bisweilen auch durch bloßes Zitat.

Der eben genannte Faktor spielt auch in einer Verbreitungsgeschichte eine Rolle, die Gloy (1977) untersucht. Es handelt sich um die Verwendung des Ausdrucks *Petitessen* im Sinne von *Lappalien*. Willy Brandt verwendete dieses ungebräuchliche Wort in der Wahlnacht des 3. Oktober 1976 in einem Fernsehinterview, wiederholte es eine Stunde später in einer Fernsehdiskussion und am nächsten Tag in einer Sitzung des Parteivorstandes. Vier Tage später wurde das Wort vom Chefredakteur der WELT in einem Leitartikel verwendet, mit dem Hinweis »neues Brandt-Wort«. Wieder eine Woche später gab es mehrere Leserbriefe zum Thema *Petitessen* im SPIEGEL. Weiterhin berichtete der SPIEGEL über die kurze Geschichte dieses Sprachgebrauchs. Damit trug er zur Verbreitung mit bei, und zwar mit einer erheblichen Beschleunigung der Diffussionsgeschwindigkeit. Allerdings war dem Ausdruck nach dieser kurzen Blitzkarriere keine dauerhafte Aufnahme in den allgemeinen Sprachgebrauch beschieden. Wenn man ihn zwanzig Jahre später dann und wann hört, dann zumeist mit direkter Anspielung auf die Verwendung durch Willy Brandt.

Diese Verbreitungsgeschichten haben schon eine deutliche Mikroperspektive. Wenn man aber Genaueres über die Rolle des einzelnen Sprechers und seines Umfeldes erfahren möchte, um etwa zu sehen, wie er oder sie semantische Neuerungen wahrnimmt, bewertet und weiterverwendet, müßte man auch andere methodische Wege beschreiten, z.B. die Auswertung von **semantischen Tagebüchern** (analog zu den Tagebuch-Panels der Medienforschung). Ein derartiger Versuch, der 1985 an der Universität Tübingen unternommen wurde, soll hier kurz skizziert werden (vgl. Kleinknecht 1985). Als erster Schritt wurden semantische Tagebuchblätter entworfen, die auf zwei Seiten Einträge zu folgenden Punkten vorsahen:

1. Der jeweilige Ausdruck bzw. die Verwendungsweise, die der Probandin als für sie neu aufgefallen war.
2. Der Verwendungszusammenhang, in dem sie diesen Ausdruck gehört oder gelesen hatte.
3. Wie sie ihn verstanden hatte.
4. Welche Person den Ausdruck verwendet hatte.
5. Wie sie die betreffende Person bewertet.
6. Wie sie den Ausdruck bzw. die Verwendung bewertet.
7. Ob sie den Ausdruck schon selbst weiterverwendet hat – wenn ja, dann in welcher Weise bzw. in welchem Zusammenhang.

8. Wenn nein, ob sie ihn weiterverwenden würde und in welchem Zusammenhang, ggf. warum nicht.

Diese Tagebuchblätter wurden an Probanden unterschiedlicher Gruppen verteilt: Schüler/innen, Studierende und berufstätige Personen unterschiedlicher Altersstufen, mit der Bitte, 4 Wochen lang semantisches Tagebuch zu führen. Wenn man alle empirischen Probleme mit dieser Art von Tagebuch in Rechnung stellt und damit auch die Aussagekraft dieser Erhebungsform realistisch einschätzt, dann bleiben doch genug interessante Einsichten, von denen ich einige erwähnen will.

1. Die Tagebuchschreiber bemerkten viel häufiger neue Ausdrücke als neue Verwendungsweisen schon etablierter Ausdrücke. Als neue Ausdrücke – aus der Sicht der Tagebuchschreiber – wurden notiert: Fremdwörter wie *frugal* oder *Demission*, Fachwörter wie *Verkaufsoxer* aus der Reitersprache, neue Wortbildungen wie *Nudelkrieg* oder *Flugi* für Flugblatt. Als neue Verwendungsweisen wurden beispielsweise angegeben *junge* Schokolade und *freche* Mode aus der Werbung.

2. Es wurden einige typische Verbreitungswege dokumentiert:

– Jemand lernt den Ausdruck durch Zeitung oder Fernsehen kennen und verwendet ihn im Freundeskreis weiter.

– Ein Ausdruck wird von Person zu Person in einer Kleingruppe (einer Gruppe von Reitern) durch das Erzählen einer Geschichte weitergegeben, in der der Ausdruck an prominenter Stelle vorkommt. Er wird dann eine zeitlang in der Kleingruppe häufig verwendet und verschwindet dann wieder.

– Eine Studentin liest einen treffenden Terminus in einem wissenschaftlichen Werk und verwendet ihn dann in einer Seminardiskussion oder in einem Referat weiter.

3. Es wurde dokumentiert, daß die Gründe für die Weiterverwendung oder Nicht-Weiterverwendung weitaus vielfältiger sind, als es die Handbücher suggerieren. Das vielzitierte Prestige-Motiv spielte in dem vorliegenden Material nur eine untergeordnete Rolle. Unter die Bewertungen, die als Grund für die Weiterverwendung oder Nicht-Weiterverwendung angegeben wurden, fallen: der Ausdruck ist originell, lustig, treffend, passend, anschaulich, nützlich zum Ausdruck eines bestimmten Gedankens usw. Gegen die Weiterverwendung sprachen: der Ausdruck klingt »hochgestochen« oder »angeberisch«, er ist ein Dialektwort, »er paßt irgendwie nicht zu mir«. Bei den Gründen für die Nicht-Weiterverwendung gab eine 60jährige Frau für die Verwendung des Wortes *geil* im Sinne von ›lustig,

toll‹ an, das Wort klinge nicht schön. Es störte sie also die bisher dominierende Verwendungsweise des Ausdrucks. Dieser Tagebucheintrag aus dem Jahre 1985 erinnert auch an das Faktum, daß neue Ausdrücke und Verwendungsweisen bei verschieden Sprechern unterschiedlich schnell »ankommen«. Während vielen Schülern diese Verwendungsweise schon im Jahre 1980 wohlvertraut war, konnte eine ältere Sprecherin sie fünf Jahre später noch als neu wahrnehmen.

Die Weiterentwicklung dieser und anderer Methoden der mikroskopischen Rekonstruktion von Verbreitungsgeschichten wäre ein nützlicher Beitrag zur historisch-semantischen Verbreitungsforschung, der die bisher vorherrschende Corpusanalyse und die improvisierte teilnehmende Verbreitungsbeobachtung sinnvoll ergänzen könnte.

3.8 Das Veralten von Wörtern und Verwendungsweisen

Während das Auftreten neuer Wörter und Verwendungsweisen immer zu den zentralen Beobachtungsfeldern der historischen Semantik gehört hat, ist das **Veralten** und das Aufgeben von Wörtern und Verwendungsweisen insgesamt viel weniger gut erforscht, obwohl eine Folge des Veraltens, nämlich die Schwerverständlichkeit des Wortschatzes älterer Texte, schon seit der Antike immer wieder hervorgehoben wurde. Verstreute Hinweise zu diesem Thema gibt es bei vielen Autoren (z.B. bei Darmesteter 1887, Teil 3: »Comment meurent les mots«). Grundsätzliche Überlegungen finden sich bei Holthausen (1919), Götze (1934) und Visser (1949; vor allem für das Englische). Weitere Literatur gibt Osman (1983).

Die relative Abstinenz der Forschung in diesem Bereich hat verschiedene Gründe. Zum einen ist die Beobachtung einer neuen Verwendungsweise das grundlegende Datum bei der Erforschung von Neuerungstypen und Entwicklungspfaden und als solches besonders interessant, während das Veralten für diese Frage nicht direkt etwas herzugeben scheint. Zum andern sind Neuverwendungen methodisch viel leichter zu dokumentieren als die Nicht-mehr-Verwendung: Ein Beleg in einem Text läßt sich als Existenznachweis für eine neue Verwendungsweise deuten, dagegen ist das Fehlen von Belegen in einem anderen Text zunächst nur ein schwaches Indiz für das mögliche Veralten. Unter dem Gesichtspunkt der Evolution des Wortschatzes und des Spektrums der Verwendungsweisen ist jedoch das Veralten und das Verschwinden eine ebenso wichtige Fragestellung, die mit Veränderungen kommunikativer Bedürfnisse zusammenhängt sowie mit der Wahlmöglichkeit zwischen alternativen Ausdrucksweisen und der Bewertung solcher Alternativen.

Der Prozeß des **Verschwindens eines Wortes** bzw. einer Verwendungsweise wird in der Literatur im allgemeinen etwa folgendermaßen beschrieben. Der Ausdruck bzw. die Verwendungsweise geht der Sprache verloren, wenn die Sprecher den Ausdruck nicht mehr (so) verwenden. Das kann in mehreren Schritten vor sich gehen. Einzelne Sprecher haben – vielleicht unterschiedliche – Gründe, den Ausdruck nicht (so) zu verwenden bzw. sie haben keine Gründe mehr, ihn (so) zu verwenden. Der Ausdruck wird also seltener (so) verwendet. Das kann bei den Sprechern, die den Ausdruck noch kennen, dazu führen, daß er ihnen weniger präsent ist und sie ihn deshalb *noch* weniger verwenden, selbst wenn sie ihn noch passiv beherrschen. Bei den Sprachlernern führt das dazu, daß sie keine Gelegenheit bekommen, den Ausdruck zu hören und zu lernen. Sie verwenden ihn also auch nicht, aber nicht etwa, weil sie *Gründe* hätten, ihn nicht zu verwenden. Sie kennen ihn gar nicht. Schließlich verwendet ihn niemand mehr, und die Tradition reißt ab.

Einige Aspekte dieses Vorgangs will ich noch näher betrachten: 1. Zumeist hat niemand die Intention, den betreffenden Ausdruck oder die Verwendungsweise abzuschaffen. Es genügt, wenn die einzelnen Sprecher für sich keinen Anlaß sehen, den Ausdruck weiter (so) zu verwenden. Es ergibt sich dann von selbst eine kumulative Wirkung. 2. Die Metapher vom »Sterben der Wörter« führt zumindest in einer Richtung in die Irre. Das Alter der Ausdrücke ist kein Grund für das Aussterben. Viele Ausdrücke sind in gewissen Verwendungsweisen seit mehr als tausend Jahren im Deutschen gebräuchlich (z.B. *Vater, Mutter, Tochter, Fuß, Furz, Weg, Stein, geben, wissen, auf, und*). Entscheidend für das Veralten ist, daß die Sprecher keine Gründe haben, diese Ausdrücke weiter zu verwenden. 3. Die Bedingungen, unter denen Ausdrücke nicht mehr weiterverwendet werden, sind vielfältig. Dabei ist es ist nicht verwunderlich, daß die Bedingungen für das Aussterben eines Ausdrucks bzw. einer Verwendungsweise im wesentlichen das negative Gegenstück zu den Bedingungen für die Verwendung und Verbreitung einer Innovation darstellen. Folgende Arten von Bedingungen werden in der Literatur angegeben:

1. Die Sprecher haben keinen Anlaß mehr, das Wort (so) zu verwenden, weil es bestimmte Gegenstände oder Praktiken nicht mehr gibt. So verwenden wir den noch im 17. Jahrhundert gebräuchlichen Ausdruck *Gaffeln* ›Zünfte in Köln‹ nicht mehr, es sei denn, wir wären Historiker und würden den alten Gebrauch zitierend aufgreifen.

2. Es gibt konkurrierende Ausdrücke, die für die Sprecher zu einem bestimmten Zeitpunkt attraktiver sind (z.b. *Kopf* statt *Haupt* als Standardausdruck der Umgangssprache schon im 16. Jahrhundert).

3. Der Ausdruck/die Verwendungsweise ist nicht deutlich genug, wirkt gestelzt oder lächerlich (um 1900 etwa: *das möchte so sein* ›das könnte so sein‹, *Beinkleider* statt *Hose*).

4. Eine euphemistische Verwendungsweise verliert im Laufe der Zeit ihren euphemistischen Charakter, und die Sprecher ziehen einen neuen Euphemismus vor. Statt *Blume* ›Menstruation‹ (15. – 18. Jahrhundert) wird *Periode* oder *Tage* verwendet (vgl. Osman 1983, 60f.).

5. Es gibt störende Homonymien oder Verwendungsweisen, die beim Gebrauch eines Ausdrucks unerwünschte Assoziationen wecken. So erwähnt Visser (1949, 22), daß in den USA Lehrer den Ausdruck *ass* ›Esel‹ vermieden und lieber *donkey* verwendeten, weil die Schüler sich über den Gleichklang mit *ass* ›Arsch‹ amüsierten. Allerdings ist *ass* ›Esel‹ auch heute noch gebräuchlich. Im 15. Jahrhundert begann in manchen Regionen die Verwendung von *minne* im Sinne von *Liebe* offenbar etwas heikel zu werden, weil der Ausdruck gleichzeitig im Sinne von *Geschlechtsverkehr* verwendet wurde (genauer dazu: Besch 1967, 194ff.).

6. Das Wort/die Verwendungsweise ist im Wortschatz isoliert, es/ sie hat z.b. keinen Bezug zu anderen Ausdrücken einer Wortfamilie. Von dem Zeitpunkt an, zu dem *Kunst* nicht mehr als Substantivierung zu *können* gesehen wird, ist die Basis für die ältere Verwendung im Sinne von ›Können, Fähigkeit‹ geschwächt.

7. »Ein Mundartwort kann mehrere Bedeutungen haben. Wenn es in einer von ihnen zur Schriftsprache stimmt, hält es sich in ihr auch mundartlich, während es in den übrigen abstirbt« (Götze 1934, 296).

Für die empirische Untersuchung des Veraltens von Ausdrücken gibt es verschiedene Arten von Quellen. Direkte Hinweise auf veraltete Wörter findet man oft in zeitgenössischen Wörterbüchern, Poetiken und sprachkritischen Schriften. Eine Methode, indirekt Anhaltspunkte für das Veralten von Ausdrücken oder Verwendungsweisen in älteren Sprachstufen zu gewinnen, ist die sog. **Wortersatzmethode**, die zunächst auf die Überlieferung mittelalterlicher Texte angewendet wurde. Sie beruht auf der Beobachtung, daß mittelalterliche Schreiber beim Abschreiben von älteren Handschriften Wörter, die ihnen veraltet erscheinen oder die sie nicht verstehen, häufig durch andere ersetzen, die sie kennen und die einigermaßen in den Kontext passen. So ist mehrfach beobachtet worden, daß Handschriften des 15. Jhs., in denen ältere Texte überliefert werden, das Adverb *dicke* der Vorlage häufig durch *oft* ersetzen (z.B. Vorkampff-Laue 1906, Tabellen IIIa/c). Das deutet darauf hin, daß die mhd. Verwendung von *dicke* im Sinne von *oft* in manchen Regionen im 14. Jahrhundert veraltete. Aufgrund der regionalen Verteilung der von ihm untersuchten Handschriften konnte Besch (1967, 155-157) Indizien für dialektgeographische Unterschiede im Veralten von *dicke* ›oft‹ finden.

Wortersatz gibt es aber nicht nur bei mittelalterlichen Schreibern, sondern auch bei gedruckten Werken, die über längere Zeit hinweg neu aufgelegt wurden. Ein interessantes Beispiel ist die Bearbeitungsgeschichte von Luthers Bibelübersetzung, bei der spätere Generationen einerseits den Lutherschen Text weitgehend bewahren wollten, andererseits aber um die Verständlichkeit des Texts bemüht waren. Seit dem 17. Jahrhundert gibt es Klagen über das Veralten von Teilen des Lutherschen Wortschatzes, Erläuterungen der veralteten Wörter und Ersatzvorschläge (z.B. *läßig* ›müde‹, *schier* ›fast‹; vgl. Lemmer 1996).

Material zum Veralten von Teilen des deutschen Wortschatzes seit dem 18. Jahrhundert sammelt Osman (1983), indem er Adelungs »Grammatisch-kritisches Wörterbuch« in der Ausgabe von 1811 mit heutigen Wörterbüchern vergleicht. Dabei findet er u.a. folgende Beispiele für heute nicht mehr gebräuchliche Ausdrücke bzw. Verwendungsweisen: *englisch* ›engelhaft‹, *schiffen* ›mit dem Schiff fahren‹, *Klinge* ›enge Schlucht‹, *Maus* ›Muskel‹, *Materie* ›Eiter‹, *Angel* ›Stachel‹. Bei *englisch, schiffen* und *Klinge* nimmt Osman an, daß es die störende Homonymie (›aus England stammend‹, ›pinkeln‹ und ›Klinge eines Messers‹) war, die die Sprecher bewog, die betreffenden Verwendungsweisen zu meiden. Hinweise auf das Veralten von Verwendungsweisen im 18. und 19. Jahrhundert geben auch Sperber (1929) und Tschirch (1960).

3.9 Kontinuität von Verwendungsweisen

Eine naheliegende Form der historischen Entwicklung wird in der historischen Semantik nur ganz am Rande behandelt, obwohl sie bei einer evolutionären Betrachtungsweise besonders interessant ist: Die **Kontinuität von Verwendungsweisen**. Dabei ist es wichtig zu sehen, wovon man sagen kann, daß es Kontinuität besitzt. Kontinuität besitzt nicht das Wort, sondern die kommunikative Praxis, in die die Verwendung des Wortes eingebettet ist.

Wenn wir ein ahd. Wörterbuch aufschlagen und die Beschreibung des Gebrauchs von vor tausend Jahren mit unserem heutigen Sprachgebrauch vergleichen, so finden wir eine sehr große Zahl von Ausdrücken, für die es eine Tradition des Gebrauchs bis zum heutigen Tag gibt. Als Beispiele hatte ich genannt: *Vater, Mutter, Tochter, Fuß, Furz, Weg, Stein, geben, wissen, auf, und.* Allerdings gibt es wohl kaum Ausdrücke, die in ihrem ganzen Verwendungsspektrum über Jahrhunderte hin konstant geblieben sind. Zum Teil hat sich der Gebrauch so stark verändert, daß wir heute keinen Zusammenhang des neuen Gebrauchs mit dem alten sehen (*tapfer* ahd. ›schwer, gewichtig‹, nhd. ›furchtlos‹). Nur der Sprachhistoriker kann rekonstruieren, wie sich in solchen Fällen durch schrittweise Veränderung eine Umstrukturierung des Gebrauchs ergeben hat. Andererseits gibt es zahlreiche Fälle, in denen bestimmte Verwendungsweisen lang relativ konstant bleiben – so weit wir das beurteilen können. Das gilt zweifellos für den Gebrauch der oben genannten Wörter. Ein weiteres Beispiel ist das Verb *wollen*, für das es seit mehr als tausend Jahren die Verwendungsweise zum Ausdruck des Willens einer Person gibt (*Herodes wili thih arslahan* ›Herodes will dich umbringen‹). Daneben haben sich im Lauf der Zeit zahlreiche andere Verwendungsweisen entwickelt, von denen manche nur kürzere Zeit gebräuchlich waren (wie etwa: *etliche wollen* ›behaupten‹, *er sei* ...; 15. – 17. Jahrhundert), andere dagegen sind heute noch gebräuchlich sind (z.B. *er will es gewußt haben*).

Worauf beruht nun diese Kontinuität der Verwendungsweisen? Eine erste Bedingung ist die Kontinuität bestimmter kommunikativer Aufgaben. Wenn diese gegeben ist, scheint die Konstanz zentraler Verwendungsweisen zunächst einmal das Normale zu sein. Dafür spricht das für menschliche Institutionen bekannte Gesetz der Trägheit. Wenn die Menschen keinen dringenden Grund sehen, in ihren Routinen etwas zu verändern, bleiben sie bei den bewährten Gepflogenheiten, auch den sprachlichen. Auch die Kinder, die die Sprache erwerben, übernehmen nach und nach die etablierten Verwendungsweisen. Kleinere Abweichungen im Gebrauch der Kinder spielen offensichtlich nicht die Rolle für die Sprachentwicklung, die ihnen die ältere Forschung teilweise zugeschrieben hat (vgl. Paul 1920a, 85). Bei Kommunikationen, die über kleine Networks hinausgehen, trägt zudem das Interesse an reibungsloser Verständigung zum Festhalten am herkömmlichen Gebrauch bei. Deshalb sind überregionale Standardsprachen im allgemeinen konservativer als der Sprachgebrauch kleinerer Gruppen. Dies sind Faktoren, die zur Kontinuität des Gebrauchs beitragen. Darüber hinaus kann man aber annehmen, daß diejenigen Verwendungsweisen, die über Jahrhunderte hinweg im

Gebrauch bleiben, dauerhaft besondere Vorzüge für die Sprecher haben, die sie gegenüber auftauchenden Alternativen attraktiv machen. Es ist zu vermuten, daß solche erfolgreichen Verwendungsweisen Eigenschaften der Art haben, die auch Neuerungen erfolgreich machen. Dies ist aber insgesamt noch schlecht erforscht.

Bemerkenswert ist, daß es **konservative Traditionen** gibt, in denen umgangssprachlich veraltete Ausdrücke und Verwendungsweisen weitervermittelt werden, etwa im religiösen Sprachgebrauch, in den Fachsprachen und im literarischen Sprachgebrauch. Beispiele für derartige schriftsprachliche Traditionen im Deutschen sind das Lesen der Luther-Bibel, das Singen des evangelischen Kirchenlieds (Luther, Paul Gerhardt) und die lang anhaltende Rezeption der klassischen Literatur des 18. und 19. Jahrhunderts. Durch solche Traditionen bleiben in bestimmten Sprechergruppen Ausdrücke oder Verwendungsweisen zumindest rezeptiv verfügbar, die im aktiven, umgangssprachlichen Gebrauch längst aufgegeben sind. In machen Fällen sind auch Dialekte besonders konservativ. Ein Beispiel ist die Aufrechterhaltung alter Verwendungsweisen von Modalverben in oberdeutschen Dialekten (vgl. Fritz 1997, 80). Bisweilen werden veraltete Ausdrücke auch als Archaismen weiterverwendet, d.h. als ein besonderes stilistisches Mittel, mit dem man einem Text historische Patina geben kann (vgl. Cherubim 1988).

4. Forschungstraditionen und Bedeutungstheorien in der historischen Semantik

Fragen der historischen Semantik wurden und werden in vielfältigen Forschungszusammenhängen behandelt, z.b. in der Etymologie, der historischen Lexikologie, der Lehnwortforschung, der Begriffsgeschichte, der Schlagwortforschung, der Fachsprachenforschung, der Dialektologie, der Soziolinguistik, der linguistischen Sprachkritik, der Literaturgeschichte und der Kulturgeschichte. Diese Vielfalt der Forschungsbereiche zeugt von dem Interesse des Gegenstands und den vielfältigen Aspekten der historischen Semantik. Gleichzeitig behindert diese Vielfalt aber den Überblick über den Stand der Forschung und erschwert die Entwicklung konzentrierter Forschungsstrategien. Dies wird noch dadurch verstärkt, daß historische Semantik auch im Rahmen ganz unterschiedlicher Bedeutungstheorien bzw. Bedeutungsauffassungen betrieben wurde und wird, z.b. im Rahmen traditioneller Vorstellungstheorien, im Rahmen der strukturellen Semantik, im Rahmen der handlungstheoretischen Semantik und in verschiedenen Versionen einer kognitiven Semantik. Trotzdem hat sich im Laufe der Forschungsgeschichte ein Kanon von grundlegenden historisch-semantischen Fragestellungen herausgeschält, die mit je unterschiedlicher Akzentuierung in unterschiedlichen Theoriezusammenhängen behandelt werden und bei deren Untersuchung man auf Ergebnisse der verschiedensten Forschungstraditionen zurückgreifen kann.

Auch der weitergehende Forschungshorizont ist von den unterschiedlichen Forschungstraditionen mitbestimmt: Bedeutungsgeschichte kann man, wie in der Einleitung erwähnt, betreiben als Teil einer Geschichte von Lebensformen, als Geistesgeschichte, als Sozialgeschichte, als Mentalitätsgeschichte, als Arbeitsfeld der kognitiven Psychologie usw. Als Hilfswissenschaft der Etymologie soll die Wortgeschichte durch die Sammlung von Parallelentwicklungen und die Formulierung von Regularitäten des Bedeutungswandels zur Stützung von etymologischen Hypothesen beitragen (vgl. Schuchardt 1928, 108ff.; Seebold 1981).

In den folgenden Abschnitten gebe ich knappe Hinweise auf einige wichtige Forschungstraditionen der historischen Semantik und – soweit das im Rahmen dieses Buches möglich ist – auf deren bedeutungstheoretische Grundlagen. Eine für den historischen Semantiker naheliegende Frage kann ich nur andeuten, nämlich die Frage nach der Bedeutungsgeschichte der theoretischen Ausdrücke der historischen Semantik. Wenn beispielsweise ein Autor wie H. Paul im Jahre 1886 den Ausdruck *psychologisch* verwendet, dann bezieht er sich damit oft auf Faktoren wie die Intentionen und das gemeinsame Wissen der Sprecher, die wir heute vielleicht als *pragmatische* Faktoren bezeichnen würden. Aber natürlich hatte Paul keine Pragmatiktheorie. Dementsprechend ist auch ein Ausdruck wie *Sprechtätigkeit* bei ihm nicht prägnant im Sinne von *sprachliches Handeln* zu verstehen. Aber die begriffliche Verwandtschaft ist nicht zu übersehen.

Für Einzelheiten der Forschungsgeschichte verweise ich auf Forschungsberichte und wissenschaftshistorische Darstellungen, z.B. Jaberg (1901), Kronasser (1952), Ullmann (1957/1967), Beckers (1975), Knobloch (1988), Nerlich (1992), Blank 1997, 1-46. Ullmann (1957/1967) eignet sich weiterhin als erster Zugang zur älteren Forschung bis zu den 50er Jahren. Nerlich (1992) behandelt kenntnisreich die Forschung von 1830-1930.

4.1 Traditionelle Bedeutungslehre

Den Anfang der historischen Semantik als einer wissenschaftlichen Disziplin, die zunächst die Bezeichnung »**Semasiologie**« erhielt, datiert man im allgemeinen auf das Jahr 1825. Damals stellte der Altphilologe Karl Reisig in einer seiner »Vorlesungen über die lateinische Sprachwissenschaft« die Forderung auf, man müsse in den Wörterbüchern die verschiedenen Bedeutungen der Wörter in ihrer inneren Ordnung angeben, d.h. geordnet nach ihrer historischen Entwicklung und ihrem logischen Zusammenhang (vgl. Reisig 1839, 286). Seit diesen Anfängen hat die historische Semantik ein wechselvolles Schicksal gehabt. Ihren ersten Höhepunkt erlebte sie in der Zeit von 1880 bis 1900. Die einflußreichsten historisch-semantischen Theoretiker dieser Zeit waren zweifellos Michel Bréal und Hermann Paul, die ihre Schriften auch wechselseitig rezipierten. Es gibt kaum einen Aspekt der späteren historischen Semantik, der bei diesen Autoren und anderen Zeitgenossen nicht zumindest schon programmatisch angedeutet wäre. Gleichzeitig zeichneten sich viele Forscher dieser Periode durch einen beachtlichen Eifer im Sammeln sprachhistorischer Daten aus, so daß es bis heute lehrreich ist, die lexikographischen und wortgeschichtlichen Arbeiten der Zeit zu lesen.

Eine der Hauptaufgaben der historischen Semantik sahen die Vertreter der Bedeutungslehre dieser Zeit darin, Ordnung in das scheinbare Chaos der Bedeutungsveränderungen zu bringen. Zu diesem Zweck entwickelten sie eine **Typologie von Arten des Bedeutungswandels** und versuchten, einzelne historische Veränderungen diesen Typen zuzuordnen. Trotz vielfältiger Unterschiede im einzelnen zeigt sich in den Monographien verschiedener Autoren (Whit-

ney 1876, Paul 1886, Darmesteter 1887, Bréal 1897) ein relativ einheitlicher Kanon von Typen: Bedeutungsverengung, Bedeutungserweiterung, Metapher, Metonymie, Euphemismus etc. Dieser Kanon läßt sich zurückführen auf die aristotelische Definitionslehre
und die Tropen-Lehre der klassischen Rhetorik, die von den ersten
Semasiologen, Vertretern der klassischen Philologie, als Orientie-
rungspunkt verwendet worden war (z.B. Reisig 1839, 287ff.). Die
entscheidende Einsicht bei der Anwendung dieser Kategorien auf
lebende Sprachen und deren Geschichte war, daß die in der Rhetorik beschriebenen Formen des ornatus (Metapher etc.) alltäglichen Verwendungsweisen von Ausdrücken entsprechen und daß
viele Ausdrücke, die in einem späteren historischen Sprachzustand
nicht-metaphorisch oder nicht-euphemistisch verwendet werden,
ursprünglich in solchen Verwendungen in Umlauf gebracht wurden.

Bréal (1897) unterscheidet die Sprache als Institution und das
Sprechen als Mittel der Kommunikation. Semantische Neuerungen
ergeben sich für ihn als Folge des willentlichen Sprechens. Als Regu-
lativ für mögliche Neuerungen wirkt die Absicht der Sprecher, verstanden zu werden. Die Auffassung, daß man historische Entwicklungen von den Sprechern aus erklären muß, führt Bréal beispielsweise zu der Einsicht, daß es nicht bestimmte Wörter sind, die eine
»pejorative Tendenz« haben, sondern daß vielmehr pejorative Entwicklungen häufig die Folge einer euphemistischen Verwendung des
betreffenden Ausdrucks darstellen (Bréal 1897/1924, 100f.). Aus
heutiger Sicht besonders wichtig erscheinen seine Bemerkungen zur
Polysemie (Bréal 1897/1924, 143ff.). Neue Verwendungsweisen
entstehen u.a. durch metaphorische Verwendung. Oft werden sie
aufgenommen, ohne daß die alten Verwendungsweisen verloren gehen. So ergibt sich Polysemie als direkte Folge der semantischen
Neuerung. Die Vielfalt der Verwendungsweisen ist kommunikativ
unproblematisch, weil der jeweilige Kontext das Verstehen der betreffenden Verwendung stützt. Bréal sieht in der Möglichkeit der
Polysemie eine Stärke der Sprache. Eine neue Verwendungsweise ist
so gut wie ein neues Wort. (Eine differenzierte Analyse der Polysemie bietet wenig später Erdmann 1900/1922). Bei Bréal findet sich
auch ein Gedanke, der später für Meillets Theorie des Bedeutungswandels grundlegend ist: Im Gebrauch einzelner Bevölkerungsgrup-
pen, beispielsweise der Berufsgruppen, spielen sich häufig spezialisierte Verwendungsweisen von Ausdrücken ein (Bréal 1897/1924,
110f.). Umgekehrt ergeben sich bei der Übernahme aus der Fachsprache in die Umgangssprache weniger spezifische Verwendungsweisen (Meillet 1905/1906).

Hermann Pauls Überlegungen zur historischen Semantik stehen einerseits im Zusammenhang seiner »Prinzipienwissenschaft« der Sprachgeschichte, andererseits hängen sie zusammen mit seiner Arbeit an seinem »Wörterbuch der deutschen Sprache«, das 1897 erschien. Pauls Ziele und Grundannahmen verdeutlichen folgende Zitate: »Alles dreht sich mir darum die Sprachentwicklung aus der Wechselwirkung abzuleiten, welche die Individuen aufeinander ausüben« (Paul 1920a, 12 Fn.). »Die eigentliche Ursache für die Veränderung des Usus ist nichts anderes als die gewöhnliche Sprechtätigkeit. Bei dieser ist jede absichtliche Einwirkung auf den Usus ausgeschlossen. Es wirkt dabei keine andere Absicht als die auf das augenblickliche Bedürfnis gerichtete Absicht seine Wünsche und Gedanken anderen verständlich zu machen« (ebd., 32). Der Grundgedanke der Paulschen Theorie des Bedeutungswandels besteht darin, daß von dem »usuellen« Gebrauch eines Ausdrucks in besonderen Verwendungszusammenhängen »okkasionell« abgewichen werden kann und daß diese Abweichung sich als neue Verwendungsweise etablieren kann. »Bei weitem in den meisten Fällen entspringt also der Wandel der **usuellen Bedeutung** aus den Modifikationen in der **okkasionellen Anwendung**, ohne dass dabei eine auf Veränderung des Usus gerichtete Absicht mitwirkt« (ebd., 87). Und schließlich eine entscheidende Einsicht für die historische Semantik: »Aus unseren Ausführungen erhellt, dass die Veränderungen der usuellen Bedeutung den verschiedenen Möglichkeiten der okkasionellen Modifikation entsprechen müssen« (ebd., 87). Diese Möglichkeiten sind u.a. die schon erwähnten Formen der metaphorischen, metonymischen oder euphemistischen Rede.

Im **Prozeß des Bedeutungswandels** lassen sich verschiedene Stadien unterscheiden: Die erstmalige okkasionelle Verwendung, die Verbreitung dieser Verwendungsweise und das Verblassen bzw. Vergessen des ursprünglich metaphorischen oder euphemistischen Charakters der Verwendung dieses Ausdrucks. Für das Verstehen der okkasionellen Bedeutung spielt die Übereinstimmung im psychischen Verhalten eine grundlegende Rolle (ebd., 78). Diese Übereinstimmung entsteht durch die gemeinsame Anschauung und das in der Rede Vorangegangene (ebd., 78f.). Einen Indikator für wichtige Wissensbestände bildet das metaphorische Reden: »Es ist selbstverständlich, dass zur Erzeugung der Metapher, soweit sie natürlich und volkstümlich ist, in der Regel diejenigen Vorstellungskreise herangezogen werden, die in der Seele am mächtigsten sind« (ebd., 95). Gemeinsames Spezialwissen ermöglicht spezielle Verwendungen: »Spezialisierung der Bedeutung stellt sich namentlich in der Sprache der verschiedenen Standes- und Berufsklassen ein«. Ein Beispiel ist

die Entwicklung der heutigen Verwendungsweise von *gerben* aus
»mhd. *gerwen* mit dem allgemeinen Sinne »fertig, bereit machen«
(zu *gar*)« (ebd., 88f.).
    Die Bedeutung des **Kontexts** für die Entwicklung von Neuerun-
gen betonen auch andere Autoren der traditionellen Richtung, insbesondere Wegener (1885) und Sperber (1923). Stöcklein (1898),
Wellander (1923) und Leumann (1927) sehen in der genauen Beschreibung der relevanten Satzzusammenhänge eine wichtige Voraussetzung für ein Verständnis eines Bedeutungswandels. Differenziertere Analysen des metaphorischen Redens in dieser Forschungs-
tradition finden sich bei Erdmann (1900/1922), Sperber (1923)
und Stern (1931).
    Methodische Prinzipien für die **historische Wortforschung** ent-
wickelte Paul in seinem 1894 gehaltenen Akademievortrag »Über
die Aufgaben der wissenschaftlichen Lexikographie mit besonderer
Rücksicht auf das deutsche Wörterbuch« (Paul 1895). Eine grundlegende Rolle für die Wortgeschichte spielen nach seiner Auffassung
die **Sprachvarietäten**. Unterschiede im Gebrauch ergeben sich in
verschiedenen »Verkehrskreisen«, in unterschiedlichen Dialekten,
Bildungsschichten, Berufsgruppen und Fachsprachen (Paul 1895,
54ff.). Bei der semantischen Beschreibung muß man »das Verhältnis
der Verwendungsweisen zueinander bestimmen« (ebd., 68). Wo historische Zusammenhänge zwischen Verwendungsweisen nicht ausreichend deutlich sind, müssen Übergangsstufen gesucht und rekonstruiert werden (ebd., 72). Die wortgeschichtliche Betrachtung darf
sich nicht auf Einzelwörter beschränken. »Die Aufgaben der Wortforschung sind nicht erfüllt, solange die Behandlung der einzelnen
Wörter eine isolierte bleibt« (ebd., 77). Die Wortfamilien (etwa *ziehen, abziehen, Ziehung, Zug*) müssen ebenso berücksichtigt werden
wie die Zusammenhänge »auf der begrifflichen Seite« (82), beispielsweise die Antonymiebeziehungen (*alt – neu, jung*; ebd., 85), und die
Konkurrenz von bedeutungsverwandten Ausdrücken (*böse, schlecht*;
Paul 1920a, 261). Immer wieder führt Paul Parallelentwicklungen
an, die auf allgemeinere Tendenzen des Bedeutungswandels hinweisen, z.B.»Fast alle Verba, die ursprünglich die Tätigkeit eines leben-
den Wesens bezeichnen, werden metaphorisch von leblosen Dingen
gebraucht« (Paul 1920a, 97).
    Wenn man sich ein Bild von der **traditionellen Wortgeschichte**
machen will, so genügt es nicht, sich auf die Arbeit der Programma-
tiker und Handbuchautoren zu beschränken. Die Praxis der Beschreibung von Bedeutungsübergängen sieht man in den historischen Wörterbüchern, im Grimmschen Wörterbuch, in Pauls
»Deutschem Wörterbuch«, in Kluges etymologischem Wörterbuch

(Kluge 1883) oder in »Trübners deutschem Wörterbuch« (Götze/
Mitzka 1939-1957). Es gibt in dieser Zeit viele detailreiche Untersuchungen zur semantischen Entwicklungsgeschichte einzelner
Wörter und Wortgruppen, z.B. zu den Konjunktionen (vgl. Behaghel III, 1928, 48-355) oder zu den Modalverben (zur Forschungsgeschichte vgl. Fritz 1997, 114ff.).

Spezialdarstellungen zu **Sonder- und Fachsprachen** konkretisie-
ren den Gedanken, daß es einen wechselseitigen Austausch von Ausdrücken zwischen Umgangs- und Fachsprache gibt, bei dem sich die
Verwendungsweisen der Ausdrücke verändern. Beispiele sind Kluges
Arbeiten zur Studentensprache (Kluge 1895) und Seemannssprache
(Kluge 1911) oder Schirmers »Wörterbuch der deutschen Kaufmannssprache« (Schirmer 1911). Dazu kommen umfangreiche Einzeluntersuchungen, wie etwa Weisweiler (1930) zur Geschichte des
Wortes *Buße* und seiner Verwandten (vgl. 5.1.11).

Untersuchungen zum Verbreitungsbereich von Wörtern, z.T.
auch von Verwendungsweisen wurden in der **historischen Wortgeographie** unternommen (vgl. auch 3.7.4). Einen Überblick über die
traditionelle historische Wortgeographie geben Mitzka (1974) und
Reichmann (1983); vgl. auch Schmidt-Wiegand (1989). Auch heute
noch interessant zu lesen ist Kretschmer (1918). Der gegenwärtige
Diskussionsstand ist vertreten durch Arbeiten in Bremer/Hilde-
brandt (1996).

Eine der traditionellen Forschungsrichtungen, die wichtige Beiträge zur historischen Semantik geleistet haben, ist die **Lehnwortforschung.** Für die Geschichte von Verwendungsweisen sind drei
Beobachtungen von besonderem Interesse:

1. Wörter aus fremden Sprachen werden häufig zuerst in einem
ganz bestimmten Kontext und in einer ganz bestimmten Verwendungsweise übernommen (Jones 1976, 59ff.). So wird etwa das
Wort *antizipieren* (heute ›vorwegnehmen‹, ›erwarten‹) im 16. Jahrhundert aus dem Italienischen zuerst in die Kaufmannssprache
übernommen, und zwar in der heute ungebräuchlichen Verwendungsweise ›einen Geldbetrag vor dem rechtsgültigen Zahlungster-
min zur Zahlung einfordern‹.

2. Wörter aus fremden Sprachen entwickeln als Entlehnungen
eigene Verwendungsweisen, die es in der Ausgangssprache nicht gibt
(vgl. Hope 1971, 661ff.).

3. In manchen Fällen wird ein fremdsprachliches Wort als Muster für die Verwendung eines eigensprachlichen Wortes genutzt
(vgl. 3.2.9). Derartige **Lehnbedeutungen** sind im Deutschen seit
dem Mittelalter verbreitet. Betz (1949, 85f.) gibt Beispiele für Lehnbedeutungen nach lateinischen Mustern. Ein beträchtlicher Teil des

christlichen Basiswortschatzes ist von dieser Art. Bei Ausdrücken wie *hriuwa, diomuoti* oder *bigiht* wird dem bisherigen Spektrum der Verwendungsweisen eine neue Verwendungsweise hinzugefügt. *hriuwa* ›seelischer Schmerz‹ wird zusätzlich im Sinne von ›Reue‹ verwendet (nach dem Muster von lat. *paenitentia*), *diomuoti* ›Gesinnung eines Gefolgsmanns‹ im Sinne von ›Demut‹ (entsprechend lat. *humilitas*), *bigiht* ›Aussage vor Gericht‹ im Sinne von ›Beichte‹ (entsprechend lat. *confessio*). Im Mhd. kommen insbesondere Lehnbedeutungen nach französischen Mustern dazu. Öhmann (1951, 95-115) gibt zahlreiche Beispiele aus dem Bereich des höfischen Sprachgebrauchs, etwa die besondere Verwendung von *fröide* im Sinne von *Lebensfreude*, die dem Gebrauch des afrz. *joie* bei den Troubadours entspricht, oder *stechen*, das nach dem Muster von afrz. *poindre* auch im Sinne von *in einem Turnier kämpfen* verwendet wurde. Beispiele aus späterer Zeit sind die Verwendung von *Geist* im Sinne von frz. *esprit* (18. Jahrhundert) und die auf die Ästhetik bezogene Verwendung von *Geschmack* (17. Jahrhundert, nach dem Vorbild von frz. *goût*, ital. *gusto*). Im 20. Jahrhundert sind besonders Lehnbedeutungen nach angelsächsischen Mustern häufig (vgl. Carstensen 1965, 216-233): *buchen* ›einen Flug oder dgl. reservieren‹ (*to book*), *feuern* ›entlassen‹ (*to fire*), *füttern* ›einem Computer Daten eingeben‹ (*to feed*), *realisieren* ›bemerken‹ (*to realize*).

Die vorherrschende Bedeutungsauffassung der traditionellen Semasiologie (bis hin zu Kronasser 1952 und darüber hinaus) ist die sog. **Vorstellungstheorie der Bedeutung**. Eine charakteristische Formulierung ihres Grundgedankens findet sich bei Paul, der allerdings noch die erwähnte Unterscheidung von usueller und okkasioneller Bedeutung hinzufügt: »Wir verstehen also unter usueller bedeutung den gesammten vorstellungsinhalt, der sich für den angehörigen einer sprachgenossenschaft mit einem worte verbindet, unter occasioneller bedeutung denjenigen vorstellungsinhalt, welchen der redende, indem er das wort ausspricht, damit verbindet und von welchem er annimmt, dass ihn auch der hörende damit verbinde« (Paul 1886, 66). Diese Bedeutungsauffassung wurde schon von Zeitgenossen wie Frege kritisiert und später von Wittgenstein als unhaltbar erwiesen. (Einige Kritikpunkte sind erwähnt in Fritz 1984, 741f., Keller 1995, 58ff.) Der gravierendste Einwand ist der der Zirkularität und damit der Leere von Erklärungen. Zirkularität liegt dann vor, wenn Bedeutungsübergänge als Indikatoren für bestimmte Vorstellungsassoziationen gedeutet werden und eben diese Vorstellungsassoziationen dann zur Erklärung der Bedeutungsübergänge genutzt werden. Insgesamt hat man den Eindruck, daß vorstellungstheoretische Redeweisen in vielen Fällen primär als rhetorischer Schmuck für die theoretische Präsentation benutzt wurden, während die Beschreibungspraxis der Sprachwissenschaftler von dieser Theorie weitgehend unberührt blieb.

4.2 Diachronische strukturelle Semantik

Eine kritische Auseinandersetzung mit der traditionellen Bedeutungslehre begann in den 20er und 30er Jahren unseres Jahrhunderts (z.B. Weisgerber 1927, Dornseiff 1938). Mit Triers **Wortfeldtheorie** (Trier 1931) wurden Prinzipien der strukturellen Sprachbetrachtung auch auf den Wortschatz angewendet: die Unterscheidung von Synchronie und Diachronie, die Unterscheidung von Sprache und Rede und die Betonung des **Systemcharakters der Sprache**. Diesen Neuansatz darf man allerdings nicht so verstehen, als seien den früheren Autoren solche Unterscheidungen prinzipiell fremd gewesen. Das Neue an der strukturellen Betrachtungsweise ist, daß die Analyse der Sprache als System explizit zum methodischen Prinzip erhoben wird. Die Annahme, daß die Bedeutungen verschiedener Wörter gegeneinander abgegrenzt sind und sich gegenseitig bedingen, führte Trier dazu, nicht mehr »Einzelwortschicksale« zu untersuchen, sondern größere Wortgruppen als lexikalische Oppositionssysteme (»Wortfelder« bzw. »Begriffsfelder«) zu untersuchen und Vergleiche von historisch aufeinanderfolgenden synchronischen Systemen zu unternehmen («komparative Statik«). Ein Wortfeld bilden nach Trier beispielsweise die Wörter *wîsheit, kunst* und *list* bei Autoren der Zeit um 1200. Ein Bedeutungswandel besteht nun darin, daß sich die Struktur eines solchen Feldes ändert. Um 1300 gehört *list* nicht mehr zu diesem Feld, statt dessen kommt *wizzen* dazu, und *wîsheit* hat seine Rolle als übergeordnetes Wort (Archilexem) verloren (vgl. 5.1.8). Wenn man mit Trier annimmt, daß sich in der Aufteilung eines bestimmten Feldes ein Stück sprachlichen Weltbildes zeigt, so kann man an der veränderten Feldstruktur auch eine geistesgeschichtliche Veränderung ablesen. In diesem Sinne war es Triers Ziel, Geistesgeschichte in der Sprachgeschichte zu erforschen.

Die Trierschen Ansätze wurden zunächst besonders von seinen Schülern weitergeführt, z.B. in den Dissertationen von Schöningh (1937) zum intellektuellen Wortschatz Luthers und Fischer (1938) zum Intellektualwortschatz im 17. Jahrhundert. Daneben wurden Triers Auffassungen aber auch von anderen aufgegriffen und kritisch überprüft, sowohl in theoretischer als auch in empirischer Hinsicht (z.B. Oksaar 1958, Seiffert 1968; zum Gebrauch von *kunst* und *list* im Mhd. vgl. Scheidweiler 1941a). Triers Annahmen zur »Geschlossenheit« der Wortfelder und zu ihrer psychischen Realität bei der Sprachverarbeitung sind nur von wenigen akzeptiert worden. Seine Analysemethode ist wenig explizit gemacht, und seine manchmal etwas dunkle Metaphorik stört den heutigen Leser seiner Werke. Was man aber auch heute akzeptieren kann, ist die Fruchtbarkeit des methodischen Prinzips, die semantischen Zusammenhänge bedeutungsverwandter Ausdrücke zu betrachten und nach den zeitspezifischen Ausdrucksmöglichkeiten in bestimmten thematischen Bereichen und den damit verbundenen Sichtweisen zu fragen.

Eine theoretische Präzisierung der Prinzipien einer **diachronischen strukturellen Semantik** versuchte Coseriu (1964) anhand von Beispielen aus den romanischen Sprachen. Ein Wortfeld ist nach Coseriu ein lexikalisches Paradigma. Ein Bedeutungswandel besteht in der Aufgabe oder Einführung einer distinktiven Opposition auf der Inhaltsebene. Ein Beispiel ist der Übergang vom lateinischen System von Verwandtschaftsbezeichungen *patruus* ›Vaterbruder‹, *amita* ›Vaterschwester‹, *avunculus* ›Mutterbruder‹, *matertera* ›Mutterschwester‹ zum französischen System *oncle*, *tante*, bei dem das distinktive Merkmal ›Vaterseite‹ vs. ›Mutterseite‹ verloren geht. Neben den paradigmatischen Beziehungen gibt es im Wortschatz auch syntagmatische Beziehungen, die sog. lexikalischen Solidaritäten, z.B. *fällen/Baum*.

Die Präzisierung der strukturellen Semantik als **Merkmalssemantik** läßt auch ihre Schwächen deutlicher hervortreten (vgl. auch Blank 1996). Vor allem aus der Sicht der kognitiven und der handlungstheoretischen Semantik wurden in den letzten Jahren u.a. folgende **Einwände gegen die strukturalistische Bedeutungsauffassung** vorgebracht:

1. Die Theorie der Rede (parole) ist in der strukturellen Semantik nur schwach entwickelt, so daß die Formen und Bedingungen der Innovation und die Verbreitung von Innovationen nicht theoretisch fundiert beschrieben werden können. Die strukturelle Semantik stellt für die Erkenntnisse der traditionellen Bedeutungsforschung zur Rolle von Verfahren wie dem metaphorischen Reden etc. keinen eigenen theoretischen Rahmen bereit.

2. Da unterschiedliche Verwendungsweisen von Ausdrücken meist unterschiedlichen Feldern zuzuordnen sind, neigen strukturelle Semantiker dazu, die Rolle der Polysemie zu unterschätzen.

3. Der theoretische Status der distinktiven Merkmale ist ungeklärt. (Sind sie sprachliche Ausdrücke, einzelsprachlich bestimmte Kategorien, universelle Kategorien?)

4. Die distinktiven Merkmale eines Lexems werden als jeweils notwendige und zusammengenommen hinreichende Bedeutungseigenschaften dieses Lexems gedeutet. Diese »aristotelische« Semantik verkennt die Offenheit der Gebrauchsregeln vieler umgangssprachlicher Ausdrücke und die Familienähnlichkeiten innerhalb des Spektrums der Verwendungsweisen.

5. Die strikte Trennung von semantischem Wissen und enzyklopädischem Wissen erscheint theoretisch suspekt und empirisch nicht durchführbar.

Unabhängig von diesen Einwänden läßt sich festhalten, daß bei der Erprobung strukturalistischer Methoden, z.T. an umfangreichem Datenmaterial, wertvolle historische Erkenntnisse gewonnen wurden. Das gilt schon für (Trier 1931), aber auch für Arbeiten wie Bech (1951), Tellier (1962), Stanforth (1967), Seiffert (1968), Burger (1972), Durrell (1972) und Lötscher (1973). Dabei ist bemerkenswert, daß auch Autoren mit strukturalistischer Methode eine schrittweise Verlagerung des Verwendungsschwerpunkts von Wörtern über das Spektrum der Verwendungsweisen hin beobachten, was durch ihre Methode eigentlich nicht begünstigt wird (z.B. Durrell 1972 und Lötscher 1973; vgl. 5.2.5 und 5.2.6). Versuche, strukturalistische Methoden mit einer gebrauchstheoretischen Betrachtungsweise zu verbinden, finden sich in Fritz (1974).

Zur traditionellen strukturalistischen Methodologie gehört auch die **Distributionsanalyse.** In der strukturellen Semantik nahm man an, daß neben den paradigmatischen Oppositionen die syntagmatischen Umgebungen eines Wortes seine Bedeutung bestimmten (vgl. Lutzeier 1995, 88ff.). Man untersuchte deshalb neben den Oppositionsbeziehungen auch das Zusammenvorkommen von Ausdrücken, die sog. **Kollokationen.** Verschiedene Autoren (z.B. Porzig 1934) haben beobachtet, daß bestimmte Wörter besonders enge Distributionsbeziehungen mit anderen haben, so z.B. *bellen* und *Hund, fällen* und *Baum, beißen* und *Zähne, blond* und *Haar.* Eine Bedeutungsveränderung kann nun darin bestehen, daß diese Distributionsbeziehungen sich ändern. Dies trifft auf *fällen* tatsächlich zu. Im Mhd. kann *vellen* mit anderen Substantiven verbunden werden als heute, z.B. mit Ausdrücken wie *bürge* (›Burgen‹), *hirz* (›Hirsch‹) oder *des maien wât* (›die Kleider des Mai‹, d.h. ›die Blätter an den Bäumen‹). Als einer der ersten historischen Semantiker ging Sperber (1923, 7ff.) ausführlicher auf derartige Kollokationen ein. Er nannte sie *Konsoziationen* und beobachtete etwa, daß das Verb *fixieren* bei den Alchimisten des 16. Jahrhunderts mit Ausdrücken für chemische Substanzen wie Quecksilber vorkommt. Dies ist ein Aspekt der ersten Entlehnung von *fixieren* im Sinne von *in einen festen Aggre-*

gatzustand bringen, zu unterscheiden vom heutigen Gebrauch im Sinne von *festmachen*. Ein besonderes Augenmerk auf Kollokationen hatten auch Burger (1972) in seiner Beschreibung der Zeit- und Ewigkeitswörter im Ahd. und Frühmhd. und Seiffert (1968). In neuerer Zeit sind einige Versuche unternommen worden, distributive Methoden auf größere Textcorpora anzuwenden und so semantische Entwicklungen zu modellieren: Heringer (1993) zu *lieb* und Fraas (1996) zu *Identität* im Diskurs zur deutschen Einheit. Die Ergebnisse sind anregend, aber bisher noch nicht sehr aussagekräftig. Die entscheidende Frage ist, wie man die *relevanten* Kollokationen, die »clusters« oder »Nester«, erfaßt.

4.3 Schlagwortforschung und Begriffsgeschichte

Verschiedene Forschungsrichtungen stimmen in der Zielsetzung überein, den Gebrauch von bestimmten Wörtern als Teil oder Symptom von geistes- und sozialgeschichtlichen Entwicklungen zu sehen. Wörter, die eine zentrale Rolle in derartigen Entwicklungen spielen, werden, je nach Richtung, als Schlagwörter, **Schlüsselwörter** oder (Schlüssel-)Begriffe bezeichnet (z.B. Ausdrücke wie *Bürger*, *Emanzipation, Demokratisierung, Säkularisation*). Eine besondere Gruppe der Schlagwörter bilden diejenigen Ausdrücke, die zur Selbst- oder Fremdkennzeichnung in Kontroversen dienen, beispielsweise *evangelisch* (Götze 1911/12) und *Papist* (Lepp 1908, 70f.) in der Zeit der Reformation, *Intellektuelle* im Zusammenhang der Dreyfus-Affäre und danach (Bering 1978) und *Pazifist* in der Nachrüstungsdebatte der frühen 80er Jahre (Strauß/Haß/Harras 1989, 282ff.). Hier begegnen sich Schlagwortforschung und Schimpfwortforschung. Aus methodischer Sicht sind Schlüsselwörter deshalb von besonderem Interesse, weil ihre Verwendungszusammenhänge und ihre Gebrauchsgeschichte oft relativ gut zu dokumentieren sind, vielfach auch mithilfe sprachreflexiver Äußerungen von Zeitgenossen.

Die eingangs genannte geistes- bzw. sozialgeschichliche Zielrichtung verfolgen beispielsweise

- die Schlagwortforschung von Ladendorf (1906) bis heute (Wülfing 1982, Strauß/Haß/Harras 1989, Niehr 1993),
- (teilweise) die Beiträger der »Deutschen Wortgeschichte« von Maurer und Rupp (1974),
- die Begriffsgeschichte (vgl. Koselleck 1979),
- die neuere Diskursgeschichte (vgl. Busse/Teubert 1994).

Ein besonders anspruchsvolles Projekt ist das historische Lexikon »Geschichtliche Grundbegriffe« (1972-1992), in dem der Versuch unternommen wurde, die Entstehung einer neuzeitlichen politisch-sozialen Begrifflichkeit zu rekonstruieren, insbesondere den Neuerungsschub in der Zeit nach 1770. Bemerkenswert ist aus historisch-semantischer Sicht das Bemühen, wo möglich die »Standortgebundenheit des Wortgebrauchs« zu berücksichtigen und divergierende Verwendungsweisen auf den verschiedenen Seiten von historischen Kontroversen zu untersuchen. Ein Beispiel ist der Artikel »Emanzipation« von Grass und Koselleck (1975). Eine Schwäche dieses begriffsgeschichtlichen Unternehmens ist allerdings die mangelnde Klärung von Begriffen wie »Bedeutung« und »Begriff«, die sich darin zeigt, daß viele Artikel unsicher zwischen einer wortgeschichtlichen und einer sachgeschichtlichen Perspektive schwanken (vgl. Busse 1987, Teil 1).

Ebenfalls viel nützliches Material für den historischen Semantiker enthält die neuere Literatur zum öffentlichen Sprachgebrauch, beispielsweise die Arbeiten aus dem Düsseldorfer Projekt zur Geschichte des öffentlichen Sprachgebrauchs in der Bundesrepublik Deutschland (Stötzel/Wengler 1995, Jung 1994). Ein programmatischer Schwerpunkt dieser Arbeit wird folgendermaßen formuliert: »Es sollen »Neuwörter« – d.h. zugleich Neubedeutungen –, die als Indizien der Aktualität eines Problems fungieren, als Ausdruck neuer Konzeptualisierungen bzw. Verhaltensorientierungen ausfindig gemacht werden« (Stötzel/Wengeler 1995, 3). Aufgrund ihrer themengeschichtlichen und kommunikationsgeschichtlichen Orientierung dokumentieren diese Arbeiten interessante Innovations- und Verbreitungsvorgänge im Bereich des Wortschatzes.

4.4 Kognitive Semantik

In den letzten Jahren sind, vor allem im angelsächsischen Bereich, zahlreiche Arbeiten zur sog. kognitiven Semantik erschienen (Lakoff/Johnson 1980, Lakoff 1987, Taylor 1995), von denen einige sich mit Problemen der historischen Semantik befassen (z.B. Geeraerts 1983, Traugott 1985a, Sweetser 1990, Goossens 1992, Nerlich/Clarke 1992, Geeraerts 1997). Obwohl es derzeit keine einheitliche kognitive Semantik gibt, lassen sich doch prototypisch Zielsetzungen und theoretische Auffassungen von Vertretern dieser Sichtweise beschreiben. Wie oft in Frühstadien der Theorieentwicklung, analysieren die Autoren dieser Richtung sprachliche Daten vor allem mit

dem Ziel, die Plausibilität der Theorie zu stützen und weniger mit
dem Ziel, neues Datenmaterial zu erschließen. Ansätze zu einer stärker empirischen Orientierung sind in Geeraerts (1997) zu erkennen,
einer Arbeit, die gleichzeitig eine zusammenhängende Darstellung
einer kognitiv-semantischen Konzeption der historischen Semantik
bietet. Zu dieser Konzeption gehört auch die Anwendung onoma-
siologischer Methoden und der Versuch eines Anschlusses an sozio-
linguistische Fragestellungen, die der kognitiven Semantik von Haus
aus eher fern liegen. Die Autoren kognitiv-semantischer Richtung
entwickeln ihre theoretischen Grundbegriffe häufig in kritischer
Auseinandersetzung mit strukturalistischen, merkmalsemantischen
Konzeptionen. Die Konzeption der kognitiven Semantik ist im wesentlichen durch folgende Annahmen gekennzeichnet:

1. Die Bedeutung von sprachlichen Ausdrücken *ist* eine kognitive Kategorie bzw., schwächer, die Bedeutung eines sprachlichen
Ausdrucks ist bestimmt durch kognitive Kategorien. (Welche Auffassung vertreten wird, bleibt manchmal unklar.)

2. Kognitive Kategorien haben eine interne Struktur. Bei vielen
Kategorien (z.B. der Kategorie Spiel) haben nicht alle Repräsentan-
ten der Kategorie bestimmte Merkmale gemeinsam, sondern sie zeigen überlappende Merkmalsmengen (Wittgensteins Konzept der Familienähnlichkeiten, vermittelt über kognitionspsychologische Arbeiten wie Rosch/Mervis 1975). In vielen Fällen gibt es prototypische Vertreter der Kategorie. So kann der Spatz als prototypischer
Vertreter der Kategorie Vogel gelten. Bei vielen Kategorien sind die
Kategoriengrenzen vage.

3. Soweit Kategorien lexikalisch durch Bündel von Bedeutungsnuancen charakterisiert sind, zeigen auch diese Bündel interne
Strukturen. Bedeutungsnuancen sind beispielsweise durch metaphorische und metonymische Verknüpfungen verbunden. Auch innerhalb der Bündel von Bedeutungsnuancen gibt es zentrale (prototypische) und periphere Nuancen (vgl. Geearaerts 1997, 20).

4. Es gibt keine (strikte) Unterscheidung zwischen semantischem
und enzyklopädischem Wissen.

Diese programmatischen Annahmen können hier nicht näher
diskutiert werden. Ich will nur andeuten, daß die Nicht-Unterschei-
dung von sprachlicher und kognitiver Ebene (1.) und die daraus folgende problematische Gleichsetzung der idiosynkratischen einzelsprachlichen Gebrauchsregeln mit kognitiven Kategorien (3.) beträchtliche theoretische Schwierigkeiten machen.

Das Ziel der Beschäftigung mit dem Bedeutungswandel besteht
für diese Forschungsrichtung darin, Tendenzen der semantischen
Entwicklung als Indikatoren für die kognitive Organisation des

Menschen zu nutzen. Dieses Ziel legt zwei methodische Prinzipien nahe, die allerdings auch ohne diese spezifische Zielsetzung angewandt werden können: die Offenheit für die Vielfalt von Verwendungsweisen sprachlicher Ausdrücke (Polysemie) und die Suche nach Regularitäten des Bedeutungswandels. Diese Regularitäten oder Mechanismen werden beschrieben mit Bezug auf die Struktur kognitiver Kategorien (z.B.: neue Nuancen werden hinzugefügt, marginale Nuancen werden zu zentralen Nuancen und umgekehrt) und mit Bezug auf Zusammenhänge zwischen Kategorien unterschiedlicher Bereiche (z.B. Übergänge aus dem Bereich des Sehens in den Bereich des Verstehens: *Er sieht das Problem*). Als die wichtigsten Formen der Einführung von neuen Bedeutungsnuancen gelten metaphorische und metonymische Übertragungen. Ein Lieblingsthema der kognitiven Semantik ist die aus der traditionellen historischen Semantik bekannte Körper/Geist-Metaphorik (z.B. Sweetser 1990, 28ff.). Das Programm der historischen kognitiven Semantik zeigt eine deutliche Verwandtschaft mit traditionellen semasiologischen Auffassungen, mit denen die kognitive Semantik auch die Zuordnung zum Bereich der Psychologie teilt (vgl. Geeraerts 1988). Diese Verwandtschaft legt die Frage nahe, ob nicht auch die kognitive Semantik von den Einwänden gegen die Vorstellungstheorie betroffen ist, vor allem vom Zirkularitätseinwand (vgl. Keller 1995, 86).

In kritischer Distanz zum kognitivistischen Mainstream – also beispielsweise zu Lakoff (1987) – verbinden einige neuere romanistische Arbeiten kognitiv-semantische Interessen mit einer guten Kenntnis der Forschungstraditionen und einer empirischen Orientierung an den romanischen Einzelsprachen (Koch 1994, 1995, 1998; Blank 1997).

4.5 Grammatikalisierungsforschung

Im Rahmen kognitiv-semantischer Konzeptionen arbeiten auch viele Vertreter der neueren Grammatikalisierungsforschung. Unter Grammatikalisierung versteht man den historischen Prozeß, in dem manche lexikalischen Elemente Funktionen übernehmen, die sonst (auch) grammatische Morpheme haben (z.B. Tempus- oder Modusmorpheme). Dabei verändern sich die lexikalischen Elemente semantisch, syntaktisch und phonologisch so, daß sie im Extremfall selbst zu grammatischen Morphemen werden. Ein Beispiel ist die Entwicklung des englischen Verbs *will* – Gegenstück zum deutschen *wollen* – zum Futur-Indikator. Grammatikalisierungsprozesse sind für die historische Semantik deshalb interessant, weil in ihnen besonders schön sichtbar wird, wie die Sprecher/innen neuen Gebrauch von alten Mitteln machen, und weil ihre Analyse es häufig erlaubt, konkurrierende Lösungsmöglichkeiten für bestimmte funktionale Aufgaben in ihrer geschichtlichen Entfaltung zu beobachten und typische semantische Entwicklungspfade zu beschreiben (vgl. Traugott/König 1991, Bybee/Perkins/Pagliuca 1994). Untersuchungen zum Deutschen gibt es u.a. für Modalpartikeln (Abraham 1991) und für komplexe Präpositionen (Meibauer 1995).

4.6 Handlungstheoretische Semantik

Die handlungstheoretische Semantik in ihren verschiedenen Varianten geht aus von Wittgensteins Auffassung von der Bedeutung sprachlicher Ausdrücke (der sog. Gebrauchstheorie) und der von Grice und anderen entwickelten intentionalen Semantik (Grice 1989; vgl. Meggle 1987, Keller 1995, Gloning 1996). Sie ist Teil einer Theorie der Verwendung und des Verstehens sprachlicher Ausdrücke. Die Geschichtlichkeit der sprachlichen Zeichen ist für diese Theorie nicht nur ein Anwendungsaspekt, sondern eine wesentliche Grundannahme: Die Gebrauchsgeschichte qualifiziert einen Ausdruck für einen bestimmten Gebrauch (Strecker 1987, 55). Aus der Perspektive dieser Theorie haben in den letzten Jahren verschiedene Autoren Fragen der historischen Semantik behandelt: Heringer (1985), Busse (1987), Fritz (1988), Heringer (1992), Keller (1995), Fritz (1995a). Umfangreichere empirische Untersuchungen liegen in Fritz/Gloning (1997) vor.

Für die historische Semantik sind vor allem folgende Aspekte dieser Theorie von Bedeutung:

(i) Sprachliche Ausdrücke werden mit der Intention verwendet, jemandem etwas zu verstehen zu geben. Dies kann erstens dadurch gelingen, daß Sprecher und Hörer die Ausdrücke nach Regeln gebrauchen, die für bestimmte kommunikative Zusammenhänge eingespielt sind, zweitens dadurch, daß der Sprecher dem Hörer Anhaltspunkte gibt, nach denen dieser erschließen kann, was der Sprecher mit der Verwendung eines Ausdrucks gemeint hat.

(ii) Um herauszufinden, was der Sprecher mit einer sprachlichen Äußerung zu verstehen geben wollte, benutzt der Hörer folgende Mittel: 1. seine Regelkenntnis für die verwendeten Ausdrücke, 2. das gemeinsame Wissen von Sprecher und Hörer, 3. Annahmen über das Befolgen von Kommunikationsprinzipien, 4. die Fähigkeit, aufgrund von 1. bis 3. Schlüsse vom Gesagten auf das Gemeinte zu ziehen. Die Grundzüge einer Theorie dieser Mittel liegen vor in der Griceschen Lehre von den konversationellen Implikaturen (Grice 1989, 22-40), die allerdings in verschiedenen Richtungen modifiziert worden ist. Der Begriff des gemeinsamen Wissens ist bei Schiffer (1972) expliziert.

(iii) Es gibt Stufen der Konventionalisierung, von der einfachen Nachahmung eines Vorbilds (einer sog. Präzedenz) bis zu voll ausgebildeten Regeln.

(iv) Die Gebrauchsregeln sind in manchen Dimensionen offen. Sie können sich historisch verändern.

(v) Ausdrücke werden regelhaft in bestimmten kommunikativen Zusammenhängen verwendet (vgl. 2.6).

(vi) Ein Ausdruck kann mehrere Verwendungsweisen haben. Zwischen den Verwendungsweisen bestehen oft Zusammenhänge, aber nicht immer der Art, daß allen Verwendungsweisen etwas gemeinsam ist. Eine Art des Zusammenhangs zwischen Verwendungsweisen sind die sog. Familienähnlichkeiten (vgl. »... daß das Wort eine Familie von Bedeutungen haben muß«, Wittgenstein 1967, § 77). Unter den Verwendungsweisen gibt es besonders hervorgehobene »Zentren der Variation« (Wittgenstein 1970, 190). Wir finden hier also die ursprüngliche Idee der Familienähnlichkeiten und der Prototypik als semantische Konzeption ohne kognitivistische Deutung.

Mit diesem Instrumentarium können die wichtigsten Aspekte der historischen Semantik theoretisch fundiert behandelt werden (vgl. Kapitel 3 dieses Buches). Viele Formen der Neuerung können als konversationelle Implikaturen beschrieben werden. Die Erkenntnis der älteren Semasiologen, daß kommunikative Muster wie Metaphorik, Euphemismus, Sarkasmus und Ironie, aber auch das Referieren eine besondere Rolle bei der Veränderung der Bedeutung von Ausdrücken spielen, läßt sich im Rahmen der Gebrauchstheorie aufgreifen. Dabei läßt sich zeigen, daß bei derartigen Verwendungen jeweils ein bestimmtes gemeinsames Wissen der Kommunikationsteilnehmer vorausgesetzt ist, so daß mit dem kommunikationshistorischen Aufbau dieses Wissens auch die Möglichkeit der Neuerung gegeben ist. Bei der Erklärung des Verstehens von ungebräuchlichen Verwendungen kann der kommunikationshistorische Bezug auf Präzedenzen bzw. Muster berücksichtigt werden, z.B. bei metaphorischen Verwendungen (vgl. Keller-Bauer 1984). Weiterhin kann in diesem Theorierahmen ein Aspekt der historischen Semantik genauer behandelt werden, der noch wenig erforscht ist, nämlich die Lehre von der Routinisierung, Standardisierung und Konventionalisierung von Verwendungen (vgl. Strecker 1987, Busse 1991). Der handlungstheoretische Semantiker ist offen für die Betrachtung unterschiedlicher Verwendungsweisen, weil für ihn die Bedeutung eines Ausdrucks in dem Spektrum seiner Verwendungsweisen besteht (vgl. Heringer 1988, Hundsnurscher 1988, Fritz 1995a). Der Bezug auf Kommunikationsprinzipien wie das der Verständlichkeit, der Genauigkeit, der Originalität und der Höflichkeit spielt bei der Erklärung der Selektion und der Verbreitung von Innovationen eine wichtige Rolle – sowohl im Hinblick auf die bereitwillige Übernahme von Innovationen als auch auf die Widerstände der Sprecher gegen die Übernahme. Schließlich erlaubt die handlungstheoretische Semantik auch einen direkten Anschluß an eine Theorie der unsichtbaren Hand (vgl. Keller 1990), die u.a. zur Erklärung der Konventionalisierung und der Verbreitung geeignet ist. Handlungstheoretisch fundiert sind auch die erwähnten Arbeiten zur sog. Diskursgeschichte (Busse/Teubert 1994).

5. Ausgewählte Probleme der historischen Semantik des Deutschen

Die folgenden Kurzdarstellungen ausgewählter Probleme der historischen Semantik des Deutschen dienen als Illustration und weitere Konkretisierung der in den bisherigen Teilen des Buchs skizzierten Aspekte der historischen Semantik. Sie sollen zu wissenschaftlichen Einzeluntersuchungen hinführen und gleichzeitig einen Überblick über ausgewählte Forschungsliteratur geben. Die hier gewählte Darstellungsform und z.T. auch die Lage der Forschung, auf die sich diese Darstellung stützen kann, begünstigen eine makroskopische Betrachtungsweise, in der großräumige Entwicklungen, einzelne Neuerungstypen und Typen von Entwicklungspfaden im Vordergrund stehen. Daneben spielt häufig die Frage eine Rolle, wie in Kontexten fachsprachlicher Verwendung spezialisierte Verwendungsweisen entstehen und wie diese wiederum in den umgangssprachlichen Gebrauch übernommen werden. Wo es sich anbietet, gebe ich Hinweise zu theoretischen Hintergründen der Beschreibung, zu methodischen Verfahrensweisen und zu Erklärungsansätzen. Die detaillierte, mikroskopische Rekonstruktion einzelner Bedeutungsübergänge tritt demgegenüber eher in den Hintergrund.

Das vorliegende Kapitel ist nach Wortarten gegliedert. Dieses Organisationsprinzip ist sicherlich nicht das einzig einleuchtende. Es erscheint aus funktionaler Sicht vielleicht sogar zunächst als ein eher äußerliches. Es wäre denkbar, dieses Kapitel alternativ nach den in Kapitel 3 aufgeführten semantischen Entwicklungsaspekten zu gliedern. Einen derartigen Klassifikationsversuch hat Blank (1997, 497–533) für die von ihm behandelten Wörter gemacht. Diese Organisation hat allerdings auch einen gravierenden Nachteil. Bei den einzelnen historischen Entwicklungen kommen häufig verschiedene Entwicklungstypen zusammen, so daß man die historischen Gesamtentwicklungen auseinanderreißen müßte, um ihre verschiedenen Aspekte jeweils unter die einschlägigen Entwicklungstypen subsumieren zu können. Andererseits gibt es in der Tat funktionale Gemeinsamkeiten von Ausdrücken derselben syntaktischen Kategorie, die für die Beschreibung semantischer Entwicklungen eine Rolle spielen können (vgl. auch Koch 1991). Auf diese funktionalen Aspekte weise ich jeweils in den Einleitungsteilen der Wortartabschnitte hin.

5.1. Substantive

5.1.1 Referenztheoretischer Ausgangspunkt

Eine zentrale Funktion von Substantiven besteht darin, daß sie als Kopf einer Nominalphrase zur Bezugnahme auf Gegenstände beitragen. Mit dem Substantiv kann man angeben, auf welche Art von Gegenstand man Bezug nehmen will (z.B. *der Stuhl*). Diese Verwendungsweise spielt auch für die Beschreibung von Bedeutungsveränderungen bei Substantiven eine wichtige Rolle. Die semantische Geschichte der Substantive ist also unter anderem ein Beitrag zur Geschichte der Klassifikation von Arten von Gegenständen.

Bei der Beschreibung der Bedeutungsgeschichte von Substantiven kann man sich die Einsichten der Referenzsemantik zunutze machen, die eine Grundlage für differenzierte semantische Analysen abgeben. Die wichtigste dieser Einsichten ist die, daß bei einem gegebenen gemeinsamen Wissen Nominalphrasen, und damit auch die in ihnen enthaltenen Substantive, außerordentlich flexibel verwendet werden können, so daß innovative Verwendungen unterschiedlichster Art leicht möglich sind (vgl. Donnellan 1966). Nehmen wir an, die Nominalphrase *das Tier* wird normalerweise dazu verwendet, um auf ein wildes, vierbeiniges Tier – im Gegensatz zu einem Haustier, *Vieh* genannt – Bezug zu nehmen. In dieser Situation könnte man, bei geeignetem gemeinsamem Wissen, mit der Verwendung des Ausdrucks *Tier* auch auf einen Hund, eine Ziege oder auch auf andere Haustiere referieren und damit andeuten, daß man auch einen Hund oder eine Ziege als eine Art wildes Tier sehen kann. Wenn sich diese Praxis der Bezugnahme nun statt der ursprünglichen einspielt, haben wir einen Fall von Bedeutungserweiterung vor uns, wie er von den traditionellen Semasiologen beschrieben wurde. Umgekehrt könnte bei derselben Ausgangslage eine Gruppe von Jägern, bei denen es gemeinsames Wissen ist, daß die attraktivste Art von wilden Tieren das Rotwild ist, in die Gepflogenheit verfallen, mit dem Ausdruck *die Tiere* nur noch auf das Rotwild Bezug zu nehmen. Wenn nun nach und nach auch andere Sprechergruppen diese Verwendungsweise übernehmen, kann sich dieser ursprünglich fachsprachliche, spezialisierte Gebrauch (›Rotwild‹) in die Umgangssprache verbreiten, möglicherweise in langandauernder Konkurrenz mit dem alten, nicht-spezialisierten Gebrauch im Sinne von *wildes, vierbeiniges Tier*.

Diese beiden kleinen Szenarios geben – in stark vereinfachter Form – Entwicklungen wieder, die sich so oder so ähnlich im Deutschen vom Ahd. zum Nhd. und im Englischen vom Altenglischen zum Neuenglischen vollzogen haben. Sowohl das ahd. *tior* als auch das aengl. *deor* wurden – im Gegensatz zu ahd. *fihu* ›Haustiere‹ bzw. aengl. *feoh* ›Rind‹ – dazu verwendet, um auf wilde Tiere Bezug zu nehmen. Heute wird im Deutschen mit dem Ausdruck *Tier* auf Tiere aller Art Bezug genommen, während im Englischen mit *deer* nur auf das Rotwild Bezug genommen wird. Als generischer Ausdruck für Tiere wurde im Mittelenglischen der Ausdruck *animal* aus dem Französischen übernommen. Entscheidend für die Aufnahme der Neuerung ist jeweils das gemeinsame Wissen, das eine angemessene Deutung der neuen Verwendung erlaubt. (Zur Entwicklung im Deutschen vgl. Schippan 1991. Auf Parallelen im Französischen weist Koch 1995, 32f. hin: lat. *bestia* ›wildes Tier‹ zu frz. *bête* ›Tier‹ und zu frz. *biche* ›Hirschkuh‹).

Wie in diesen Beispielen schon erkennbar ist, werden bei der Verwendung von Kennzeichnungen wie *das Tier* neben der reinen Bezugnahme häufig auch andere kommunikative Aufgaben erfüllt. So kann ein Substantiv wie *Fuchs* oder *Vieh* (*dieser alte Fuchs/dieses Vieh*) metaphorisch verwendet werden, um eine Person zu identifizieren und gleichzeitig zu charakterisieren oder zu bewerten. Auch hier ist das gemeinsame Wissen der entscheidende Faktor für das adäquate metaphorische Verständnis. In vielen Fällen handelt es sich dabei um eine gemeinsame Kenntnis von Stereotypen wie etwa dem, daß der Fuchs (in der Fabel) schlau ist oder daß das Vieh rohe Sitten hat. Metaphorische Verwendungen sind auch beim prädikativen Gebrauch häufig (*er ist ein Fuchs, er ist ein Vieh*). Ebenso gibt es euphemistische Verwendungen, etwa wenn man einen Gauner als *Bube* bezeichnet oder eine Prostituierte als *Freudenmädchen*, nach dem Vorbild von frz. *fille* (*de joie*). Die Vielfalt der kommunikativen Aufgaben, die man bei geeignetem Wissen mit Substantiven erfüllen kann, ist eine der wichtigsten Bedingungen für die innovative Verwendung von Substantiven und damit ein Ausgangspunkt für den Bedeutungswandel.

5.1.2 *Kopf* und *Haupt* – Kraftwort und gehobener Ausdruck

Im Ahd. und Mhd. ist *houbit/houbet* der gebräuchlichste Ausdruck zur Bezugnahme auf den Kopf. Gleichzeitig wird dieser Ausdruck, nach dem Vorbild von lat. *caput*, dazu verwendet, den obersten oder wichtigsten Gegenstand einer Kategorie zu kennzeichnen, vor allem in Komposita (mhd. *houbetstat* ›vornehmste Stadt‹, *houbetlist* ›die höchste Fertigkeit‹). Im Mhd. wird zum Bezug auf den Kopf neben *houbet* auch der Ausdruck *kopf* verwendet, ein Ausdruck der aller-

dings primär im Sinne von *Becher* oder *Trinkgefäß* verwendet wird
(vgl. engl. *cup*; sowohl der deutsche als auch der englische Ausdruck
sind Entlehnungen des lat. *cuppa* ›Becher‹). Eine Besonderheit des
Gebrauchs von *kopf* im Mhd. hat schon der Verfasser des Artikels
Kopf im Grimmschen Wörterbuch beobachtet, nämlich die Tatsache
daß *kopf* häufig in Kampfschilderungen verwendet wird, wenn einer
dem anderen das Schwert auf den Kopf haut. Diese Beobachtung
brachte ihn zu der Annahme, daß dieses Wort zuerst als »Kraftwort«
in Gebrauch gekommen sei (DWb 11, 1748). Dem stimmen Sperber (1923, 31) und August (1970, 205) zu, die noch weiteres Beleg-
material für diese These bereitstellen. Man kann also annehmen,
daß es sich um eine metaphorische Verwendung von *kopf* ›Becher‹
handelte, und zwar um eine Art von Krieger-Sarkasmus wie *er haut
ihm auf den Becher,* der im militärischen Sprachgebrauch entstanden
war und von dort in die Umgangssprache übernommen wurde. Die
Konkurrenz von *haupt* und *kopf* bis ins 16. Jahrhundert beschreibt
August (1970). Spätestens im 16. Jahrhundert verliert die Verwendung von *kopf* den metaphorisch-sarkastischen Charakter. Andererseits wird *haupt* besonders in positiv bewertenden Zusammenhängen verwendet. Aus dieser Verwendungsweise hat sich vermutlich bis
zum Ende des 17. Jahrhunderts der gehobene Gebrauch von *Haupt*
und damit die heutige Verteilung von *Kopf* und *Haupt* entwickelt.
    Eine Parallelentwicklung ist die Verdrängung von lat. *caput*
›Kopf‹ *(> chef)* durch *testa* (afrz. *teste*) ›Gefäß‹, ›Scherbe‹ (> *la tête*)
im Französischen. Möglicherweise war die Verwendung von afrz. *teste* auch das Vorbild für die Gefäßmetaphorik der Verwendung von
mhd. *kopf.* Eine neuere Entwicklung ist die Übernahme einer Verwendungsweise von *head* im Bereich der grammatischen Terminologie: *der Kopf einer Phrase.*

5.1.3 *Vetter, Muhme, Neffe –* Geschichte von Verwandtschaftsbezeichnungen

Der Gebrauch von Verwandtschaftsbezeichnungen hängt eng mit
Sichtweisen sozialer Beziehungen zusammen. Dementsprechend
wurde auch die Geschichte von Verwandtschaftsbeziehungen oft unter sozialgeschichtlichem Aspekt betrachtet, z.B. im Zusammenhang
mit der Frage der Auflösung der Großfamilie (vgl. Friedrich 1966).
Gleichzeitig haben die Verwandtschaftsbezeichnungen mit ihren sy-
stembildenden Aspekten wie der Unterscheidung von Generations-
stufen und Geschlecht besonders das Interesse von strukturalistisch
orientierten Semantikern gefunden. Coseriu (1964, 169) erwähnt

den Übergang vom lateinischen System *patruus* ›Vaterbruder‹, *amita* ›Vaterschwester‹, *avunculus* ›Mutterbruder‹, *matertera* ›Mutterschwester‹ zum französischen System *oncle, tante*. Einen ähnlichen Strukturwandel kann man im Deutschen seit dem Ahd. beobachten (vgl. Fritz 1974, 30ff.). Bei den Geschwistern der Eltern finden wir im Ahd. die Unterscheidung *fetiro* ›Vaterbruder‹, *basa* ›Vaterschwester‹, *oheim* ›Mutterbruder‹, *muoma* ›Mutterschwester‹; eine Unterscheidung, die mit Besonderheiten im germanischen Recht zusammenhängt, wo die Vaterseite u.a. im Erbrecht bevorzugt ist. Dieses Teilsystem löst sich im Spätmittelalter auf, was sich darin zeigt, daß die Ausdrücke *vetter, base, oheim* und *muhme* zunehmend für unterschiedliche männliche bzw. weibliche Seitenverwandte verwendet werden (*vetter*: Vaterbruder, Mutterbruder, Sohn der Schwester oder des Bruders, sogar Enkel; ähnlich entwickelt sich der Gebrauch von *muhme*). Im 17. Jahrhundert werden die Ausdrücke *Onkel* und *Tante, Cousin* und *Cousine* aus dem Französischen in die deutsche Schriftsprache aufgenommen.

Wir beobachten in der Entwicklung dieses Systems also zwei gegenläufige Tendenzen. Auf der einen Seite werden Ausdrücke wie *vetter* zunehmend offen verwendet, so daß sich generalisierende Bezeichnungen für Gruppen von Verwandtschaftspositionen ergeben (*vetter* für entferntere männliche Verwandte; ähnlich schon *neve* im Mhd.). Auf der anderen Seite werden wieder enger spezifizierte Bezeichnungen wie *Onkel* und *Tante* eingeführt – für die sich dann ebenfalls wieder offenere Verwendungsweisen einspielen. Ein Bedürfnis zur genaueren Spezifizierung zeigen heute manche Familien, die etwa *Opa* und *Oma* vs. *Großpapa* und *Großmama* verwenden, um die Großeltern väterlicherseits und mütterlicherseits zu unterscheiden. Die eben grob skizzierten Entwicklungen verlaufen regional sehr unterschiedlich und sind auch soziologisch differenziert. So zitiert das DWb (7, 519) einen Wörterbuchbeleg von Frisch aus dem Jahre 1741: »*neffe* wird nur von vornehmen Leuten gebraucht«. Im verbindenden Text des DWb-Artikels aus dem Jahre 1889 heißt es: »heute gebrauchen es auch die vornehmen leute wenig, sondern ziehen ihm das frz. *neveu* vor«. Heute, wieder einhundert Jahre später, ist *neveu* völlig ungebräuchlich, und *Neffe* ist der normale umgangssprachliche Ausdruck. Eine auffallende Kontinuität ist bei der Kennzeichnung von Grundpositionen der Kernfamilie zu beobachten (*Vater, Mutter, Bruder, Schwester, Sohn, Tochter*). Es wird interessant sein zu beobachten, wie sich die Benennungspraxis auf die neueren Entwicklungen der Familienstruktur einstellt.

An Literatur zur Geschichte der Verwandtschaftsbezeichnungen im Deutschen ist zu nennen: Müller (1979), Ruipérez (1984), Erben (1986), Jones (1990). Die Bezeichnungen für die Heiratsverwandtschaft behandelt Debus (1958), auf regionale Entwicklungsunterschiede im 16. Jahrhundert weist de Smet (1986, 72-77) hin.

5.1.4 Knabe, Bube, Junge – Lebensalter, soziale Stellung, soziale Stereotypen

Die Ausdrücke zur Kennzeichnung der jüngeren Lebensalter zeigen in der ganzen Geschichte des Deutschen auffällige Verwendungsweisen. Sie werden häufig relativ offen verwendet (von der Bezeichnung von Kindern bis zur Bezeichnung von Erwachsenen), aber auch mehrdeutig (von der Bezeichnung eines Dieners oder Lehrlings bis zu der eines Soldaten). So gibt Schützeichel (1989, 158) für den Ausdruck *kneht* im Ahd. folgende Bedeutungshinweise: *Knabe, Kind; Diener, Jünger; Krieger, Soldat, Mann*. Die Offenheit der Verwendung spiegelt zum einen die generelle Vagheit der Lebensaltereinteilungen, soweit sie nicht terminologisch fixiert sind. (Ob man 12-Jährige schon als Jugendliche bezeichnen kann, ist schwer zu entscheiden, erwachsen ist man nach dem Gesetz heute mit 18 Jahren.) Zum anderen werden aber offensichtlich Bezeichnungen für Halbwüchsige mehrfach auf Kinder übertragen, z.B. ahd. *degan* und *kneht*, oder *Bursch* in schweizerdeutschen Mundarten. Möglicherweise steckt dahinter etwas Ähnliches wie die heute bekannte Praxis, kleine Kinder scherzhaft als *kleiner Mann* oder *der junge Mann* zu bezeichnen. Die Verwendungen zur Kennzeichnung einer sozialen Stellung (wie Knappe oder Lehrling) sind zunächst fachsprachliche Spezialverwendungen in der Sprache der Ritter, der Handwerker oder der Soldaten.

Im heutigen Sprachgebrauch gibt es eine regionale und stilistische Verteilung der Ausdrücke *Junge, Bub, Knabe*. Grob gesprochen wird in den süddeutschen Dialekten *Bub* oder *Bue* verwendet, im restlichen Deutschland umgangssprachlich *Junge*. *Junge* wird aber auch generell in der Schriftsprache verwendet. *Knabe* ist schriftsprachlich, veraltet aber und wird allenfalls noch in der Verwaltungssprache ernsthaft verwendet, in der Umgangssprache fast nur noch ironisch. Die historische Entwicklung zu dieser Verteilung skizziert Müller (1969). Speziell auf die fnhd. Verhältnisse, insbesondere im Ostmitteldeutschen und bei Luther, geht Erben (1969) ein.

Ich greife hier exemplarisch einen Teil der Entwicklung von *bube* heraus. Im 13. Jahrhundert taucht das Wort *buobe* auf als Bezeichnung des halbwüchsigen Dieners im königlichen Gefolge, der nichtadelig ist und in niedrigen Diensten steht, im Gegensatz zu *knappe*, das den jungen Adligen bezeichnet. Von derselben Zeit an werden in den Städten mit *buobe* rechtlose und ehrlose Personen, die damaligen »Asozialen« bezeichnet, wie Müller (1969) insbesondere am Oberrhein belegt. Aufgrund von stereotypen Annahmen der Bürger über die moralische Verwerflichkeit dieser Personengruppe konnte dieser Ausdruck auch als Schimpfwort (›Nichtsnutz, Lump‹) verwendet werden (vgl. auch DWb 2, 460). Im 15. und 16. Jahrhundert ist *buobe* ein grobes Schimpfwort für einen Mann, unabhängig von seinem Alter, das als beleidigender Ausdruck in zahlreichen Akten und Protokollen erwähnt wird. Interessanterweise gibt es nach Müller (1969, 142) in derselben Zeit auch Verwendungen, in denen der Ausdruck Lehrlinge, später auch männliche Kinder allgemein bezeichnet, ohne moralische Implikaturen. Um 1600 ist in Basel ungefähr folgender Stand erreicht: In der Mundart ist *buob* die geltende Bezeichnung für das männliche Kind, *knabe* wird im Sinne von ›Bursche, heiratsfähiger junger Mann‹ verwendet, *knabe* zur Kennzeichnung des männlichen Kindes wird nur in der Schriftsprache verwendet. Eine Parallele zur Entwicklung von *Bube* zeigt *Junge*. Dieser Ausdruck ist norddeutsch seit dem 14. Jahrhundert belegt und wird dort zunächst in der Sprache der Handwerker für den Lehrling verwendet.

5.1.5 *Herr* und *Fräulein, Du, Ihr, Er, Sie* – Geschichte von Anredeformen

Die Geschichte der Anredeformen ist ein Teil der Geschichte der sozialen Rangordnungen und der Höflichkeit. Besonders in der Zeit vom 16. bis 19. Jahrhundert kann man im Deutschen starke Veränderungen in diesem Bereich beobachten. Dies gilt sowohl für die nominalen Anreden als auch für die Anredepronomina. So waren Ausdrücke wie *Herr, Frau* und *Fräulein* bis ins 18. Jahrhundert ständische Anreden, die nur adligen Personen zukamen. Starke Veränderungen sind auch im Gebrauch der komplexen Titulaturen wie *Ewre Königliche Durchlauchtigkeit* zu beobachten. Julius Bernhard von Rohr schreibt in seiner »Einleitung zur Ceremoniel=Wissenschaft Der großen Herren« von 1733, daß der Ausdruck *Durchlauchtig* »erst von den Kaysern auf die Könige, sodann aber von diesen, auf die Chur= und endlich auf die Fürsten gekommen« sei (ebd., 435). Diese Absenkung der Anredeformen ist eine häufige Erscheinung, die mit der Neigung erklärt wird, aus Höflichkeit oder Unterwürfigkeit höhere Rangkennzeichnungen in der Anrede zu verwenden als zum jeweiligen Zeitpunkt für einen bestimmten Rang schon gebräuchlich.

Ein differenziertes System der Anrede mit Pronomina entwickelt sich vom 16. bis 18. Jahrhundert. Nach der in mhd. Zeit bei den höheren Ständen gebräuchlichen Differenzierung von *du* und *ir* spielte sich im Laufe des 17. Jahrhunderts ein Vierer-System der Anrede ein (*Du, Ihr, Er, Sie*), mit dem sehr differenziert soziale Abstufungen und Beziehungen gekennzeichnet werden konnten. Nach Metcalf (1938) begünstigten die demokratischen Tendenzen des späten 18. und des 19. Jahrhunderts die Auflösung dieses Systems dadurch, daß die niedrigeren Schichten als höfliche Form der Anrede die höchste der vier Formen (*Sie* Plural) forderten und auch erlangten, so daß die Zwischenstufen *Ihr* und *Er* ungebräuchlich wurden. Dabei zeigt diese Entwicklung allerdings starke regionale und soziale Unterschiede (z.B. Stadt/Land-Unterschiede). – Die pronominale Anrede im Mittelalter behandelt Ehrismann (1901-1904), die Entwicklung von 1500 bis 1800 behandelt Metcalf (1938). Anschauungsmaterial für das 18. Jahrhundert und für neuere Entwicklungen bieten August (1977) und Besch (1996).

5.1.6 *Hinz* und *Kunz* – Eigennamen und ihre Geschichte

In der historischen Semantik spielen Eigennamen traditionell eine eher geringe Rolle. Dies mag damit zusammenhängen, daß die Namen oft als ein marginaler Bereich des Wortschatzes angesehen wurden (vgl. Wimmer 1993) und daß wissenschaftshistorisch die Namenforschung und die Semasiologie getrennte Arbeitsfelder waren. Bedeutungstheoretisch steht hinter dieser Arbeitsteilung wohl die Annahme, daß die Funktion der Eigennamen allein in der direkten Referenz besteht und sie daher keine Bedeutung im eigentlichen Sinne haben. In ihrer reinen Form ist diese Auffassung aber nicht zu halten. Der Gebrauch der Eigennamen ist komplexer und beruht in vielen Fällen auf Wissensbeständen (Stereotypen), die sich historisch verändern. Daß die Funktion der Eigennamen mehr umfaßt als nur die reine Bezugnahme, sieht man schon, wenn man die prädikative Verwendung von Eigennamen betrachtet (*er ist ein kleiner Chomsky*) oder die Verwendung von Kosenamen und Spitznamen. Selbst wenn man eine strenge Auffassung der direkten Referenz von Eigennamen (Eigennamen als »feste Designatoren«) vertritt, so gibt es Veränderungen im Gebrauch der Eigennamen, die z.B. durch Mißverständnisse in der historischen Kommunikationskette eintreten können, durch die die direkte Referenz überliefert wird. Nach G. Evans verwendeten die Bewohner von Madagaskar den Namen *Madagaskar* ursprünglich zur Bezugnahme auf einen Teil von Afrika. Marco Polo jedoch soll geglaubt haben, die Eingeborenen bezeichneten damit ihre eigene Insel und überlieferte den Namen in dieser (falschen) Verwendung weiter (vgl. Kripke 1972, 768). Darüber hinaus gibt es aber auch andere Gebrauchsbedingungen für Eigennamen, die historisch veränderlich sind. So können Flurnamen zu Straßennamen werden und damit der Bezeichnung einer neuen Art von Gegenstand dienen. Namen wie *Hinz und Kunz* oder *Krethi und Plethi* dienen dazu, abwertend auf die große Masse der Leute Bezug zu nehmen. Der Mädchenname *Els* »galt im Mittelalter als Name leichtfertiger Personen und törichter Weiber« (Meisinger 1924, 20); *Metze* (Koseform zu *Mechthild*) wurde seit dem 15. Jahrhundert als euphemistische Bezeichnung für eine Prostituierte verwendet. *Meister Hans* ist im 16./17. Jahrhundert eine Bezeichung für den Scharfrichter. In vielen Fällen sind mit der Namensgebung neben der Referenzfestlegung auch andere kommunikative Aufgaben verbunden, die ihrerseits historisch veränderlich sind. So machte es einen erheblichen Unterschied aus, ob jemand seinen Sohn im Jahre 1889 *Adolf* nannte oder im Jahre 1939 oder im Jahre 1949. Es entwickeln sich historisch spezielle Namensgebungtraditionen, etwa die Tradition, bei Zuchtpferden den Fohlen einen Namen zu geben, der mit demselben Buchstaben beginnt wie der Name des Vaters. Diese kurzen Bemerkungen können nicht mehr sein als erste Hinweise auf ein umfangreiches Arbeitsfeld. Weiterführende Informationen finden sich in Laur (1996) und vielen anderen Artikeln des Handbuchs zur Namenforschung (Eichler u.a. 1995/1996).

5.1.7   *Bullen* und *Intellektuelle* – zur Geschichte von Schimpfwörtern

Die Geschichte von Schimpfwörtern ist gleichzeitig ein Teil der Geschichte der Kommunikationsform des Beschimpfens. Da der Gebrauch von Schimpfwörtern oft auf soziale Konflikte und soziale Stereotype hindeutet, ist auch die Geschichte von Schimpfwörtern in besonders direkter Weise Sozialgeschichte. Charakteristisch für das Beschimpfen ist die gezielte Verletzung von kommunikativen Prinzipien wie dem der Höflichkeit oder der Angemessenheit, was sich in der Nutzung von bestimmten Wörtern als Schimpfwörtern zeigt. Von den zahlreichen Typen beleidigender Äußerungen erwähne ich hier die Verwendung von Tiernamen: (*blöde*) *Kuh*, *Blindschleiche*, *Pinscher* (L. Erhard 1966 über einige Autoren), *Ratten und*

Schmeißfliegen (F.J. Strauß 1980, ebenfalls über Autoren; vgl. Keller-Bauer 1984), die Verwendung von Kennzeichnungen für abweichendes Sexualverhalten: engl. *motherfucker, Arschficker, eselgehier* (›Eselficker‹, schweizerdeutsch 16. Jahrhundert; vgl. Lötscher 1981, 153) und die beschimpfende Verwendung einer Kennzeichnung für einen Stand, eine politische oder eine andere soziale Gruppe: *Bauer, Kommunist, Bube* (vgl. 5.1.4). Dabei gilt das Prinzip, daß die beschimpfende Verwendung von Kennzeichnungen normalerweise gerade auf Personen angewendet wird, die der betreffenden Gruppierung nicht angehören. Das gilt z.B. für die verbreiteten Beschimpfungen als Dorfbewohner: *Bauer, Tölpel* (< mhd. *dörpel* ›Bauer‹), *Kaffer* (< neuhebräisch *kafri* ›Dörfler‹; vgl. Paul 1992, 444), engl. *villain* ›Schurke‹ (< altfranzösisch *vilain* ›Dorfbewohner‹). Ähnliches gilt für Tätigkeits- und Täterbezeichnungen. So kann man einen Chirurgen als *Metzger* beschimpfen und einen Apotheker als *Giftmischer*. Im Fürther Gerichtsbuch von 1440 ist *Dieb* als Schelte für Nicht-Diebe belegt (Maas 1952, 379).

Der Schimpfwortgebrauch unterliegt in besonderer Weise historischer Fluktuation, was u.a. mit der historischen Spezifik bestimmter Konflikte und mit dem raschen Verschleiß mancher Schimpfwörter zusammenhängt. Einige grundlegende Typen der Veränderung sind:

(i) Neue Schimpfwörter kommen auf, die allerdings oft Eintagsfliegen bleiben oder sich nur regional verbreiten, und andere veralten: *Papist* ist ein typisches Schimpfwort der Reformationszeit, *Hundsfott* ist seit dem 16. Jahrhundert mit der Verwendungsweise ›Feigling‹ belegt, um 1800 sehr gebräuchlich im Sinne von ›niederträchtiger Kerl‹ (vgl. DWb 10, 1934f.), heute praktisch unbekannt.

(ii) Die Verwendung des Schimpfworts gewinnt oder verliert den beleidigenden Charakter bzw. sie gewinnt oder verliert an Schärfe: *Schlingel* bezeichnet im 18. Jahrhundert einen ›im höchsten Grade trägen und ungesitteten Mensch‹ (Adelung), heute ›einen jungen Menschen, der Streiche spielt‹ oder dergl.

(iii) Es entwickelt sich eine zusätzliche Verwendung eines Schimpfworts als Kosewort (*du kleiner Gauner!, du kleine Krott!* schwäbisch ›Kröte‹, Kosewort für ein kleines Mädchen).

(iv) Ein Schimpfwort wird von einer beschimpften Gruppe als ehrenvolle Bezeichnung aufgegriffen, beispielsweise die religöse Gruppe der *methodists* im 18. Jahrhundert in England, *les intellectuels* in Frankreich um 1900, später ähnlich in Deutschland, *die Schwulen* seit den 70er Jahren.

Am Beispiel von *Bulle* und *Intellektuelle* will ich einige Entwicklungen von Schimpfwörtern illustrieren. Die Verwendung von *Bulle* für einen Polizisten geht wohl auf die Studentensprache des 19. Jahrhunderts zurück, möglicherweise als Verballhornung von *Pedell* (Paul 1992, 150). Seit den 70er Jahren unseres Jahrhunderts wird dieser Ausdruck häufiger verwendet. Der Ausdruck ist historisch-semantisch u.a. deshalb interessant, weil im Zusammenhang mit Gerichtsprozessen unterschiedliche Einschätzungen des historischen Entwicklungsstandes, des Grades der Gebräuchlichkeit und des beleidigenden Charakters explizit gemacht wurden. So wurde im »Schwäbischen Tagblatt« vom 2.6.1980 berichtet, eine Strafkammer des Essener Landgerichts habe die Auffassung eines Amtsrichters zurückgewiesen, *Bulle* sei inzwischen eine Art Spitzname für Polizisten wie das englische *bobby* und insofern nicht ehrkränkend. Die Kammer des Landgerichts legte ihrer Entscheidung eine metaphorische Deutung des Ausdrucks *Bulle* zugrunde, nach der dem so bezeichneten Polizisten die hervorstechenden Eigenschaften eines Bullen, nämlich Reizbarkeit, dumpfe Angriffslust und blinde Gewaltanwendung beigemessen würden. Zwar sei das Wort *Bulle* durch häufigen Gebrauch im Begriff, seine negative Bedeutung einzubüßen. Vorläufig sei es aber nach wie vor ein Schimpfwort, das ein Polizeibeamter nicht hinzunehmen brauche.

Eine außerordentlich differenzierte Beschreibung der Geschichte des Schimpfworts *Intellektuelle* gibt Bering (1978). Die Besonderheit seiner Darstellung liegt in der Rekonstruktion der politischen Auseinandersetzungen, in denen der Ausdruck seine Rolle als Schimpfwort erhielt. Im Jahre 1898 setzten sich in Frankreich zahlreiche Schriftsteller, Gelehrte und Künstler für den zu Unrecht verurteilten Hauptmann Dreyfus ein. Die Gegner der Revision des Prozesses nahmen auf diese Gruppe mit dem Ausdruck *les intellectuels* Bezug, der im Zusammenhang ihrer Gegenkampagne bald zu einem zentralen Schimpfwort wurde und mit dem Stereotyp ›abstrakt denkend, antinational, inkompetent, dekadent, jüdisch‹ verbunden wurde. Durch die Berichterstattung über die Dreyfus-Affäre wurde der Ausdruck auch in Deutschland bekannt. Er wurde dort in doppelter Weise als Schimpfwort aufgegriffen, noch vor dem Ersten Weltkrieg von der politischen Linken, u.a. in der SPD, danach von der Rechten, insbesondere von den Nationalsozialisten. Dabei wurde auf beiden Seiten des politischen Spektrums das Problem gesehen, wie man terminologisch die unerwünschten Intellektuellen und die als notwendig betrachtete »Intelligenz«, »die Geistigen« oder die »Geistesarbeiter« auseinanderhalten sollte.

Ältere Arbeiten zur Geschichte des Gebrauchs von Schimpfwörtern sind Lepp (1908), Heinemann (1927), Maas (1952). Neuere Arbeiten zu diesem Thema sind Lötscher (1981) zum Schweizerdeutschen und Hughes (1991) zum Englischen. Die kurze Karriere des Schimpfworts *Sympathisanten* beschreibt Wagner (1989).

5.1.8 *wîsheit, kunst* und *list* – Entwicklungen im Intellektualwortschatz

Ein klassisches Beispiel für die strukturalistische Beschreibung einer semantischen Entwicklung sind Triers Untersuchungen zum deutschen Intellektualwortschatz des Mittelalters, vor allem Trier (1931). Für einen kleinen Ausschnitt des Wortschatzes im Bereich der erworbenen Fähigkeiten faßt Trier (1934) Entwicklungen im Zeitraum vom frühen 13. bis zum frühen 14. Jahrhundert zusammen. Die wichtigsten Ausdrücke in diesem Bereich sind um 1200 *wîsheit*, *kunst* und *list*. Ein erstes Oppositionspaar bilden *kunst* und *list*. *kunst* bezieht sich vor allem auf höfische Fähigkeiten als Teil der höfischen Bildung, von den ritterlichen Fertigkeiten, die im Turnier verlangt werden, bis hin zur Sprachenkenntnis und zu musikalischen und dichterischen Fähigkeiten. *list* dagegen bezieht sich vor allem auf handwerkliche Fertigkeiten wie die des Schmieds, aber auch auf Naturkunde, Arzneikunde und schließlich auf zauberische Fähigkeiten. *wîsheit* bezieht sich auf alle intellektuellen Fähigkeiten, es ist quasi das Archilexem dieses kleinen Wortfeldes. Mit der Verwendung von *wîsheit* werden die Fähigkeiten jedoch zusätzlich als integraler Teil der Persönlichkeit dargestellt. 100 Jahre später – beim Mystiker Meister Eckehart – hat sich nach Trier das Bild etwa folgendermaßen verändert: *list* gehört nicht mehr in den engeren Bereich der Intellektualwörter, sondern nähert sich zunehmend der heutigen Verwendung. Statt dessen erscheint häufiger der substantivierte Infinitiv *wizzen*, als reines Intellektualwort ohne den Aspekt der Fähigkeit zu bestimmten Handlungen, der weiterhin durch *kunst* repräsentiert ist. Mit *wîsheit* bezieht man sich auf einen personalen Erkenntnisstand, der Ausdruck steht nicht mehr für die Vielfalt der Fähigkeiten. Damit sind unter strukturellem Gesichtspunkt folgende Veränderungen entscheidend: 1. das Merkmal höfisch (*kunst*) vs. nicht-höfisch (*list*) ist aufgegeben, und 2. *wîsheit* hat die Rolle als übergeordneter Ausdruck in diesem Wortfeld verloren.

Als Ausdruck für den Verstand ist vom Ahd. bis ins 17. Jh. *witze* (*Witz*) gebräuchlich (mhd. ›intellektuelle Reife‹, Trier 1931, 302). Im 17./18. Jahrhundert wird für *Witz* eine Verwendungsweise nach dem Vorbild von frz. *esprit* (engl. *wit*) entlehnt. Darin konkurriert es mit *Geist* (vgl. DWb 5, 2716ff.). Später entwickelt sich die Verwendungsweise im Sinne von *spaßhafte Äußerung* (vgl. Schütz 1963).

An einigen Stellen seiner Schriften gibt Trier knappe Hinweise auf die Geschichte des Ausdrucks *Wissenschaft*. Dieser Ausdruck ist seit dem 17. Jahrhundert häufiger belegt, wobei er zunächst ein relativ weites Spektrum an Verwendungsweisen zeigt, nämlich ›Nachricht, Kunde‹, ›persönliches Wissen (auch die Bildung) eines einzelnen‹ und ›die vom Einzelmenschen losgelöste Wissensdisziplin‹. Die weitere Bedeutungsentwicklung, bei der u.a. die Konkurrenz mit *Kunst* und die Bedeutungsdifferenzierung der beiden Ausdrücke eine Rolle spielt, behandelt der ausführliche Artikel im DWb (30, 781-798); vgl. zu dieser Entwicklung auch Bumann (1970) und Menzel (1996, 87-96).

5.1.9 *arbeit* – von Mühsal zu beruflicher Tätigkeit

Das »Althochdeutsche Wörterbuch« von Schützeichel (1989, 70) gibt als Bedeutungsangabe für *arbeit* (*arabeit, arebeit*) folgende Ausdrücke: *Drangsal, Unglück; Mühe, Mühsal, Last, Anstrengung; Arbeit, Werk*. Diese Liste deutet an, daß der Ausdruck *arbeit* im Ahd. eine Familie von Verwendungsweisen hat, die man vielleicht folgendermaßen beschreiben kann: Man kann sich mit *arbeit* beziehen auf:

(i) das, was man unter Schmerzen erduldet,
(ii) die Mühe, die man bei bestimmten Tätigkeiten (z.B. der Feldarbeit) auf sich nimmt,
(iii) das Produkt mühseliger Tätigkeit.

Diese Beschreibung gilt im wesentlichen auch für das Mhd. (vgl. Ehrismann 1995, 17-22). Die interessanteste Phase der vieldiskutierten Bedeutungsgeschichte des Ausdrucks *arbeit* liegt im Fnhd. (vgl. Frühneuhochdeutsches Wörterbuch, Bd. 2, 32ff.). Eine lexikalische Beschreibung sowie Belege und Literaturhinweise zur Diskussion geben Anderson/Goebel/Reichmann (1984). In der Zeit von 1400 bis 1700 finden sie folgende Verwendungsweisen (die Listen der Beschreibungsausdrücke sind etwas gekürzt): 1. ›Widrigkeiten, Qual, Leid, Not, Mühsal, Anstrengung‹, 2. ›Kampf von Einzelpersonen‹; ›Kriegsbeschwernisse‹, 3. ›Anstrengung und Mühe der Gottsuche‹, 4. ›Todesnot, Todeskampf‹, 5. ›Geburtswehen‹, 6. ›anstrengende Tätigkeit insbes. zum Erwerb des Lebensunterhaltes, berufliche, in der Regel körperliche Arbeit‹; vereinzelt ›geistiges Schaffen‹. Die Verwendungsweise 1. finden die Autoren über die ganze Periode hinweg, 2. – 5. vorwiegend im älteren und mittleren Fnhd. (2. – 4. insbesondere in religiösen Texten), bei 6. nimmt die Nuance ›berufliche Tätigkeit‹ im späteren Fnhd. zu.

Eine gängige These in der älteren Forschungsliteratur lautet, daß »Luther den Worten *Beruf* und *Arbeit* ihre neue, von starken sittlichen Werten erfüllte Bedeutung gibt« (Rosenfeld 1974, 452). Die geistes- und sozialgeschichtlich attraktive These von Luthers Einfluß auf die Bedeutung des Wortes *Arbeit* kann durch das Material von Anderson/Goebel/Reichmann jedoch nicht gestützt werden. Die Neuerung ist z.T. schon im 15. Jahrhundert zu beobachten und erscheint im 16. Jahrhundert auch in nicht-reformatorischer Literatur. Die erwähnte These scheint ein Beispiel für die Neigung mancher Forscher zu sein, einzelnen prominenten Personen einen zu starken Einfluß auf die Sprachgeschichte zuzusprechen. Bemerkenswert ist auch, daß das französische *travail* eine parallele Entwicklung teilweise schon vor dem 16. Jahrhundert zeigt (vgl. Baldinger 1958).

5.1.10 *Angst, Furcht* und *Eifersucht* – Entwicklungen im Gefühlswortschatz

Die Bedeutungsgeschichte von *Angst* gilt als ein Beleg für die Auffassung, daß der psychologische Wortschatz in vielen Fällen eine außen/innen-Geschichte hat, d.h. daß Bezeichnungen für körperliche Wahrnehmungen oder körperliche Reaktionen bzw. Symptome den Ausgangspunkt für den Gefühlswortschatz bilden. Die auch heute vorherrschende Auffassung zur semantischen Frühgeschichte von *Angst* ist schon im Grimmschen Wörterbuch ausgedrückt: »angst ist nicht blosz mutlosigkeit, sondern quälende sorge, zweifelnder, beengender zustand überhaupt, von der wurzel *enge*, ahd. *angi, engi*« (DWb 1, 358). Allerdings ist die Verwendung im Sinne von *Beengung* schon im Ahd./Mhd. nicht in der gewünschten Deutlichkeit zu belegen. Worin sich verschiedene Autoren jedoch einig sind, ist, daß das Verwendungsspektrum von mhd. *angest* nicht dem von nhd. *Angst* entspricht. In den Texten der mhd. Klassiker findet sich nach Bergenholtz/Faets (1988, 80) »*angest* hauptsächlich als quälende Sorge um den Verlust ritterlicher *êre* und um Verlust geliebter Personen durch den Tod«. Daneben wird es zur Bezeichnung von Angstgefühlen bei Gefahren im Kampf verwendet, wobei allerdings in dieser Funktion zumindest in der Heldenepik *vorhte* bevorzugt wird. In der barocken Literatur ist »zur Bezeichnung von individuellen Empfindungen bei allgemeinen [...] Unsicherheiten [...] die Verwendung von *Angst* üblicher als die von *Furcht*. [...] Im Sturm und Drang sowie in der Goethezeit bis hin zur Romantik findet sich *Angst* weniger in Zusammenhang mit Gefahren, Mord, Tod etc., sondern vorwiegend als eher psychologisch bedingte Empfindung vielfältiger Bedrohungen« (Bergenholtz/Faets 1988, 81). »In der Gebrauchshäufigkeit hat *Angst* erst in den letzten 100 Jahren *Furcht* überflügelt« (Paul 1992, 36). Dazu hat sicherlich die Rolle des Ausdrucks in der Fachsprache der Psychologie, u.a. in der Freudschen Theorie, beigetragen. Eine mit umfangreichem Datenmaterial belegte Geschichte des Wortfelds der Angst ist weiterhin ein Desiderat.

Den Gebrauch der Ausdrücke *Eifer* und *eifern* im 16. Jahrhundert vergleicht Plum (1994) mit dem heutigen Gebrauch von *Eifersucht* und *eifersüchtig* und versucht, am Beispiel des Vorwurfs der Eifersucht zu zeigen »inwieweit gesellschaftlich bedingte Wertsysteme und Deutungsmuster sich im Bereich des sprachlichen Handelns niederschlagen und die jeweils spezifische Semantik der Lexeme bestimmen« (Plum 1994, 267). Diese Arbeit ist Teil eines größeren Projekts zur historischen Semantik des deutschen Gefühlswortschatzes (vgl. Jäger 1988).

5.1.11 *Buße* und *büßen* – Traditionslinien von Fachwörtern

Der Ausdrucks *Buße* hat heute im wesentlichen zwei fachsprachliche Verwendungsweisen, in der Rechtssprache zur Kennzeichnung einer Geldstrafe, die für eine geringfügige Rechtsverletzung zu bezahlen ist (z.B. Bußgeld für Verkehrsdelikte), und in der kirchlichen Sprache zur Kennzeichnung der Reue und inneren Umkehr. Diese Verwendungsweisen von *Buße* und die des dazugehörigen Verbs *büßen* gehen auf einen breiteren älteren Gebrauch in verschiedenen Fachsprachen zurück. Diesen Gebrauch in den älteren germanischen Sprachen, darunter auch dem Ahd., und in neueren Dialekten behandelt Weisweiler in einer der bedeutendsten Arbeiten der älteren semasiologischen Forschung (Weisweiler 1930). Eine der zentralen Thesen dieser Arbeit ist der Gedanke, daß man den ältesten Entwicklungsstand besonders in einer Familie von Verwendungsweisen des Verbs *büßen* erkennt, mit dem in den germanischen Dialekten das Flicken und sonstige Reparieren von Netzen, Kleidern, Rüstungen, Tonkrügen usw. bezeichnet wird. Erst aus diesen gegenstandsbezogenen Verwendungsweisen haben sich nach Weisweiler abstraktere Verwendungsweisen im Sinne von *Abhilfe* (*schaffen*), *Befreiung von etwas* entwickelt, wie es sie vor allem im Mhd. gibt. Eine Sonderform der Reparatur-Lesart sieht Weisweiler in der Verwendung in Zaubersprüchen, die der Heilung von Tieren und Menschen dienen sollen (mit Formeln wie *uuerde imo buoz*). Ähnlich konkret sind Verwendungen wie *den durst buozen* ›den Durst stillen‹. Von diesen ältesten Verwendungsweisen gehen un-

terschiedliche Traditionslinien aus. Eine weitere alte Verwendungsweise des Substantivs gehört der germanischen Rechtssprache an.
Die Buße (ahd. *buoz, buoza*) ist eine Ersatzleistung für eine rechts-
widrige Schädigung (z.B. Körperverletzung). Dieser Schadensersatz
tritt an die Stelle des Racherechts des Geschädigten oder seiner
Verwandten. Im Spätmittelalter werden die Bußen zunehmend
durch Leibes- und Lebensstrafen ersetzt, nur noch in leichteren
Fällen genügt eine Geldstrafe (*Buße zahlen*). In der Sprache der
Kirche wird nach der Christianisierung der Germanen ahd. *buoza*
neben *hriuwa* (> *Reue*) als Terminus für die biblische *poenitentia*
verwendet (›bußfertige Gesinnung und aktiver Ausdruck der Bes-
serung‹). Seit dem Fnhd. wird *Buße* in der kirchlichen Terminologie bevorzugt.

5.1.12 *Freude, Leid, Aufklärung, Umwelt* – Zur Geschichte historischer Schlüsselwörter

Als Schlüsselwörter hat man Ausdrücke bezeichnet, deren Gebrauch
aus geistes- oder sozialgeschichtlicher Perspektive in besonderer Weise charakteristisch ist für bestimmte historische Perioden, Strömungen oder Bewegungen. Von den zahlreichen Arbeiten, die Wortgeschichte aus dieser Perspektive vermitteln, kann ich nur einen bescheidenen Ausschnitt erwähnen (vgl. 4.3). Umfangreiches Material
findet sich u.a. in den Bänden der »Deutschen Wortgeschichte«
(Maurer/Rupp 1974). Ich nenne zunächst einige Arbeiten zur Bedeutungsgeschichte von Substantiven im mittelalterlichen Deutsch.
Maurer (1961) untersucht die Bedeutungsgeschichte von *leit* und
anderen bedeutungsverwandten Ausdrücken im Mittelalter, insbesondere in den großen Epen der Stauferzeit. Seine Methode könnte
man als philologisch-geistesgeschichtlich bezeichnen. Er verbindet
semantische Beschreibung mit Textinterpretation. Dabei kommt er
u.a. zu dem Ergebnis, daß im Mhd. des 12./13. Jahrhunderts neben
den neuen »verchristlichten« Verwendungsweisen von *leit* alte Verwendungsweisen im Sinne von ›Entehrung‹ oder ›angetane Beleidi-
gung‹ weiterbestehen. Methodisch verwandt sind die Arbeiten von
Sanders (1965) zur Wortgeschichte von *Glück* und Eroms (1970)
über *vreude* bei Hartmann von Aue. Strukturalistisch orientiert ist
Burger (1972) in seiner Beschreibung der Ausdrücke für Zeit und
Ewigkeit in ahd. und fmhd. Texten. Knappe Skizzen zum Gebrauch
spezifisch höfischen Wortschatzes (z.B. *minne, êre* und *vride*) in literarischen Texten der Zeit um 1200 sowie weiterführende Literaturhinweise bietet Ehrismann (1995).

Die Geschichte zahlreicher Schlüsselwörter für sozial- und geistesgeschichtliche Entwicklungen (z.B. *Aufklärung, Emanzipation, Fortschritt, Zivilisation*), insbesondere im 18. Jahrhundert, behandeln die Artikel des Lexikons geschichtlicher Grundbegriffe (Brunner u.a. 1972-1992). Einschlägige Darstellungen zu Schlüsselwörtern liefern auch Arbeiten zur Schlagwortforschung, zu »brisanten Wörtern« (*alternativ, Propaganda, Entartung*; vgl. Strauß/Haß/Harras 1989) und »kontroversen Begriffen« (*Gleichberechtigung, Gastarbeiter, Umwelt*; vgl. Stötzel/Wengeler 1995) sowie zu »Schlüsselwörtern der Wendezeit« (von *Beitritt* bis *Wende*; Herberg/Steffens/Tellenbach 1997).

5.2 Verben

5.2.1 Verbszenen und ihre Veränderung

Das Verb bildet grammatisch und semantisch das Herz des Satzes. Diese metaphorisch ausgedrückte Auffassung liegt den verschiedenen Versionen der Valenzgrammatik zugrunde und wird auch von vielen anderen Grammatikern geteilt. »Ein Verb, das ist so, wie wenn man im dunklen Raum das Licht anknipst. Mit einem Schlag ist eine Szene da« (Heringer 1984, 49). Der hier verwendete Ausdruck **Szene** stammt aus der Kognitionswissenschaft und bezeichnet typische Wissensbestände der Sprecher in bezug auf die Sachverhalte, die mit dem Verb und seinen Aktanten ausgedrückt werden können. Die **Valenzeigenschaften des Verbs** – insbesondere die Aktanten-Rollen (z.B. Agens, Patiens, Instrument) – und die damit verbundenen Szenen/Stereotype spielen für die historische Semantik der Verben eine wichtige Rolle. Diese Einsicht war schon der älteren Forschung vertraut, wie etwa die Schriften von Wellander (z.B. Wellander 1928) oder folgendes Zitat aus Weisweiler (1930, 109) zeigen: »Für die Bedeutungsgeschichte des Rechtsworts *büßen* ist also eine kurze Darstellung seiner Rektion nicht ohne Wert«. Weiter ausgeführt wurde dieser Aspekt im Zusammenhang der Entwicklung der Valenztheorie (z.B. Heringer 1968, 448-457, Krisch 1982), zuletzt in Koch (1991), der wichtige Veränderungstypen anhand von Beispielen aus den romanischen Sprachen verdeutlicht. In diesem Abschnitt sollen zwei Gesichtspunkte hervorgehoben werden: Erstens Veränderungen in der Konstellation der Aktanten und zweitens, als ein Spezialfall, die Projektion von Szenen bzw. Stereotypen auf neue Arten von Gegenständen bei metaphorischen Verwendungen der Verben.

Zunächst einmal kann man verschiedene Veränderungen in der Konstellation der Aktanten beobachten, wofür ich einige Beispiele geben will. Ein erster Typ ist der Übergang von transitiven zu intransitiven Verwendungsweisen. Wellander (1928, 144-146) beschreibt einen derartigen Übergang am Beispiel des Verbs *sprengen*. *sprengen* ist ursprünglich ein Kausativum zu *springen* und bedeutet u.a. ›schnell laufen machen‹, ›springen lassen‹. Der Reiter ist Agens, das Pferd Patiens. So konnte man etwa im Mhd. sagen:

(1) do sprengten si diu ros
    ›da ließen sie die Pferde springen‹.

Diese Verwendungsweise ist noch im 18. Jahrhundert belegt. Wie kommt es nun zum intransitiven Gebrauch wie in (2), bei dem der Reiter Agens ist und das Pferd Instrument?

(2) der Reiter sprengt (mit dem Pferd) (durch das Tor)

Die geschichtliche Entwicklung muß man sich nach Wellander folgendermaßen vorstellen: Im Mhd. ist *sprengen* zunächst ein transitives Verb (Der Reiter *sprengt* das Pferd). Von Sätzen dieser Art sind bei geeignetem Wissen elliptische Verwendungen möglich – wenn z.B. klar ist, daß es sich um ein Pferd handelt, das da zum Springen gebracht wird.

(3) do sprangkte er vor syner schar
    ›da ließ er (sein Pferd) vor seiner Mannschaft herspringen‹ (Veldeke, »Eneide« 7342)

Diese Verwendungsweise kann nun so gedeutet werden, als sei das Verb intransitiv, also etwa wie unser *galoppieren*. Dabei kann sich die intransitive Deutung darin manifestieren, daß die ursprüngliche Akkusativergänzung als präpositionale Angabe hinzugefügt wird (der Reiter sprengt *mit dem Pferd*). Derartige Verwendungsweisen sind vereinzelt schon mhd. belegt und spätestens im 17. Jahrhundert gebräuchlich. Schließlich findet man sogar das Pferd als Agens: *das Pferd sprengt durch das Tor*.

Eine ähnliche Entwicklung läßt sich bei *rennen* zeigen, das ursprünglich ebenfalls ein Kausativum ist (zu *rinnen*) und im Sinne von ›antreiben‹ verwendet wird (z.B. *ros rennen* ›Pferde antreiben‹; Wellander 1928, 46f.). Ein weiteres Beispiel für diese Art von Entwicklung ist der Übergang vom zweiwertigen ahd./mhd. *darben* (x *darbt* y ›x hat nicht (mehr) y‹) zum einwertigen nhd. *darben* (x *darbt* ›es mangelt x am Nötigsten‹). Vom 16. Jahrhundert bis zum späten 18. Jahrhundert koexistieren beide Verwendungsweisen, wobei die neue Verwendungsweise, in der die syntaktische Position für »das

Notwendigste« quasi absorbiert ist, noch lange als eine Spezialisierung des ursprünglichen Musters gedeutet werden kann (vgl. Krisch 1982, 216f.).

Ein anderer Typ von Veränderung im Gebrauch von Verben läßt sich beschreiben als Auslassung einer gebräuchlichen Angabe. In dieser Weise erläutert Wellander (1928, 158f.) die Entstehung der Verwendung von *aufschneiden* im Sinne von *prahlen* bzw. *beim Erzählen übertreiben*. *aufschneiden* bedeutet im 17. Jahrhundert ›bei Tisch den Braten oder dergl. vorschneiden‹. Zur selben Zeit gibt es die metaphorische Redensart *mit dem großen Messer aufschneiden* ›prahlen‹. Die Standardangabe *mit dem großen Messer* kann nun weggelassen werden, und wir erhalten, ebenfalls schon im 17. Jahrhundert, unser *aufschneiden*.

Einen besonders bemerkenswerten Typ der Veränderung bezeichnet Koch (1991, 296ff.) als die Bildung von sog. **Auto-Konversen** (vgl. auch Blank 1997, 269ff.). Er illustriert diesen Veränderungstyp mit Verben aus dem Sinnbezirk ›mieten/vermieten‹ im Französischen (*louer*), Italienischen und Spanischen. Die semantische Grundstruktur einer Konverse ist in diesem Beispiel folgende:

(4) A vermietet eine Wohnung an B genau dann, wenn B die Wohnung von A mietet.

Das Verhältnis von *mieten* und *vermieten* ist gekennzeichnet durch die Vertauschung der Agens-Rolle. Die Vertauschung erlaubt es, bei der Beschreibung eines Sachverhalts unterschiedliche thematische Perspektiven einzunehmen. Interessanterweise gibt es eine ganze Reihe von Fällen, in denen beim Gebrauch eines entsprechenden Verbs auch die jeweils konverse Perspektive möglich ist. Im Lateinischen läßt sich für *locare* die Bedeutung ›vermieten‹ nachweisen. Aus *locare* entwickelt sich französisch *louer*, das zusätzlich zum ursprünglichen Gebrauch auch im Sinne von *mieten* verwendet wird. Der umgekehrte Vorgang findet sich bei ital. *noleggiare* und span. *alquilar*, bei denen sich von ›mieten‹ her die Verwendungsweise ›vermieten‹ entwickelt.

Ein Beispiel für diesen Typ der Veränderung im Deutschen ist die Entwicklung von *lehren* und *lernen*. Ahd. *lêren* hat als zentrale Verwendungsweise ›jemanden etwas lehren‹, das etymologisch verwandte Verb *lernên* wird für ›lernen‹ verwendet. Auch hier findet sich im Lauf der Sprachgeschichte die Vertauschung von Aktanten-Rollen: »... schon seit alters (ist), vielleicht zuerst im mitteldeutschen, auch *lernen* für das active *lehren* im gebrauch« (DWb 12, 768); »Wie *lehren* für *lernen*, so erscheint umgekehrt seit dem 15. Jahrhundert und noch heute umgangssprachlich *lernen* für *lehren*«

(Paul 1992, 527). Bemerkenswert ist, daß schon im Gotischen das entsprechende Verb *laisjan* beide Verwendungsweisen zeigt, ›lehren‹ und ›lernen‹. Bei *leihen* finden wir die Auto-Konverse schon im Ahd. (›ausleihen an‹ und ›leihen von‹). Zur Verdeutlichung der Aktanten-Konstellation wurde ebenfalls schon ahd. *firlīhan* ›verleihen‹ verwendet.

Eine weitere, vielbeachtete Aktanten-Konstellation findet sich bei der schon erwähnten Gruppe der **Kausativa** (z.B. *sprengen* und *rennen*). Das semantische Grundmuster von Basisverb zu Kausativum ist: »B x-t« (Basisverb) und »A bewirkt, daß B x-t« (Kausativum), wie bei *liegen* und *legen* in (5) und (6):

(5) A liegt auf dem Boden.

(6) B legt A auf den Boden.

In der Entwicklung der Kausativa, für die es im Germanischen ein produktives Wortbildungsmuster gibt – die deverbativen *jan*-Verben –, bilden sich im Verhältnis zu den ursprünglichen Basisverben häufig Spezialisierungen in den typischen Aktanten heraus. In der traditionellen Terminologie könnte man hier von Bedeutungsverengungen sprechen. Als Beispiel sei das Verhältnis von *fallen* und *fällen* angeführt. Ursprünglich scheint das Kausativmuster ziemlich unbeschränkt anwendbar gewesen zu sein: Was fallen kann, kann auch gefällt werden. So wird im Mhd. *vellen* angewendet auf Steine, die auf den Boden geworfen werden, auf einen jungen Vogel, der aus dem Nest geworfen wird, auf Burgmauern, die zum Einsturz gebracht werden, auf Jagdtiere, die erlegt werden, auf Menschen, die vom Pferd oder zu Boden geworfen (und möglicherweise getötet) werden und auf Bäume, die gefällt werden (Belege in Fritz 1974, 46). Im Verlauf des Mhd. wird nun das Spektrum von Gegenständen, die *gefällt* werden können, wesentlich eingeschränkt. Im 16. Jahrhundert gibt es im Bereich der Umgangssprache im wesentlichen noch zwei Arten von Gegenständen für die *fällen* verwendet werden kann: Bäume und Menschen (im Kampf). Daneben entwikkeln bzw. erhalten sich zahlreiche fachsprachliche Besonderheiten: *ein Urteil fällen* (Rechtssprache), *das Lot fällen* (Geometrie), *einen Hirsch fällen* (Jägersprache), *den Anker fällen* (vgl. DWb 3, 1285f.). Im Nhd. werden die Kausativbeziehungen durch verschiedene spezialisierte Verben bzw. Konstruktionen ausgedrückt: *fallen lassen, zu Fall bringen, zu Boden werfen, hinunterwerfen, hinabstürzen.* Ähnliche Beobachtungen lassen sich auch zu anderen Kausativverben machen (z.B. *tränken, sprengen, schwemmen*; zu den Kausativa im Ahd. vgl. Riecke 1996, 530ff., 673-676).

Als zweiten Grundtyp der Veränderung im Gebrauch von Verben erwähne ich hier die Übertragung von Szenen bzw. Stereotypen. Die Möglichkeit der Projektion von Szenen wird in literarischen ebenso wie in alltäglichen metaphorischen Verwendungen genutzt:

(7) Es lächelt der See, ... (Schiller, »Wilhelm Tell«)

(8) Es regnete/hagelte Protestschreiben.

In (7) werden menschliche Freundlichkeits-Stereotype genutzt, um eine friedliche Atmosphäre in der Natur zu suggerieren. Umgekehrt werden in (8) mit Witterungsverben verbundene Szenen dazu verwendet, ein Ergebnis menschlicher Handlungen als intensives und unangenehmes Quasi-Naturereignis darzustellen. Derartige Formen metaphorischer Rede gehören auch bei den Verben zu den häufigsten Möglichkeiten der Einführung neuer Verwendungsweisen, die in sedimentierter Form im heutigen Wortschatz zahlreich vorhanden sind. Verbreitet sind derartige Verwendungsweisen im Bereich der Gedanken und Gefühle: einen Gedanken *erfassen, auffassen, begreifen*, in Gedanken *versunken*, eine Vorstellung mit etwas *verbinden*, einen Zusammenhang *sehen*, sein Herz an etwas *hängen*, nach Neuigkeiten *hungern, lechzen*, jemandes Gefühle *verletzen*, der Ärger *staut sich auf*. Umgekehrt werden menschliche Stereotype auf unbelebte Gegenstände projiziert: Benzin *fressen* bzw. *schlucken* (von einem Motor), *laufen* (von Maschinen), den Gesetzen der Schwerkraft *gehorchen*, Pflege *verlangen* (von einer Pflanze).

5.2.2 *behaupten, vorwerfen, beschimpfen* – zur Geschichte sprechaktkennzeichnender Verben

Sprechaktkennzeichnende Verben (SKV), auch verba dicendi genannt, werden im Rahmen von Sätzen dazu verwendet, bestimmte sprachliche Handlungen zu machen (*Ich verbiete dir zu gehen*) oder zu beschreiben (*Du hast mir vorgeworfen, daß*). Daher spiegelt sich in den SKV einer Sprache ein wichtiger Teil des Repertoires an sprachlichen Handlungsmustern, über das die Sprecher zu einem bestimmten Zeitpunkt verfügen und das ihnen auch reflexiv zugänglich ist. Die historische Entfaltung eines sprechaktkennzeichnenden Vokabulars gibt Hinweise auf die Genese von kommunikativen Praktiken und auf damit verbundene Sichtweisen ihrer sozialen Funktion (z.B. die Praktiken des Vorwerfens oder des Beleidigens).

Eine mögliche Fragestellung bei der Untersuchung der Entwicklung der SKV betrifft ihre lexikalischen Ursprungsbereiche. Diese

Frage hat Traugott (1991) für das Englische aufgegriffen. Sie verwendet dabei eine makroskopisch-etymologische Methode, die z.b. englische Wörter romanischen Ursprungs mit ihren vermuteten indogermanischen Wurzeln bzw. Verwandten konfrontiert. Als Quellenbereiche für SKV beschreibt sie:

1. Verben der Lautäußerung (*announce* < *ad-nuntiare* ›ausrufen‹),
2. Verben für psychische bzw. mentale Zustände (*remind* < idg. *men-* ›denken‹),
3. Verben aus dem Bereich des Sehens (*advise* < lat. *advisare* ›beobachten‹),
4. Verben aus dem räumlichen Bereich (*concur* ›zustimmen‹ < lat. *concurrere* ›herbeilaufen‹).

Diese ersten Beschreibungsansätze müßten durch detaillierte Betrachtung der Einzelentwicklungen näher ausgeführt werden.

Was die Ursprungsbereiche deutscher SKV angeht, so könnte man auf ein lautcharakterisierendes Verb wie ahd. *refsen* (›beschimpfen‹, ›tadeln‹) verweisen, das ursprünglich soviel bedeutet wie ›in unangenehm lautem Ton anreden‹ (vgl. lat. *increpare* ›beschimpfen‹, ursprünglich ›andröhnen‹). Aus dem Bereich des nichtsprachlichen Handelns stammen die Ausdrücke *behaupten* (ursprünglich ›erfolgreich verteidigen‹ DWb 1, 1330) und *vorwerfen* (ursprünglich ›vor Augen halten‹; DWb 26, 1925).

Für die Untersuchung der Entwicklungen der SKV in der Geschichte der deutschen Sprache sind im ganzen aber weniger übergreifende Regularitäten bei den Entwicklungspfaden bemerkenswert als vielmehr folgende Aspekte:

(i) Konkurrenzen verwandter Verben: ahd. *sagen, sprehhan, quedan*, mhd. *jehen* ›bekennen, zugestehen‹, ›sagen‹, *reden* (vgl. Schwarz 1967, 55f., weitere Literatur s. Uhlig 1983, 243),

(ii) die Entfaltung des Wortschatzes in einzelnen Bereichen, z.B. die Verben des Beschuldigens und Vorwerfens: mhd. *rüegen, zîhen, beschuldigen, anklagen*; *wîzen, refsen, strafen*, seit dem 16. Jahrhundert *tadeln*, vgl. Fritz (1974, 56-67); Zusammenhänge zwischen Verben des Scheltens und des Tadelns (z.B. *schenden, schelten, swachen, smaehen*); die Veränderungen im reich entwickelten Vokabular zur Kennzeichnung von Formen aggressiver Rede: *schelten, schimpfen, schmähen, schmälen, anfahren, anschnauzen, anmachen, anmotzen, verhöhnen, verspotten, schrauben, verarschen, raillieren* (›anzügliche Scherze gegenüber jemandem machen‹, 17./18. Jahrhundert), die Entwicklungen im Wortschatz der argumentativen Rede (im 16. Jahrhundert etwa: *beweren* ›beweisen‹, *antworten* ›erwidern‹, *vorhalten* ›einwenden‹; vgl. v. Polenz 1988),

(iii) Zusammenhänge zwischen fach- und umgangssprachlichen Verwendungen von SKV, z.B. *reden* als ursprüngliches Rechtswort ›Rechenschaft ablegen‹, *laden* fnhd. ›als Gast einladen‹ und ›auffordern, vor Gericht zu erscheinen‹ (vgl. Objartel 1990), *ein Urteil schelten* in der Rechtssprache, *zugestehen* im Fnhd. zur Kennzeichnung des formalen Akts der Zuerkennung eines Rechts (vgl. v. Polenz 1988, 197). Zu den SKV in der mhd. Rechtssprache vgl. Uhlig (1983), zu den Kennzeichnungen für Verbalinjurien im Ahd. und Mhd. vgl. Munske (1973, 255f.).

(iv) die Entwicklung regionaler Präferenzen: schriftsprachlich *reden* vs. schwäbisch *schwätzen*, schriftsprachlich *tadeln* vs. süddeutsch *schelten*.

(v) auffallende Einzelentwicklungen: *schimpfen* ›scherzen‹ > ›spotten‹ > ›Mißfallen äußern‹ (vgl. Paul 1992, 733), *strafen* ›tadeln‹ > ›strafen‹ (vgl. DWb 19, 712ff.).

5.2.3 *dürfen, mögen, können* – Bedeutungsentwicklungen der Modalverben

Seit den Anfängen der Germanistik haben die auffälligen Bedeutungsentwicklungen der Modalverben in den germanischen Sprachen die Aufmerksamkeit der Sprachhistoriker erregt. Dieses Forschungsinteresse hat sich seit einigen Jahren wieder verstärkt, sowohl in bezug auf das Englische und andere germanische Sprachen (z.B. das Niederländische) als auch in bezug auf das Deutsche. Mehrere neuere Arbeiten zum Deutschen finden sich in Fritz/Gloning (1997). Eine Übersichtsdarstellung zu den wichtigsten Entwicklungen sowie zu Forschungsproblemen und -ergebnissen gibt Fritz (1997).

Die Entfaltung der vielfältigen Verwendungsweisen von Modalverben ist ein Lehrstück für eine evolutionäre Betrachtungsweise in der historischen Semantik. Wichtige Kategorien dieser Betrachtungsweise sind:

(i) die Variation in den Ausdrucksmöglichkeiten für eine bestimmte kommunikative Funktion: die Konkurrenz von *mag* und *muoz* im Ahd., die Konkurrenz von *kan* und *mag* vom 12. bis zum 17. Jahrhundert, verschiedene Ausdrucksmöglichkeiten für die semantische Kategorie der Notwendigkeit im Ahd., verschiedene Ausdrucksmöglichkeiten für den Zukunftsbezug im Mhd.: *sol, wil, muoz, mag*;

(ii) die Selektion besonders geeigneter Ausdrucksmöglichkeiten: die Bevorzugung des *werden*-Futurs seit dem 15./16. Jahrhundert, die Bevorzugung von *kann* für die Kennzeichnung der Möglichkeit seit dem 17. Jahrhundert;

(iii) das Veralten bestimmter Verwendungsweisen: die Aufgabe von mhd. *turren*, die Aufgabe der epistemischen Verwendungsweise von *darf* (Indikativ) zugunsten von *dürfte*, die Aufgabe des epistemischen *möchte* im 20. Jahrhundert;

(iv) das Überleben von Verwendungsweisen in funktionalen Nischen: das *sollte* der epischen Vorausdeutung: *Das sollte sich noch rächen!*, das *müssen* zum Ausdruck eines Wunsches bis ins 17. Jahrhundert: *Er müsse lange leben!*

Neben vielfältigen Detailentwicklungen lassen sich auch einige größere Systementwicklungen beobachten:

1. Im Gegensatz zu unserem relativ einfachen *können/müssen*-System für den Ausdruck von Möglichkeit und Notwendigkeit, das sich schrittweise seit dem Spätahd./Mhd. entwickelt hat, finden wir im Ahd. in beiden Bereichen komplexe Verwendungssysteme: körperliche vs. geistige Fähigkeiten (*mag/kan*), Möglichkeit aufgrund persönlicher Fähigkeiten vs. Möglichkeit aufgrund äußerer Umstände (*mag/muoz*), seit dem späten Ahd. eine Sonderform für ›nicht können‹, nämlich *nedurfen*. Ähnlich gibt es ahd. im Notwendigkeitsbereich einerseits das auf die Negation spezialisierte *ni durfan* und andererseits *sculan*, das zentrale Verwendungsweisen im Sinne von *verpflichtet sein* hat, aber auch die Verwendung im Sinne von *müssen*. Erst Spätahd. entwickelt sich für *muoz* die Notwendigkeitslesart.

2. Im Ahd. und Mhd. dienen verschiedene Ausdrücke, vor allem aber *sculan/soln* und *wellen* dem Zukunftsbezug. Seit dem 14. Jahrhundert konkurriert *werden*, das dann seit dem 16. Jahrhundert zunehmend der spezialisierte Ausdruck für den Zukunftsbezug wird.

3. Im Ahd. gab es nur für *mag* (und den Konjunktiv *mohti*) eine epistemische Verwendungsweise, d.h. eine Verwendung zum Ausdruck einer Vermutung. Im Frühnhd. kommen epistemische Verwendungen anderer Möglichkeitsverben dazu (*kann, darf, dürfte*). Spätestens im 16. Jahrhundert entwickelt sich unser differenziertes System der epistemischen Verwendungsweisen zum Ausdruck von mehr oder weniger stark gestützten Vermutungen (*er mag/kann/dürfte/wird/muß in Frankfurt sein*; vgl. Fritz 1991).

4. Seit dem Ahd. entwickelt sich schrittweise das Potential zum Ausdruck von sog. modalisierten Sprechakten (z.B. *Ich möchte/darf/muß sie bitten, jetzt nicht mehr zu rauchen*) und textorganisierenden Handlungen (z.B. *Ich will jetzt zum zweiten Hauptthema übergehen*). Eine Übersicht über diese Entwicklungen gibt Gloning (1997).

5.2.4 *fahren, schleichen, springen* – zur Geschichte von Fortbewegungsverben

In der Literatur zu den Fortbewegungsverben ist mehrfach beobachtet worden, daß im Deutschen besonders der Aspekt der Fortbewegungsart lexikalisiert ist. Dies gilt – mit zahlreichen Unterschieden im einzelnen – auch schon für die älteren Sprachstufen des Deutschen. Um diesen Aspekt hervorzuheben, verwendet man bei der Formulierung von Paraphrasen für Standardverwendungen dieser Verben zumeist Adverbiale wie *mit dem ganzen Körper dicht am Boden* (= *kriechen*), *gemächlich, mit lässigen Bewegungen* (= *schlendern*), *schnell, mit kurzen Schritten* (= *trippeln*).

Auffallend ist, daß es in diesem Wortschatzbereich vielfach Spezialisierungen auf bestimmte Agenten der Fortbewegung gibt, insbesondere auf Tierarten: *hoppeln* (von Hasen), *watscheln* (von Enten), *schnüren* (vor allem von Füchsen, in der Jägersprache), *traben* (von Pferden), *streichen* (Bewegung von Vögeln von einem Standort zum andern, Fachsprache der Ornithologie). Bei der Übertragung derartiger Verben auf Menschen wird das stereotype Wissen über typische Bewegungsarten der Tiere dazu genutzt, um Menschen eine dem jeweiligen Tier ähnliche Bewegungsart zuzuschreiben (*die Tante watschelte nach Hause*). Bemerkenswert sind weiterhin fachsprachliche Besonderheiten des Gebrauchs, wie *laufen* in der Sportsprache (*110 m Hürden laufen*) im Gegensatz zum umgangssprachlich gebräuchlicheren *rennen*.

Im Laufe der Sprachgeschichte sind in diesem Bereich folgende Arten von Veränderungen zu beobachten:

1. Veränderung des Verbinventars. Folgende im Mhd. und z.T. im Fnhd. belegte Verben sind heute allenfalls noch regional gebräuchlich: *gâhen* (›eilen‹), *snaben* (mhd., ›sich mit schnellen und schnappenden Bewegungen fortbewegen‹), *strûchen* (mhd., ›sich stolpernd fortbewegen‹, vor allem von Pferden), *schûften* (›galoppieren‹), *strîchen* (›sich eilig in eine bestimmte Richtung bewegen‹, z.B. vom Lauf eines Boten), *sliefen* (›in eine Öffnung schlüpfen‹, z.B. von Schlangen). Umgekehrt ist *schlendern* im Hochdeutschen erst seit dem 17. Jahrhundert belegt, das französische Lehnwort *flanieren* erst seit etwa 1830.

2. Veränderungen in der Angabe einer charakterisierten Art der Fortbewegung: ahd. *springan* ist zunächst kein echtes Fortbewegungsverb, seine zentrale Verwendungsweise entspricht *entspringen* oder *heraussprudeln* (z.B. Wasser aus einer Quelle); mhd. *springen* wird im Sinne von *sich flink bewegen* verwendet (vor allem von Kindern und Jugendlichen gesagt; ähnlich heute noch im Schwäbi-

schen), mhd. *slîchen* (> nhd. *schleichen*) hat eine Verwendungsweise im Sinne von *leise, gemessen Schreiten* (besonders von höfischen Frauen), mhd. *loufen* wird für eine schnelle, gleichmäßige Fortbewegung verwendet (seit dem 16. Jahrhundert konkurriert damit *rennen*), später regional und in der Umgangssprache auch im Sinne von *gehen* (z.B. *lauf langsam!*).

3. Besonders auffällig sind die Veränderungen von mhd. *varn* zu nhd. *fahren*. Beim Gebrauch von mhd. *varn* wird keine spezielle Fortbewegungsart impliziert. *varn* wird verwendet für Fortbewegung zu Fuß, zu Pferd oder zu Schiff. Es ist ein generelles Verb der Fortbewegung, für das es im Nhd. kein Gegenstück gibt. In manchen Kontexten kann man es mit *sich begeben* wiedergeben (*slâfen varn* ›sich zu Bett begeben‹). In der Entwicklung zum Nhd. hin wird *fahren* spezialisiert auf die Fortbewegung mit einem Gefährt oder dergl. (Auto, Fahrrad, Schiff, Heißluftballon, bisweilen: Flugzeug). Ähnlich ist ahd./mhd. *rîtan* noch nicht auf die Fortbewegung mit einem Reittier eingeschränkt, sondern wird auch allgemeiner im Sinne von ›sich fortbewegen‹, ›(mit einem Wagen) fahren‹, ›sich aufmachen‹ verwendet (*rîten ze himile* ›zum Himmel auffahren‹, Notker II.146.9). Eine umfassende Darstellung der Geschichte der Fortbewegungsverben fehlt noch. Skizzen des Gebrauchs verschiedener Gruppen von Fortbewegungsverben im Mhd. geben Hundsnurscher (1972) und Wolf (1992). Substantivierungen von germanischen Fortbewegungsverben behandelt Breidbach (1994).

5.2.5 *warten, lauern, passen* – Entwicklungspfade bei Verben des Wartens

Auffallende Entwicklungspfade und Parallelentwicklungen beschreibt Durrell (1972) in seiner Geschichte der Verben des Wartens, die die Entwicklung vom Ahd. zum Nhd. umfaßt und dabei auch unterschiedliche regionale Entwicklungen berücksichtigt. Die grundlegende Entwicklung besteht in der Ablösung der ahd./mhd. Verben *bîten, beiten* ›warten‹ durch andere Verben. Dabei stellt Durrell fest, daß Verben des Wartens sich häufig aus »Verben des aufpassenden Schauens, Horchens oder Hütens, denen des Wünschens, Sehens oder Hoffens und denen des Stehens, Bleibens und Verweilens« entwickeln (Durrell 1972, 247). Eine typische Beschreibung, in der die Implikatur ›warten‹ bei einem Verb des Ausschauens (mhd. *warten*) naheliegt, findet sich in einem frühen mhd. Minnelied (»Minnesangs Frühling«, 37.4ff.):

(9) ez stuont ein frouwe alleine
     und warte uber heide
     und warte ir liebe

Die Dame schaut über das offene Land hin und schaut nach ihrem Geliebten aus (bzw. wartet auf ihn).
Die von Durrell erwähnten Verben, bei deren Gebrauch das Vergehen von Zeit und z.T. eine besondere Aufmerksamkeit bzw. Intentionalität impliziert wird, sind deshalb mögliche Ausgangspunkte für die Verwendung als *warten*-Verb, weil der Übergang zu der Verwendung im Sinne von *warten* jeweils nur die Fokussierung dieser schon vorhandenen Implikationen erfordert. Von den unterschiedlichen Parallelentwicklungen, die Durrell dokumentiert, will ich nur eine anführen: »Hd. *warten*, ndl. *wachten*, md. *lauern* und obd. *passen* bezeichneten alle ursprünglich ein schauendes oder allgemeines Aufpassen« (Durrell 1972, 249) und wurden später zumindest in einzelnen Dialekten im Sinne von nhd. *warten* verwendet. Diesen Übergang von ›nach etwas ausschauen‹ zu ›auf etwas warten‹ zeigt auch lat. *exspectare*.

5.2.6 *klingen, hellen, schellen* – zur Frühgeschichte der deutschen Schallverben

Bei den Möglichkeiten, mit Schallverben akustische Sachverhalte auszudrücken, verbinden sich in interessanter Weise verschiedene Aspekte der Lauterzeugung: die Klangqualität (z.B. dumpfe vs. helle Geräusche – *rauschen* und *klingen*), z.T. durch typische Geräuschquellen erzeugt (*das Wasser rauscht/ein Glas klingt*), die Unterscheidung von unbelebten und belebten Schallquellen (*die Glocke tönt/ ein Mensch ruft*), die Spezialisierung auf typische Lautäußerungen bestimmter Tierarten (*das Pferd wiehert, der Löwe brüllt, der Bär brummt*) und schließlich, vor allem bei menschlichen Lautäußerungen, die Verbindung mit bestimmten Emotionen (*weinen, jammern*). Diese Kategorien sind in ähnlicher Weise schon im Gebrauch der ahd. Schallverben realisiert. Im Laufe der Entwicklung vom Ahd. bis zur Gegenwart verändert sich nun einerseits das Inventar der Verben: Verben wie mhd. *brahten* ›lärmen‹, *diezen* ›rauschen‹ oder *limmen* ›brummen (wie ein Bär)‹, *lüewen* ›brüllen (von Rindern)‹ werden aufgegeben. Andererseits verändern zahlreiche Verben, die über längere Zeit erhalten bleiben, auch ihren Gebrauch. Lötscher (1973) untersucht die Entwicklungen in der Zeit vom Ahd. zum Mhd. In dieser Periode beobachtet er bei mehreren

Verben eine Tendenz zur Veränderung des Gebrauchs im Bereich
der Klangqualität, wie folgende Beispiele zeigen: ahd. *skellan* ›hell
tönen‹ > mhd. *schellen* ›gut hörbar tönen‹, ahd. *hellan* ›wohlklingend
tönen‹ > mhd. *hellen* ›hellklingend tönen‹ (im Gegensatz zu *diezen*
›nicht-hellklingend tönen‹), ahd. *klingan* ›metallisch tönen‹ > mhd.
›wohlklingend tönen‹. Diese Entwicklungen erinnern an historische
Kettenreaktionen, wie man sie auch aus anderen Bereichen des
Wortschatzes kennt. Spezialisierungen des Gebrauchs finden sich
nach Lötscher bei ahd. *singan* ›mit einem Musikinstrument Töne erzeugen‹ (vgl. mhd. *doenen*) > mhd. *singen* ›mit der menschlichen
Stimme Töne erzeugen‹, ahd. *gellan* ›laut tönen‹ > mhd. *gellen* ›laut
schreien‹. Bei den Verben des Wehklagens beobachtet Lötscher eine
Verschiebung zentraler Verwendungsweisen: ahd. *riozan* ›weinen,
trauern, klagen‹ > mhd. *riezen* ›Tränen vergießen‹, ahd. *wuofan* ›Tränen vergießen, klagen, jammern‹ > mhd. *wuofen* ›weinen, laut klagen‹, ahd. *weinôn* ›laut wehklagen‹ > mhd. ›klagende Laute von sich
geben und Tränen vergießen‹. Mhd. *weinen* entwickelt sich auch
quantitativ zum zentralen Ausdruck für die Kennzeichnung der Äußerung des Schmerzes. Die historischen Entwicklungen – so weit
wir sie kennen – sind wesentlich komplizierter als diese kurze Skizze
es suggeriert, und sie sind insgesamt schwierig zu beschreiben. Bei
vielen Ausdrücken bietet sich das Bild einer schrittweisen Verlagerung des Verwendungsschwerpunkts über das Spektrum der Verwendungsweisen hin, was auch Lötschers strukturalistische Beschreibung andeutet, obwohl sie methodisch gar nicht auf diese Betrachtungsweise hin angelegt ist.

5.3 Adjektive

5.3.1 Adjektivspezifische Entwicklungen

Adjektive werden – wie Verben – primär zum Prädizieren verwendet. In dieser Verwendung dienen sie dazu, Eigenschaften eines Ge-
genstandes anzugeben (*der rote Schuh*) bzw. Relationen, in denen
der Gegenstand zu anderen Gegenständen steht *(der nahe Wald)*. Im
engeren Sinne adjektivspezifische Bedeutungsentwicklungen gibt es
dort, wo Entwicklungen mit der **Graduierbarkeit** von Adjektiven
bzw. dem Skalencharakter der Adjektivsemantik zusammenhängen.
Beispiele sind die Entwicklung zu Intensitätswörtern (*furchtbar* >
furchtbar nett; vgl. 5.3.8) und der enge, aber historisch veränderbare
Zusammenhang zwischen **Antonymen** (*groß/klein, scharf/mild*, mhd.

starc/kranc > nhd. *stark/schwach, krank/gesund*; vgl. 5.3.10). Es lassen sich jedoch auch andere Entwicklungen feststellen, die mit syntaktisch-semantischen Eigenschaften von Adjektiven zusammenhängen:

1. Häufig gibt es relativ feste **Kollokationen** von Adjektiven mit Substantiven, die jedoch historisch veränderbar sind (mhd. *tapfer* in Kollokation mit Körperteilbezeichnungen ›fest, kräftig‹, seit dem 15. Jahrhundert auch mit Personenbezeichnungen: *ein tapfferer Medicus*, ›ein tüchtiger Arzt‹).

2. Wie bei den Verben ergeben sich neue Verwendungsweisen oft durch metaphorische Übertragungen: *schlanke Verwaltung, sanfter Tourismus, heiße Zelle* ›hochradioaktiver Bereich‹, *heißer Herbst* ›heftige Demonstrationen im Herbst‹ (1983).

3. Nicht ungewöhnlich ist der Übergang von deskriptiven zu bewertenden Verwendungsweisen (*wissenschaftlich* als positiv bewertender Ausdruck seit dem 19. Jahrhundert).

4. Im Bereich der Bewertung menschlicher Eigenschaften finden sich häufig pejorative Entwicklungen (*frech* ›mutig‹ > ›unverschämt‹).

5. Im Gebrauch der Adjektive spiegeln sich historische Veränderungen im Repertoire kulturspezifischer Eigenschaften. So kennzeichnen mhd. Ausdrücke wie *kluoc, milte, rîch* typisch höfische bzw. ritterliche Eigenschaften, was für ihre heutigen Gegenstücke *klug, mild, reich* nicht mehr gilt (vgl. Ehrismann/Ramge 1976, 95-99, Ris 1971).

Viele Adjektive zeigen mehrfache Verwendungsweisen (*hartes Metall, hartes Wasser, harte Währung, harte Arbeit, ein harter Bursche*), einzelne sogar ein extrem umfangreiches **Spektrum von Verwendungsweisen** (z.B. *scharf, schwer, heiß*). Dabei fällt auf, daß die Verwendungsweisen oft unterschiedlichen Bezugsbereichen zuzuordnen sind. So wird *häßlich* sowohl zur ästhetischen als auch zur moralischen Bewertung verwendet, *grün* wird zur Farbangabe verwendet, aber auch zur Einstufung der Erfahrung eines Menschen (*ein grüner Junge*), mit *scharf* kann sowohl eine bestimmte äußere Form gekennzeichnet werden (*scharfe Nase*) als auch eine Tonqualität (*scharfer Ton*). Die in einem solchen Spektrum von Verwendungsweisen erkennbaren Strukturen lassen sich oft als Ergebnisse der Anwendung metonymischer und metaphorischer Verfahren deuten, die in manchen Fällen dauerhaft produktiv sind, während man in anderen Fällen nur die Reflexe historisch früherer Anwendungen dieser Verfahren sieht. Ein Beispiel eines derartigen Systems und seiner Geschichte wird unter *scharf* (5.3.3) behandelt.

5.3.2 *billig* – zur Entwicklung eines Spektrums von Verwendungsweisen

Zur Entwicklung von *billig* gibt es in der Literatur mehrfach Hinweise (Stöcklein 1898, 17-19; Wellander 1928, 244f., Kainz 1974, 399). Im heutigen Sprachgebrauch können wir vier Verwendungsweisen unterscheiden, die durch folgende Paraphrasen verdeutlicht werden können: 1. *niedrig im Preis,* 2. *wertlos (ein billiger Stoff),* 3. *primitiv, geistlos (ein billiger Scherz),* 4. *angemessen (ein billiges Verlangen).* Die Entwicklung dieses Spektrums von Verwendungsweisen läßt sich folgendermaßen rekonstruieren:

In mhd. Texten, insbesondere in Rechtsquellen, wird der Ausdruck *billich* verwendet, um eine Handlungsweise als nach subjektivem Rechtsgefühl bzw. nach vernünftiger Einschätzung angemessen zu kennzeichnen, im Gegensatz zu Handlungsweisen, die formalrechtlich vorgeschrieben sind. Diese Verwendungsweise, die eng verwandt ist mit der 4. der erwähnten heutigen Verwendungsweisen, ist bis ins 18. Jahrhundert vorherrschend. In der Gegenwartssprache veraltet sie und wird fast nur noch in der juristischen Fachsprache und in der Wendung *recht und billig* gebraucht. Spätestens in der zweiten Hälfte des 18. Jahrhundert findet sich eine Spezialisierung dieser Verwendung im Bereich des Handels (*ein billiges zahlen, billig kaufen*). Wenn man als gemeinsames Wissen voraussetzte, daß aus der Sicht des Käufers ein angemessener Preis ein eher niedriger Preis ist, so konnte man z.B. beim Anpreisen der Ware den Ausdruck *billiger Preis* im Sinne von *günstiger Preis* oder *niedriger Preis* verwenden. Diese Verwendung – statt des bis dahin gebräuchlichen *wohlfeil* – war offensichtlich noch in der ersten Hälfte des 19. Jahrhunderts in der Sprache der Gebildeten so auffällig, daß Schopenhauer in einer Fußnote der »Parerga und Paralipomena« bemerkt: »›billig‹ statt ›wohlfeil‹, von Krämern ausgegangen, ist diese Pöbelhaftigkeit allgemein geworden« (Sämtliche Werke Bd. 6, 1947, S. 568). Wenn diese Verwendungsweise eingespielt ist, und wenn es im gemeinsamen Wissen ein Stereotyp gibt, daß preisgünstige Waren oft wertlose Waren sind, dann kann man mit der Verwendung von *billig* zu verstehen geben, daß eine Ware wertlos ist. Von der Anwendung auf Waren wiederum kann man *billig* metaphorisch übertragen auf andere Arten von Gegenständen, z.B. auf Handlungsweisen wie *eine billige Ausrede, ein billiger Trost, ein billiger Trick.* Diese Verwendungsweisen sind spätestens am Ende des 19. Jahrhunderts gebräuchlich. Stöcklein (1898, 18) gibt als Beispiel *billige Witzeleien.* Diese negativ bewertenden Verwendungsweisen stören offensichtlich die Verwendung von *billig* zur Kennzeichnung eines günstigen Preises. Als

Alternative ist seit der zweiten Hälfte des 19. Jahrhunderts der Ausdruck *preiswert* verfügbar, später auch *günstig*. Auffallend ist, daß es schon für das Vorgängerwort von *billig*, nämlich *wohlfeil* ähnliche abwertende Verwendungsweisen gab (vgl. DWb 30, 1115). Nach Ausweis der Wörterbücher zeigen auch das englische Gegenstück *cheap* ebenso wie lateinisch *vilis* ein ähnliches Verwendungsspektrum wie *billig*: *cheap* 1. low in price (*a cheap holiday*), 2. of poor quality (*cheap housing*), 3. costing little effort (*a cheap joke*), 4. contemptible (*a cheap criminal*); *vilis* ›preiswert‹; ›wertlos‹; ›gering‹, ›verächtlich‹.

Diese Entwicklungsgeschichte ist ein kleines Lehrstück für das Zusammenwirken unterschiedlicher **Entwicklungsfaktoren**:

(i) die Verwendung in einer Fachsprache (Rechtssprache, Kaufmannssprache) als Ausgangspunkt für die Übernahme in die Umgangssprache,

(ii) die Nutzung von Stereotypen im gemeinsamen Wissen (der angemessene Preis ist ein relativ niedriger Preis; was billig ist, ist wertlos; Handlungen, die keine Anstrengung erfordern, sind wertlos) als Grundlage von neuen Verwendungen,

(iii) die Ablösung eines Ausdrucks in einer seiner Verwendungsweisen (›preiswert‹) durch einen neuen, der noch keine störende, negativ bewertende Verwendungsweise hat (*wohlfeil > billig > preiswert, günstig*).

5.3.3 *scharf* – zur systematischen Entfaltung einer Struktur von Verwendungsweisen

Wie Hundsnurscher und Splett (1982, 99-112) gezeigt haben, gehört *scharf* zu den Adjektiven des Deutschen mit dem größten Spektrum an Verwendungsweisen (von *scharfes Messer* über *scharfe Kurve* und *scharfer Pfeffer* bis zu *scharfer Prüfer* und *scharfer Porno*). Diese scheinbar chaotische Vielfalt läßt sich zurückführen auf ein produktives **System von Metonymien und Metaphern**. Ausgehend von dem Verwendungsprototyp für ein Messer oder ein vergleichbares Werkzeug läßt sich ein metonymischer Zusammenhang folgender Art rekonstruieren: Form (*scharfes Messer*), Funktionstüchtigkeit (*scharfes Messer*), Wirkung (*scharfes Messer, scharfer Schnitt*), Wahrnehmung der Wirkung (*scharfer Schmerz*). Dieses metonymische System von Möglichkeiten wird verbunden mit einem System von metaphorischen Übertragungen (Werkzeugmetaphorik): *scharfes Auge, scharfes Ohr, scharfes Wort, scharfes Argument* usw. Bei einem Spektrum von Verwendungsweisen, wie wir es bei *scharf* heute kennen, drängt sich eine evolutionäre Betrachtung geradezu auf. Man möchte sehen, wie sich ein solches Verwendungsspektrum schrittweise entfaltet hat, welches historische Potential ein derartiges produktives System hat, welche Varianten im Lauf der Geschichte gebildet wurden, welche Varianten erfolgreiche Karrieren hatten und welche wieder aufgegeben wurden. Spätestens seit dem Mhd. ist ein produktives System von metonymischen Mustern und metaphorischen Verwendungen erkennbar, das dem heutigen nicht unähnlich ist, dessen Potential aber in verschiedenen Zeiten und von verschiedenen Personen unterschiedlich ausgeschöpft wird. Im Rahmen dieses Systems sind neue Verwendungen leicht zu verstehen, d.h. das produktive System erlaubt Neuerungen, die dem Prinzip der kleinen Schritte entsprechen. Einige der im Mhd. und Fnhd. gebräuchlichen Verwendungsweisen sind uns heute fremd (*scharfe stîge* ›holperige Wege‹, *scharpfer eber* ›wilder Eber‹, *scharpfe pîn* ›scharfe Schmerzen‹, *scharpfe nötlin*, ›hell klingende Töne‹, *scharf tichter* ›kunstfertige Dichter‹ usw.). Wir müssen also annehmen, daß im Rahmen des kontinuierlich produktiven Systems zu bestimmten Zeiten jeweils bestimmte Verwendungsweisen mehr oder weniger fest etabliert sind. Hier sind besonders auch fachsprachliche Sonderverwendungen von Interesse (*eine scharfe Terz*). Eine Beschreibung der systematischen Verknüpfung von metonymischen Mustern und Übertragungen im Verwendungsspektrum von *scharf* sowie eine Skizze der Entwicklung dieses Systems bis ins 17. Jahrhundert gibt Fritz (1995a).

Beobachtungen ähnlicher Art – wenn auch nicht an dieser Breite von Verwendungsweisen – kann man zu Wahrnehmungsadjektiven wie *süß*, *hart* oder *heiß* machen. Der Gebrauch von *süß* im mittelalterlichen Deutsch ist vor allem für religiöse und literarische Texte erforscht worden, vgl. Armknecht (1936), Ohly (1969, 1989) und Laubner (1975, 134-162). Bei der Übersetzungsliteratur aus dem Lateinischen wird hier das Spektrum der Verwendungsweisen von *dulcis* (›süß‹, ›angenehm‹, ›lieb‹) und *suavis* (›süß‹, ›lieblich‹, ›angenehm‹) als Muster wirksam. Im Mhd. kommt das Vorbild von afrz. *dous* dazu (*dous amie*, mhd. *süeziu amîe* ›geliebte Freundin‹).

5.3.4 *groß* und *viel* – zur Geschichte von Dimensions- und Quantitätsadjektiven

In vielen Sprachen finden wir einen Zusammenhang zwischen Dimensions- und Quantitätskennzeichnungen. Dies haben Goddard/ Wierzbicka (1994, 494f.) bei ihrer Suche nach semantischen und lexikalischen Universalien festgestellt. Die Annahme ist berechtigt, daß diese lexikalischen Zusammenhänge eine kognitive Basis haben. In der einfachsten Form sehen wir diesen Zusammenhang in einer prototypischen Szene: Wenn wir viele Steine aufhäufen, bekommen wir einen großen Steinhaufen. Nicht umsonst kann man in manchen Dialekten, z.B. im Schwäbischen, den Ausdruck *einen Haufen* sowohl als Dimensions- als auch als Quantitätsangabe verwenden (*einen Haufen Steine, einen Haufen Geld* ›viel Geld‹). Im Deutschen können wir eine historische Entwicklung beobachten von einem System, in dem Ausdrücke sowohl zur Dimensionskennzeichnung als auch zur Quantitätskennzeichung verwendet werden (ahd./mhd. *mihhil/michel* ›groß, viel‹, *luzzil/lützel* ›klein, wenig‹) zu einem System, in dem Dimension und Quantität lexikalisch getrennt ist (*groß, klein* vs. *viel, wenig*). Der Unterschied zwischen kollektiver und distributiver Mengenangabe wird im Deutschen heute morphologisch gekennzeichnet (*viel Geld, viel-e Münzen*), im Englischen ist auch diese Unterscheidung noch lexikalisiert (*much money, many coins*). Bemerkenswert an der Gesamtentwicklung ist, wie bei der Lexikalisierung des erwähnten Grundkontrasts einerseits ein spezialisiertes Dimensionsadjektiv wie *grôz* (ahd./mhd. im Sinne von *dick* verwendet) zum zentralen Dimensionsadjektiv wird und andererseits Adjektive, die ursprünglich gar nicht zu diesem Verwendungsbereich gehören (mhd. *kleine* ›fein, filigran‹, *wênec* ›armselig‹) als Konkurrenzaudrücke in das schon vorhandene Inventar aufgenommen werden. Die Entwicklung, die auch interessante morphologische und syntaktische Aspekte hat, ist mit strukturalistischer Methodik beschrieben in Stanforth (1967), eine zusammenfassende Skizze gibt Fritz (1974, 98-106). Den unterschiedlichen Entwicklungsstand verschiedener Dialekte im 15. Jahrhundert beschreiben Besch (1967) und Ising (1968).

5.3.5 *hell* und *glatt* – Anwendung von Adjektiven auf unterschiedliche Sinnesbereiche

Eine auffallende Erscheinung bei Wahrnehmungsadjektiven ist, daß sie häufig auf unterschiedliche Sinnesbereiche angewendet werden. Beispiele hierfür sind die Adjektive *scharf* (*scharfer Essig, scharfes Licht, scharfe Töne*), *süß* (*süßer Honig, süßer Duft, süße Töne*), *heiß* (*heißes Feuer, heiße Farben*), *warm* (*warme Temperatur, warmer Farbton*), *klar* (*klares Licht, klarer Ton*) und anderen. Dies scheint eine universell verfügbare Anwendungsmöglichkeit für Wahrnehmungsprädikate zu sein. Allerdings wird sie historisch unterschiedlich genutzt bzw. konventionalisiert. Diese Möglichkeit spielt z.B. in der historischen Entwicklung der Adjektive *hell* und *glatt* eine wichtige Rolle. *hel* wird im Mhd. primär verwendet zur Kennzeichnung eines laut und deutlich wahrnehmbaren Tons oder Geräuschs (*helle pusînen* ›laut klingende Posaunen‹). Daneben gibt es aber auch die Verwendung zur Kennzeichnung einer optischen Wahrnehmung im Sinne von *glänzend*. Spätestens seit dem 16. Jahrhundert ist dann auch die Verwendung als Gegensatz zu *dunkel* belegt, die im heutigen Gebrauch die primäre Verwendungsweise ist. *glat* wird ahd. im Sinne von *glänzend* verwendet. Im Mhd. wird es häufig verwendet zur Kennzeichnung von Gegenständen, die aufgrund ihrer glatten Oberfläche glänzen (Steinböden, Metallflächen). Daraus entwickelt sich die Anwendung im Bereich des Tastsinns, die heute vorwiegend gebräuchlich ist. Die Übertragung vom optischen Bereich in den Bereich des Tastsinns ist also in diesem Fall vermittelt durch das Wissen über bestimmte Arten von Gegenständen, denen beide Wahrnehmungsprädikate gleichzeitig zugesprochen werden können. Bemerkenswerte Entwicklungen des germanischen Wahrnehmungsadjektivs sind engl. *glad* ›fröhlich‹ und schwäbisch *glatt* ›erstaunlich‹, ›lustig‹.

5.3.6 *grün* und *braun* – zur Geschichte der Farbadjektive

Ebenfalls im thematischen Bereich der Wahrnehmung werden die Farbadjektive verwendet. Die Untersuchung von Farbadjektiven und ihrer Geschichte ist von besonderem Interesse für eine kognitive Betrachtungsweise, weil sie Aufschluß verspricht über den Zusammenhang zwischen der biologisch fundierten Fähigkeit zur Farbunterscheidung und der Praxis der einzelsprachlichen Farbkennzeichung (vgl. Berlin/Kay 1969, kritisch dazu Wierzbicka 1996, 287-334). Im Deutschen finden sich seit frühester Zeit Ausdrücke, die offensichtlich für die Basisfarben (schwarz, weiß, rot, grün, gelb, blau) verwendet werden, daneben aber auch zahlreiche Spezialausdrücke wie ahd. *falo* (›fahl‹), *blas*, *blank*, *bleich*, so daß insgesamt ein recht differenziertes Kennzeichnungspotential besteht (vgl. Schwentner 1915), das sich insbesondere durch Entlehnungen auch weiter entwickelt. Bemerkenswert in der Geschichte der deutschen Farbadjektive ist u.a. die Entwicklung von *braun*, das im Mhd. sowohl im Sinne von unserem *braun* (›braungelocktes Haar‹, »Tristan« 3336) als auch im Sinne von *violett* (›noch violetter als ein violetter Seidenstoff‹, »Tristan« 11121, *purperbrûn* ›purpur-»braun«‹, »Tristan« 15837) verwendet wird. Dieses auffällige Verwendungsmuster, das bis ins 17.

Jh. belegt ist, beruht offensichtlich auf dem lautlichen Zusammenfall von zwei unterschiedlichen Wörtern, einem aus dem Germanischen überkommenen Wort und einem Lehnwort aus dem Lateinischen (< *prunum* ›Pflaume‹; vgl. Kluge/Seebold 1995, 132; Götze 1931, 488-490). Seit dem 17. Jahrhundert ersetzt das Lehnwort *violett* die *prunum*-Lesart von *braun*.

Bei der Betrachtung der Geschichte der Farbwörter fallen einige Besonderheiten auf:

(i) Oft werden Farbwörter abgeleitet von Bezeichnungen für Gegenstände, die prototypische Farbträger sind, z.b. das erwähnte mhd. *brûn* (von lat. *prunum* ›Pflaume‹), *lila* (von arabisch *lilak* ›Flieder‹ über frz. *lilas* ›Flieder‹), *violett* (von lat. *viola* ›Veilchen‹), *rosa* (von lat. *rosa* ›Rose‹), *orange*, *aubergine* etc. (zu heutigen Mode-Farbwörtern vgl. Klaus 1989). Dies ist ein besonders in den romanischen Sprachen verbreitetes Benennungsverfahren, das durch Entlehnung auch im Deutschen verstärkt wurde. Verwandte Verfahren gibt es aber auch außerhalb der Entlehnungen, insbesondere bei Komposita ahd. *coltfaro* ›goldfarben‹, *snêwin*, *snêfaro* ›schneeweiß‹, nhd. *kornblumenblau*.

(ii) Ebenfalls auf der Gegenstandsorientierung beruht das Faktum, daß manche Farbwörter bevorzugt oder ausschließlich auf bestimmte Arten von Gegenständen angewendet werden: ahd. *blank* auf Pferde (›Schimmel‹), ahd. *blas* auf die weißen Stirnflecken der Pferde (vgl. Schwentner 1915, 43), *bleich* auf die Hautfarbe des Menschen, mhd. *sal* auf Kleider (›schmutzfarben‹), *blond* aufs Haar. Manche Kollokationen verändern sich historisch. So ist die Verbindung *gelbes Haar*, die mhd. und fnhd. gängig war, heute ungebräuchlich.

(iii) Manche Farbwörter scheinen gleichzeitig oder auch primär Glanzerscheinungen zu kennzeichnen: lat. *candidus* ›blendendweiß‹, *niger* ›schwarzglänzend‹, mhd. *brûn* (von Waffen) ›funkelnd‹. Spezielle Glanzadjektive im Mhd. sind *lieht* ›hell, glänzend‹, *glanz* ›glänzend‹ und *gelpf* ›strahlend‹ (auch: ›fröhlich‹, ›übermütig‹), vgl. auch ahd. *glat* (s. 4.3.5). Zum Nhd. hin werden Partizipien zur Kennzeichnung von Glanzerscheinungen bevorzugt (*glänzend, strahlend, funkelnd* etc.; vgl. dazu Weisgerber 1929).

(iv) Viele Farbausdrücke haben metaphorische Verwendungsweisen: lat. *candidus* ›blendendweiß‹, ›heiter‹, ›aufrichtig‹, engl. *blue* ›schwermütig‹, *grüner Junge* ›unerfahrener Junge‹, *schwarzer Humor* (vgl. *black humour*), *gelber palk* (›bösartiger Kerl‹, Hans Sachs, s. DWb 5, 2882).

Für das Adjektiv *grün* hat Hundsnurscher (1988) die historische Entwicklung des Verwendungsspektrums skizziert, die ich hier kurz

andeuten will, ohne die einzelnen Entwicklungslinien näher auszu-
führen. Im Ahd. ist die »Vegetationslesart« (z.B. ›grünes Gras‹) prototypisch. Daneben gibt es u.a. Verwendungen zur Kennzeichnung
der Lebenskraft und der Neuigkeit (lat. *recens*). Im Mhd. ist die Vegetationslesart weiterhin bestimmend, es finden sich u.a. aber auch
metaphorische Verwendungen wie *grüeniu vreude*, *grüeniu tugent*
und eine Verwendung im Sinne von *roh: grüene vische*. Die reine
Farblesart spielt weiterhin eine geringe Rolle. In der neueren Sprache tritt diese jedoch in den Vordergrund. Neben der alt-etablierten
Vegetations-Lesart finden sich Verwendungen wie *grüne Äpfel* (›un-
reif‹) und *grüner Junge* (›unerfahren‹), in der Gegenwart weiterhin
gezielt eingeführte metonymische Verwendungsweisen zur Kennzeichnung landwirtschaftlicher Aktivitäten (*grüne Woche*) und einer
ökologisch orientierten Politik (*die Grünen*).

5.3.7 *klug* und *weise* – Entwicklungen im Feld
der Intellektualadjektive

Als Teil seiner Untersuchung der semantischen Entwicklungen im
»Sinnbezirk des Verstandes« hat Jost Trier auch die Adjektive zur
Kennzeichnung von Eigenschaften im Verstandesbereich behandelt
(zusammenfassend Trier 1931, 322-339). Nach seiner Beschreibung
gibt es im 14. Jahrhundert eine einschneidende Entwicklung im bisherigen System der Verstandesadjektive, nämlich die Neuentwick-
lung der Möglichkeit einer reinen Intellektualbewertung mit Ausdrücken wie *klug* und *gescheit* (Trier 1932; umfangreiches Belegma-
terial zu *kluoc* gibt auch Scheidweiler 1941b). Bis zu diesem Zeitpunkt gibt es nach Triers Beschreibung einerseits den Ausdruck *wîse*,
der eine Verbindung von allgemeiner ethischer und intellektueller
Reife kennzeichnet, andererseits Ausdrücke, die sich auf besondere
Lebensbereiche beziehen, z.B. *listec* auf handwerklich-technische
Kompetenz, aber auch auf die Kenntnis zauberischer Tricks, *karc* auf
die besitzgierige Gerissenheit, *sinnec* z.B. auf die guten Einfälle des
Dichters, *gelêrt* auf das erworbene Wissen. Es gibt aber nicht die
Möglichkeit einer reinen Kennzeichnung intellektueller Kompetenz.
kluoc wird zunächst zur höfisch-ästhetischen Charakterisierung ver-
wendet (*ein ritter kluoc* ›ein höfisch gebildetet Ritter‹, Wolfram,
»Parzival« 72.26; *einen kluogen gürtel* ›einen feinen, modischen Gürtel‹, Neidhart 216.9; *kluge minne* ›eine höfisch-erotische Beziehung‹,
Oswald von Wolkenstein 43.36), es wird aber dann auch ohne den
höfischen Aspekt und als reines Intellektualwort verwendet, so daß
sich eine neue Opposition von *kluoc* und *wîse* herausbildet.

5.3.8 *siech*, *krank* und *gesund* –
Entwicklungen eines Antonymenfeldes

Zur Kennzeichnung eines nicht-gesunden Zustands sind mhd. vor allem drei Ausdrücke gebräuchlich: *siech*, *kranc* und *boese*. *siech* ist der zentrale Ausdruck zur Zuschreibung eines derartigen Zustands, wobei ein Unterschied zum Gebrauch des heutigen *krank* darin besteht, daß der damit gekennzeichnete Zustand der Beeinträchtigung sowohl auf eine Erkrankung als auch auf eine äußere Verletzung (z.B. eine Verwundung) zurückgehen kann. Eine Spezialverwendung von *siech* bestand in der Zuschreibung einer besonders schlimmen Krankheit, nämlich des Aussatzes (der Lepra). Die zentrale Verwendungsweise von mhd. *kranc* ist ›schwach‹. Da Schwäche eine typische Begleiterscheinung vieler Krankheiten ist, konnte der Ausdruck *kranc* euphemistisch zur Zuschreibung von Krankheit verwendet werden (vgl. lat. *infirmus* ›schwach‹, ›krank‹). Diese Möglichkeit der euphemistischen Rede, zusammen mit der Tatsache, daß *siech* häufig speziell im Sinne von *aussätzig* verwendet wurde, konnte dazu führen, daß die Sprecher zunehmend *krank* als Standardausdruck vorzogen, eine Praxis, die sich offensichtlich regional von Norden nach Süden ausbreitete (vgl. Ising 1968, 76-79). Mhd. *boese* hat ein Verwendungsspektrum, das neben den zentralen Verwendungen ›schlecht‹ und ›wertlos‹ auch ›schwach‹ umfaßt. Sowohl von ›schlecht‹ als auch von ›schwach‹ aus konnte sich die Verwendung ›krank‹ in bezug auf Körperteile (*boeser magen* ›kranker Magen‹) entwickeln, von ›schlecht‹ daneben auch die Verwendung im Sinne von ›ungesund‹, ›schädlich‹ (*pœs luft*, *pœs flaisch*; Megenberg »Buch der Natur«, um 1350).

Das Standard-Antonym zu *siech* und später zu *krank* ist seit dem Mhd. *gesunt*. Daneben gibt es im Mhd. mehrere Adjektive, mit denen bestimmte Aspekte der Gesundheit ausgedrückt werden konnten: *heil* (ahd. das zentrale Gesundheitsadjektiv) ›unversehrt‹, *ganz* ›unversehrt‹, *stark* (besonders fnhd.) ›gesund und kraftvoll‹ und *vruot*. *vruot* zeigt ein bemerkenswertes Spektrum von Verwendungsweisen, wie die Bedeutungsangaben der mhd. Wörterbücher zeigen: *klug*, *gesittet*, *tüchtig*, *froh*, *munter*, *gesund*. Mit der Verwendung von *vruot* scheint Gesundheit unter dem Gesichtspunkt der Vitalität und Lebenstüchtigkeit gesehen zu werden.

Von besonderem Interesse sind in diesem Wortfeld die historischen Konkurrenzen von Ausdrücken (*siech*, *kranc*), die zahlreichen euphemistischen Neuerungen im Krankheitsbereich, die »steckengebliebenen« Entwicklungen (*stark* als ein zentrales Gesundheitsadjektiv im 16. Jahrhundert, z.B. bei Luther) und die regional unterschiedlich verlaufenden Entwicklungen. Eine knapp zusammenfassende Darstellung der Geschichte dieses Antonymenfeldes gibt Koller (1990; 1991), wo sich auch weiterführende Literatur findet. Heute beobachtet man im Deutschen die Verwendung von *fit* im Sinne von *gesund* und Versuche zur Differenzierung von *Gesundheit, Fitness* und *Wellness*.

5.3.9 wissenschaftlich – von der deskriptiven zur bewertenden Verwendung

Viele deskriptive Adjektive lassen sich ad hoc auch bewertend verwenden. Dieses ganz alltägliche Verfahren setzt voraus, daß es ein gemeinsames Wissen über Bewertungskriterien und Bewertungsprinzipien gibt. Wenn es gemeinsames Wissen ist, daß eine bestimmte Art von Gegenstand in einer bestimmten Hinsicht gut ist, wenn er ein bestimmtes Kriterium erfüllt, dann kann man Gegenstände der betreffenden Art in dieser Hinsicht positiv bewerten, *indem* man feststellt, daß der Gegenstand das Kriterium erfüllt. So könnte man etwa eine Rose positiv bewerten, indem man sagt *Die Rose ist langstielig*. Eine derartige ad-hoc-Verwendung kann sich einspielen, so daß es dann neben der deskriptiven Verwendungsweise des Ausdrucks eine bewertende gibt. Ein Beispiel dafür ist die bewertende Verwendung des Adjektivs *wissenschaftlich*, die das DWb (30, 799) seit dem Beginn des 19. Jahrhunderts belegt und die zweifellos mit der besonderen Hochschätzung wissenschaftlicher Forschungsergebnisse und Beweise seit dieser Zeit zusammenhängt.

Ein Ausdruck mit schon länger und fest etablierter deskriptiver und bewertender Verwendungsweise ist *hölzern*. Deskriptiv kennzeichnet man damit seit dem Ahd. (*holzîn*) einen Gegenstand aus Holz. Seit dem 17. Jahrhundert sind metaphorische Verwendungen belegt, die regelmäßig bewertend zu verstehen sind, im Sinne von *steif* oder *unbeweglich* – zwei Ausdrücke, die ihrerseits usuell deskriptive und bewertende Verwendungsweisen zeigen (*hölzern ist sonst sein verstand*, Logau, DWb 10, 1771).

Eher marginal sind zwei bewertende Verwendungsweisen von *blond*, die erste vor allem in den 50er und 60er Jahren gebräuchlich, die zweite in den 90er Jahren belegt. Die erste beruhte auf einem Stereotyp der Art, daß blonde Frauen (oft) besonders attraktiv sind. Dieses Stereotyp ermöglichte es, die Äußerung *Sie ist blond* dazu zu verwenden, eine Person als attraktiv zu bewerten. Wenn es dagegen ein Stereotyp gibt, daß blonde Frauen (oft) nicht besonders intelligent sind (vgl. die Blondinenwitze), dann kann man mit der Äußerung desselben Satzes die betreffende Person als dumm bewerten. Diese Beispiele zeigen, daß man die stereotypen Annahmen nicht teilen muß, um die betreffende Verwendung verstehen oder machen zu können. Man muß sie nur kennen. An diesen Beispielen wird auch deutlich, daß eine Ablehnung bestimmter Stereotype gleichzeitig eine Barriere für den Gebrauch einschlägiger Verwendungsweisen bilden kann.

Neben der bewertenden kann die deskriptive Verwendung in einem bestimmten Anwendungsbereich in den Hintergrund treten oder ganz verschwinden. So etwa bei der Verwendung von *scharf* in Verbindungen wie *scharfe Band* oder *scharfer Sound*. In der Modewerbung werden Adjektive wie *jung* oder *weiblich* vorwiegend bewertend verwendet. In der Energiepolitik wurde seit den späten 70er Jahren der Ausdruck *sanfte Energien* – in Anlehnung an engl. *soft energies* – von den Kernenergie-Gegnern verwendet, um einerseits auf alternative Energiequellen Bezug zu nehmen und andererseits diese Energiequellen positiv zu bewerten (vgl. Jung 1994, 108-111). Der Erfolg dieser Verwendung spiegelt sich in Übernahmen in andere Bereiche wie *sanfter Tourismus* oder *sanfte Orthographiereform*. Derartige Beispiele ließen sich vielfach vermehren.

5.3.10   *frech* und *einfältig* – Entwicklung negativ bewertender Verwendungsweisen

Einen Sonderfall der Entwicklung von bewertenden Verwendungsweisen stellen die **pejorativen Entwicklungen** dar. Diese sind besonders häufig bei Ausdrücken zur Bewertung menschlicher Eigenschaften. So kann man etwa von einem Kandidaten, der völlig unvorbereitet ins Examen geht, sagen *er ist mutig* und damit euphemistisch zu verstehen geben, daß man ihn für leichtsinnig oder frech hält. Wenn sich nun diese Verwendung zur negativen Bewertung einspielt und möglicherweise die ursprüngliche Verwendung aufgegeben wird, spricht man von einer Pejorisierung des Ausdrucks.

Eine Parallele zu dem erwähnten **Euphemismus** von *mutig* gibt es in der Entwicklung von *frech*. Die zentralen Verwendungsweisen dieses Ausdrucks im Mhd. entsprechen am ehesten unserem *mutig* oder *kühn*. Daneben gibt es aber schon mhd. eine offensichtlich euphemistische Verwendung im Sinne unseres *unverschämt* (z.B. *freche zunge*). Seit dem 16. Jahrhundert belegt das DWb (4, 92) fast ausschließlich die heutige Verwendungsweise, ohne daß dabei noch ein euphemistischer Charakter zu erkennen wäre. Bemerkenswert ist, daß von diesem Gebrauch ausgehend wieder positiv bewertende

Verwendungen in der Modewerbung oder der Fußballberichterstattung möglich sind wie z.B. *fröhlich freche Modehits* oder *Frecher Auftritt eines Not-Teams* (Belege von 1985).

Eine pejorative Entwicklung läßt sich auch beim Adjektiv *einfältig* zeigen. Im Mhd., insbesondere im Gebrauch der Mystiker, wird mit *einfaltec* eine positive Bewertung eines Menschen nach dem christlichen Ideal der *simplicitas* (Einfachheit, Schlichtheit) ausgedrückt. Diese Verwendungsweise hat eine Tradition über die Bibelsprache und den Pietismus bis in die Bildungssprache des 18. Jahrhunderts (vgl. Langen 1974, 97f.). Im 18. Jahrhundert gibt es dann, z.T. als Reaktion auf die Einfältigkeits-Mode, ironische oder euphemistische Verwendungen. Gestützt auf die Annahme, daß die Tugend der Einfalt leicht mit mangelnder geistiger Differenziertheit erkauft wird, konnte man *einfältig* sagen und damit ›ahnungslos‹ oder ›naiv‹ meinen. Ähnliche Verwendungen gibt es bei den bedeutungsverwandten Ausdrücken *naiv, schlicht, unschuldig, unverbildet.*

Es fällt auf, daß bestimmte pejorative Entwicklungen immer wieder auftreten. So schreibt Schuchardt (1928, 146): »Denn der Bedeutungswandel »unglücklich« > »schlecht«, »böse« ist einer der häufigsten, die es überhaupt gibt, und gerade das Französische zeigt ihn in hellster Beleuchtung«. Als Beispiel gibt er: *méchant* afrz. ›unglücklich‹, frz. ›böse‹ (vgl. auch Jaberg 1903, 45). Ein Beispiel aus der Geschichte der deutschen Sprache ist *elend* ›unglücklich‹ und ›übel‹ (*ein elender Schuft*). Diese Entwicklungen deuten auf das Vorhandensein bestimmter Stereotype zum Zeitpunkt dieser Veränderungen hin. – Einige weitere Beispiele für die Entwicklung negativ bewertender Verwendungsweisen von Adjektiven im Deutschen sind *albern, brav, dreist, eitel, erbärmlich, gemein, schlecht.* (Weitere Beispiele u.a. bei Jaberg 1901, 1903, 1905; Blank 1997, 333ff.).

5.3.11 *sehr schön, schrecklich lustig* – die Entwicklung von Intensivierern

Adverbien wie *sehr* in *sehr schön* werden als Gradadverbien oder Intensivierer bezeichnet (vgl. Os 1988). Das Bedürfnis nach neuen Intensivierern läßt sich im Laufe der Geschichte der deutschen Sprache fast kontinuierlich nachweisen. In der heutigen deutschen Umgangssprache zeigt sich diese Tendenz sehr deutlich. Das beweisen Ausdrücke wie *brutal/total/tierisch gut.* Ein verbreitetes Verfahren zur Gewinnung neuer Intensitätswörter kann man folgendermaßen beschreiben. Man nimmt als Basis ein Adjektiv, das zur Kennzeichnung eines hohen Wertes in einer Skala verwendet wird und ordnet es in adverbialer Funktion einem Bewertungsadjektiv zu: *traumhaft schön*, *echt lustig*. Besonders bemerkenswert sind die Fälle, bei denen ein Adjektiv, das normalerweise der negativen Bewertung dient, als Intensivierer auch für positive Bewertungen verwendet wird (*furchtbar nett*). Häufig ist die Verwendung eines bestimmten Intensivierers zunächst auf bestimmte Verbindungen beschränkt und verbreitet sich von dort auf andere Verwendungszusammenhänge, im Mhd. z.B. von *sêre wunt* (›schmerzhaft verwundet‹ > ›stark verwundet‹) zu *sêre scharph* (›sehr scharf‹, von Zähnen). Die ältesten Intensivierer sind ahd. *thrato*, *filu* (mhd. *vil* ›viel‹; ahd. und mhd. der häufigste Intensivierer) und *harto* (mhd. *harte* ›hart‹, ›schwer‹). Weitere mhd. Adverbien, die im Sinne von *sehr* verwendet werden, sind, neben *sêre*, *vaste* (›fest‹), *starke*, *gar* (›vollständig‹) und *hôch* (vgl. Fritz 1934, Biener 1940). 1663 kritisierte Schottel in seiner »Teutschen Haubt-Sprache« Fügungen wie *schrecklich lustig* und *grausam froh* (Schottel 1663, 780). Spätestens seit dem 19. Jahrhundert haben folgende Ausdrücke intensivierende Verwendung: *ungeheuer* (»studentisch«, DWb 24, 699), *unheimlich, furchtbar, schwer, saumäßig* (»vulgär«), in der süddeutschen Umgangssprache *arg* (*arg schön*). Um 1900 waren gebräuchlich: *scheußlich hübsch, feierlich häßlich, häßlich schön* (vgl. Biedermann 1969, 127f.).Wie die einleitenden Beispiele zeigen, ist das Verfahren heute weiterhin produktiv. Auch die Tradition der Ablehnung dieser Verwendungsweisen durch Sprachkritiker ist weiterhin lebendig. Ein neueres Beispiel im Englischen erwähnt Milroy (1992, 198): die Verwendung von *well* als Intensivierer (*well nice*, *well happy*) und die Übernahme dieser Londoner Innovation durch Jugendliche in Sheffield.

5.3.12 *bald* und *schnell* – zur Entwicklung von Schnelligkeitswörtern

Stern (1931, 185-191) beobachtete, daß sich im Englischen bei Adverbien, die im Sinne von *schnell* verwendet werden, auch die Verwendungsweise im Sinne von *sofort* entwickelt. Allerdings hat nach Sterns Beschreibung diese Generalisierung nur für diejenigen Adverbien Gültigkeit, die bis zum Jahre 1300 die Verwendung im Sinne von *schnell* entwickelt haben. Nach 1300 verschwindet nach Sterns Auffassung diese Tendenz. Die Basis dieser Entwicklung sieht er in Fällen wie dem folgenden: Wenn jemand schnell – d.h. mit hoher Geschwindigkeit – zu einem anderen hinreitet, dann kann man annehmen, daß dieser Vorgang schnell – d.h. in kurzer Zeit – abgeschlossen ist. Diese Annahme erlaubt es, einem Satz mit einem Geschwindigkeitsadverb eine temporale Deutung zu geben *Er ist schnell zu ihm hingeritten* (›... sofort ...‹). Diese Deutung, die zunächst bei Verben mit einer perfektiven Lesart wie *hinreiten* naheliegt, kann dann auch auf durative Verben übertragen werden (z.B. *gehen*). Eine Begründung für die zeitliche Einschränkung des von ihm beobachteten Zusammenhangs von Verwendungsweisen gibt Stern nicht. Diese Einschränkung ist in der späteren Forschung auch skeptisch beurteilt worden.

Für das Deutsche hat Oksaar (1958), angeregt durch Stern, aber auch in Auseinandersetzung mit der Wortfeldtheorie, eine materialreiche Untersuchung zur Geschichte der Schnelligkeitswörter vorgelegt. Eine zentrale Rolle spielt in dieser Untersuchung die Verbindung von Adverbien mit Fortbewegungsverben. Ich will nur einige Ergebnisse dieser Arbeit hervorheben.

1. Den von Stern beobachteten Zusammenhang beschreibt sie folgendermaßen: Bei Adverbien der »linearen Schnelligkeit« (*schnell rennen*) zeigt sich schon seit dem Ahd. die Verwendung zur Kennzeichnung der »punktuellen Schnelligkeit« (›sofort‹). »Schnelligkeitswörter haben also immer dann die zeitliche Komponente, wenn die Situation derartig ist, dass nicht der Verlauf, sondern Anfang oder Ende eines Tatbestandes in den Vordergrund rückt« (ebd., 499). Diese Sichtweise ist besonders bei Befehlen deutlich (*Komm schnell!*). Im Falle von *bald* wird ein Adverb, das noch fnhd. beide Verwendungsweisen zeigt, später nur noch für die punktuelle Schnelligkeit verwendet.

2. Oksaar weist auf verschiedene Entwicklungspfade hin, die zur Verwendung als Schnelligkeitswort führen. Aus dem Bereich der Zuschreibung von Stärke, Kraft oder Tatkraft stammen *geschwind, schnell, bald*. »Der Übergang von (*ge*)*swinde* zum Schnelligkeitsadverb erfolgt bei Verben, zu denen es als intensivierendes Adverb tritt« (ebd., 493). Ein ursprünglicher Intensivierer ist auch ahd. *thrato* > mhd. *drâte* ›schnell‹. Ursprünglich ein Geschicklichkeitsadverb ist *behende* (ebd., 415); auf Verwendungsweisen aus dem räumlichen Bereich gehen *stracks* (mhd. ›geradeaus‹), mhd. *zestete* und *auf der Stelle* zurück. Mehrere Ausdrücke, die besonders heftige Bewegungen kennzeichnen, werden zeitweise vorwiegend auf unangenehme Ereignisse angewendet (*geschwind, jäh, plötzlich*; ebd., 194).

3. Ein Entwicklungspfad, der von Schnelligkeitswörtern ausgeht, ist der zu ›beinahe‹. Bei Ausdrücken wie *bald* ›in kurzer Zeit‹ entwickelt sich in mehreren Fällen eine Verwendung im Sinne von *beinahe*: mhd. *schiere, bald*, schwäbisch *schier, gleich*, rheinisch *hurtig* (ebd., 496f.).

5.4   Partikeln

5.4.1   Partikelkategorien und Partikelentwicklungen

Die nichtflektierbaren Ausdrücke werden von verschiedenen Grammatikern des Deutschen als eine Sammel-Wortklasse aufgefaßt und als Partikeln bezeichnet (z.B. Duden-Grammatik 1984, 345; zum Problem der Klassifikation von Partikeln vgl. Eisenberg 1994, 206-208, Meibauer 1994, 22-25). Nach ihren syntaktischen und semantischen Eigenschaften lassen sich verschiedene Teilklassen der Partikeln unterscheiden, wobei allerdings die Unterscheidungskriterien und die Zuordnung von einzelnen Ausdrücken zu bestimmten Kategorien nicht unumstritten sind. Nach gängigen Einteilungen sind die wichtigsten Teilklassen der Partikeln: Adverbien, Konjunktionen, Präpositionen, Modal- oder Abtönungspartikeln, Gradpartikeln und Interjektionen. In vielen Fällen lassen sich die einzelnen Ausdrücke mehreren Kategorien zuordnen. Dafür einige Beispiele: *schon* läßt sich als Temporaladverb (1), als Modalpartikel (2) und als Gradpartikel (3) klassifizieren, *doch* als Satzwort (4), als Adverb (5), als Konjunktion (6) und als Modalpartikel (7):

(1) Schon hatte er es geschafft.
(2) Du wirst es schon schaffen.
(3) Schon Caesar hat das geschafft.
(4) A: Fährt sie nicht mit dem Fahrrad? B: Doch.
(5) Es hat geregnet, und doch ist sie mit dem Fahrrad gefahren.
      (*doch* betont)
(6) Es regnet, doch sie fährt unbeirrt mit dem Fahrrad.
(7) Sie fährt doch immer mit dem Fahrrad. (*doch* unbetont)

Diese Zuordnungsvielfalt wird manchmal so gedeutet, daß es sich hier um unterschiedliche Ausdrücke handelt, die mehr oder weniger zufällig dieselbe Lautform zeigen (sog. Homonyme). Eine derartige Auffassung ist schon in synchronischer Perspektive wenig attraktiv, da sie eine Suche nach möglichen semantischen Beziehungen und kategorialen Übergängen von vornherein ausschließt. In historischer Perspektive ist sie ganz verfehlt, denn unter diesem Gesichtspunkt möchte man ja gerade fragen, wie sich das syntaktische und semantische Spektrum dieser Ausdrücke entfaltet hat, womit auch die Frage nach der Genese der Partikelkategorien verbunden ist. Die zahlreichen Übergänge von einer Partikelkategorie zur anderen (Adverb zu Konjunktion, Adverb zu Präposition, Präposition zu Konjunktion usw.) in der historischen Entwicklung zeugen von der Offenheit dieser Kategorien. In einem Verwendungsspektrum wie dem von *doch*, das durch die Beispiele (4) bis (7) angedeutet ist, oder auch von *ja* kann man die Spuren der historischen Entwicklung sehen (Heringer 1988, 731; vgl. 5.4.3).

Manche dieser Partikeltypen sind erst in der neueren Forschung genauer untersucht worden, so etwa die Abtönungs- oder **Modalpartikeln** oder die **Gradpartikeln**. Nachdem diese Arten von Partikeln einmal ins Gesichtsfeld der Wissenschaft gerückt waren, folgten bald auch Untersuchungen zu ihrer Geschichte (z.B. Hentschel 1986 zu den Modalpartikeln oder König 1989 zu den Gradpartikeln). Allerdings gibt es hier noch einen großen Forschungsbedarf. Wie Meibauer (1994, 241) resümierend feststellt, ist bis heute »für keine einzige Modalpartikel ihre Entwicklungsgeschichte wirklich bekannt«. Andere Partikeltypen sind gerade in historischer Perspektive seit mehr als hundert Jahren Gegenstand der Forschung und gehören zu den besterforschten Gegenständen der historischen Grammatik und Semantik. Dies gilt insbesondere für die Konjunktionen.

Ähnlich wie bei den Modalverben hat es in den letzten Jahren eine Renaissance der Forschung zur historischen Entwicklung der Partikeln gegeben, und zwar vor allem unter dem Gesichtspunkt der Grammatikalisierung. Im Rahmen dieses Forschungsprogramms sind viele traditionelle Untersuchungsergebnisse wieder aufgegriffen und z.T. in neue theoretische Zusammenhänge gestellt worden. Im folgenden skizziere ich exemplarisch einige besonders interessante Entwicklungslinien und die Bedingungen dieser Entwicklungen.

5.4.2 Konjunktionen

Die Verwendung von Konjunktionen spielt eine wichtige Rolle bei kommunikativen Handlungen wie dem Erklären, Begründen, Folgern und Argumentieren. Konjunktionen tragen dazu bei, komplizierte Gedankenverhältnisse zu verdeutlichen, sind also ein Mittel der Explizitheit. Die semantische Entwicklungsgeschichte der Konjunktionen ist also gleichzeitig ein Teil der Geschichte des Erklärens, Begründens usw. Die vielfältigen historischen Veränderungen in diesem Bereich sind auffallend. Sie deuten möglicherweise darauf hin, daß hier ein langfristiger Konflikt besteht zwischen der ökonomischen Möglichkeit, *eine* Konjunktion für verschiedene kommunikative Aufgaben zu nutzen, und andererseits der Anwendung des kommunikativen Prinzips der Eindeutigkeit, nach dem es günstig ist, bestimmte Funktionen jeweils mit *einer* Konjunktion zu realisieren. Aufgrund dieses Konflikts wurden immer wieder neue Ausdrücke zumindest für eine Weile erprobt. – Wie schon erwähnt, ist die historische Semantik der Konjunktionen ein traditionelles Thema der historischen Sprachwissenschaft, das in zahlreichen Untersuchungen bearbeitet wurde. So konnte schon Otto Behaghel in seiner »Deutschen Syntax« (Bd. III, 1928) auf vielfältige Vorarbeiten zurückgreifen, als er auf etwa 300 Seiten seines Werks die Geschichte der Konjunktionen behandelte. Dort formulierte er u.a. auch Generalisierungen in bezug auf semantische Entwicklungspfade im Bereich der Konjunktionen, die dem heutigen Interesse an Entwicklungsregularitäten besonders entgegenkommen. Ein Beispiel ist sein Hinweis darauf, daß ursprüngliche Ausdrücke für Temporalverhältnisse häufig Ausgangspunkt sind für die Verwendung zur Kennzeichnung von anderen propositionalen Beziehungen: »Daß aus Temporalsätzen sich Konditionalsätze, Kausalsätze, Konzessivsätze entwickeln, ist etwas ganz Gewöhnliches« (Behaghel 1928, 313).

Für das Verständnis der Entwicklung von Konjunktionen zum Ausdruck bestimmter Satzverknüpfungen ist es wichtig zu sehen, daß derartige Satzverknüpfungen häufig auch ohne Konjunktionen zum Ausdruck gebracht werden können, nur aufgrund der ausgedrückten Propositionen und des gemeinsamen Wissens der Gesprächsteilnehmer. So kann etwa eine Satzfolge wie (1) nach verschiedenen Verknüpfungsmustern gemeint und gedeutet werden, u.a. temporal (»und dann«, »und gleichzeitig«) oder, weitergehend, kausal – und zwar in zwei verschiedenen Varianten (»und deshalb« oder »denn«):

(1)   Die Mutter schimpfte. Der Sohn spielte Klavier.

Diese Möglichkeit von weitergehenden Implikaturen bzw. Deutungen kann nun auch bei Verknüpfungen mit Konjunktionen genutzt werden, so daß z.B. eine Verknüpfung mit einer temporalen Partikel okkasionell kausal verwendet werden kann. Auf diese Weise sind temporale Partikeln prinzipiell eine mögliche Quelle für die Entwicklung von kausalen Partikeln.

Wenn wir das Entwicklungspotential bestimmter Partikeln bestimmen (temporal > kausal, konditional > konzessiv), so tragen wir damit zum Verständnis der Entstehung von neuen Varianten bei. Dies ist *eine* wichtige Frage in der historischen Semantik der Partikeln. Aber diese Frage erschöpft nicht, was uns an den tatsächlichen historischen Entwicklungen erklärungsbedürftig erscheint. Diese Entwicklungspotentiale werden nämlich vielfach genutzt, so daß sich z.B. im Fnhd. komplexe Konkurrentengruppen von kausalen Konjunktionen bilden. Arndt (1959, 396) spricht von einer »auf den ersten Blick überraschenden und verwirrenden Vielfalt der ständig neuen Versuche«, von einem »buntschillernde(n) Mit-, Neben-

und Gegeneinander im Bereich der begründenden Konjunktionen, das uns in frühneuhochdeutscher Zeit entgegentritt«. Dieser Befund führt zu einer der anderen Grundfragen der historischen Semantik: Wie funktioniert die Selektion einzelner Einheiten und wie entstehen aus scheinbarem Chaos Systemansätze? Konkret heißt das etwa: Wie kommt es, daß spätestens bis zum 18. Jahrhundert *weil* die prototypische kausale Konjunktion wird, und wie kommt es, daß sich in der heutigen Schriftsprache ein Kernsystem mit den funktional differenzierten Ausdrücken *weil*, *da* und *denn* eingespielt hat? Diese Frage hat ihrerseits verschiedene Aspekte, z.B. welchen funktionalen Nutzen bringt die Verwendung eines bestimmten Ausdrucks gegenüber der Verwendung eines anderen, und wie verbreitet sich eine Präferenz für einen Ausdruck oder ein System über unterschiedliche Sprechergruppen, Textsorten und Regionen?

Einen ersten Eindruck von den Entwicklungen im Bereich der Konjunktionen geben die Übersichtstabellen zur Systementwicklung im Ahd. und vom 12. – 14. Jahrhundert in Wolf (1981, 101 und 207) sowie die Vergleichstabelle für zwei »Tristan«-Texte des 12. und 15. Jahrhunderts in Betten (1987, 90).

5.4.2.1 *weil, nachdem* – zur Geschichte von kausalen Konjunktionen

Wie Behaghel in seiner Generalisierung formuliert hat, und wie das folgende Beispiel (2) plausibel macht, sind temporale Partikeln eine wichtige Quelle für die Entwicklung von kausalen Partikeln. Dabei eignen sich unterschiedliche temporale Ausdrücke und Verwendungsweisen als Ausgangspunkt für kausale Verwendungen. Ein häufig beobachteter Entwicklungspfad von temporal zu kausal beruht, so nimmt man an, auf einem gängigen Muster alltäglichen Schlußfolgerns, dem Muster *post hoc, ergo propter hoc* (›nach diesem Ereignis, also wegen dieses Ereignisses‹). Ein Beispiel habe ich schon in 3.2.5 angeführt:

(2) Nachdem das Azorenhoch wirksam wurde, besserte sich das Wetter.

Dieses Satzgefüge kann man in zweierlei Weise verstehen, rein temporal, wobei nur das zeitliche Nacheinander der Ereignisse behauptet wird, und kausal, wobei zusätzlich noch zu verstehen gegeben wird, daß das erste Ereignis die Ursache des zweiten Ereignisses sei. Das weitergehende Verständnis kann man als konversationelle Implikatur auf der Grundlage des ersten rekonstruieren. Die Implikatur setzt die Annahme voraus, daß ein Azorenhoch (oft) die Ursache für eine Wetterbesserung ist. (Die stärkere Annahme, daß generell ein erstes Ereignis Ursache eines darauffolgenden ist, ist natürlich falsch und führt zu dem formal nicht-gültigen Schluß des *post hoc, ergo propter hoc*). Diese Art von Implikatur ist für uns naheliegend und war es offensichtlich schon in früheren Zeiten, so daß sich für Sätze wie (2) leicht eine kausale Deutung einspielen konnte. Beispiele sind Sätze mit englisch *since*, mhd. *sît*, nhd. *da* und – unser Beispiel – *nachdem*. Die Konventionalisierung dieser Deutungsmöglichkeit führte dazu, daß diese Ausdrücke zumindest zeitweise gleichzeitig eine temporale und eine kausale Verwendungsweise hatten, wie es heute beim deutschen *nachdem* und beim englischen *since* der Fall ist – letzteres seit dem Altenglischen. Ebenso war es im Mhd. bei *sît*, wie folgende Beispiele verdeutlichen:

(3)   und sît ich disen man gesach   (Gottfried, »Tristan« 986)
      ›und seitdem ich diesen Mann gesehen habe, ...‹
(4)   sît ez niht bezzer werden kan   (Gottfried, »Tristan« 4982)
      ›da es nicht besser werden kann‹

Die Erklärung dieses Entwicklungspfads wird in neueren Darstellungen bisweilen der neueren Literatur der 70er und 80er Jahre zugeschrieben – so z.B. in Traugott/König (1991, 194f.). Tatsächlich ist sie schon bei Roemheld (1911, 48) und Behaghel (1928, 249) nachzulesen.

   Eine verwandte Implikatur beruht auf dem Zusammenhang zwischen der Gleichzeitigkeit und der Verursachung bzw. Begründung von Zuständen: Ahd. *die wîla so* (mhd. *die wîle*, fnhd. *weil*) wurde zunächst verwendet im Sinne von *so lange als*. Auch hier liegt die Möglichkeit einer kausalen Implikatur nahe: Wer behauptet, daß er zuhause bleibt, solange es regnet, kann damit zusätzlich zu verstehen geben, daß er zuhause bleibt, weil es regnet. Insofern ist es nicht überraschend, daß seit dem Mhd. die Verwendung von *die wîle* zum Signalisieren einer Begründung belegt ist. Bis ins 17. Jahrhundert hat *weil* nebeneinander die temporale und die kausale Verwendungsweise. Dann wird die temporale Verwendungsweise aufgegeben (vgl. Behaghel 1928, 341f.). An dieser Stelle ist ein differenzierender Hinweis nützlich. Während der eben beschriebene Entwicklungsgang der traditionellen Deutung der Entwicklung von *weil* entspricht, betont Arndt (1959, 400f.), daß der Ausdruck *weil* im Fnhd. nicht nur im Sinne von nhd. *als* oder *während* verwendet wurde, sondern auch im Sinne von *nachdem, obwohl* und *wenn*. Von all diesen Verwendungsweisen aus konnte der Bedeutungsübergang zu einer kausalen Verwendungsweise erfolgen. In dieser Möglichkeit vielfacher Übergänge zur kausalen Verwendungsweise liegt vielleicht einer der Gründe für den Erfolg dieses Ausdrucks. Fast denselben Entwicklungsgang wie *weil* nimmt *da*, allerdings 200 Jahre später. Erst gegen Ende des 17. Jahrhunderts findet sich *da* in größerem Umfang als begründende Konjunktion, vor allem in wissenschaftlichen Texten (vgl. Arndt 1960). Eine verwandte Erscheinung ist die temporale und kausale Verwendung von *als* im Fnhd., die jedoch nur punktuell zu belegen ist (vgl. Rieck 1977, 226). Bemerkenswert ist, daß *bis* und das ältere *unz(e)*, die beide zeitweise auch im Sinne von *solange* und *während* verwendet werden, keine kausalen Verwendungen zeigen (vgl. Schieb 1959). Zum komplizierten Entwicklungsweg der Konjunktion bzw. des Adverbs *denn* vgl. Roemheld (1911), Stuckrad (1957) und Eroms (1980).

Wenn wir nun von den einzelnen Ausdrücken auf die gesamte **Systementwicklung** blicken, so können wir die Entwicklung vereinfachend folgendermaßen skizzieren: Im Ahd. ist zunächst *wanta* (in verschiedenen Lautformen) die prototypische kausale Partikel. Im späten Ahd. kommt *sid* (mhd. *sît*) dazu. Im klassischen Mhd. spielt *sît* eine ähnliche Rolle wie unser heutiges *da* (häufig im Vordersatz eines Satzgefüges, zum Signalisieren unkontroverser Fakten), während *wan* eine Art Doppelrolle spielt, nämlich – aus heutiger Sicht – sowohl die Rolle des heutigen *weil* (mit Verb-Letzt-Satz) als auch des heutigen *denn* (mit Verb-Zweit-Satz). Diese Verteilung werde ich im nächsten Abschnitt noch näher erläutern. Im Laufe des Fnhd. kommen neue kausale Konjunktionen dazu, *weil*, *dann/denn*, *da*, *weilen*, *alldieweil*, *sintemal*, *darumb das*, *wegen* (aus der Präposition entwickelt), *ursach* (aus dem Substantiv entwickelt) und andere, von denen sich aber nur *weil*, *denn*, *da* auf Dauer in der Schriftsprache halten. Die Gesamtentwicklung zum kausalen Konjunktionssystem der gegenwärtigen Schriftsprache skizziert Eroms (1980). Dabei berücksichtigt er auch die funktionalen Besonderheiten der Konjunktionen *weil*, *da* und *denn*. Zu *denn* und *da* in der Gegenwartssprache vgl. auch Redder (1990).

Einen interessanten Einzelaspekt will ich kurz herausgreifen, nämlich die Entwicklung von Möglichkeiten zur Unterscheidung von sog. Sachverhaltsbegründung und sog. Äußerungsbegründung, die sich mit folgenden Beispielen illustrieren läßt:

(5)   Das Licht brennt nicht, weil die Birne kaputt ist.
(6)   Er kommt vermutlich nicht, denn sein Auto ist nicht da.

Mit (5) kann man erklären, warum das Licht nicht brennt, und mit (6) kann man begründen, warum man die erwähnte Vermutung hat bzw. äußert. An dieser Stelle will ich vernachlässigen, daß diese Unterscheidungsmöglichkeit nicht ganz so reinlich praktiziert wird, wie ich durch die Wahl der Beispiele suggeriert habe. Bemerkenswert ist nun, daß es schon im Ahd. Ansätze gibt, eine derartige Unterscheidung durch die Verwendung von *sid* einerseits und *wanta* andererseits auszudrücken. Für das Mhd. scheint *sit* weiterhin der Sachverhaltsbegründung zu dienen, allerdings kann dafür auch *wande* (im Vordersatz, mit Verb-Letzt) verwendet werden. Zur Äußerungsbegründung wird *wande* mit Verb-Letzt im nachgestellten Satz oder *wande* mit Verb-Zweit verwendet. Wenn diese Beschreibung zutrifft, dann gibt bei *wande* mit Verb-Letzt-Satz die Voranstellung bzw. Nachstellung des *wande*-Satzes einen Hinweis auf die Deutung des Satzes. Im Lauf der weiteren Entwicklung löst in der Schriftsprache *denn* (mit Verb-Zweit) *wan(de)* (mit Verb-Zweit) ab, während *weil* das *wan(de)* mit Verb-Letzt ablöst. Dabei ist *weil* – so könnte man stark vereinfachend sagen – darauf spezialisiert, die Erklärung von Sachverhalten zu signalisieren und *denn* die Begründung von Annahmen. Wir haben im Nhd. also eine Lösung dieser Differenzierungsaufgabe, bei der das jeweilige Lexem in Verbindung mit einer charakteristischen Verbstellung die Differenzierung leistet, d.h. wir sehen eine doppelte Markierung. Seit etwa 1970 beobachten Linguisten eine Tendenz, *weil* überregional in der Umgangssprache auch mit Verb-Zweit-Satz zu verwenden – wie in süddeutschen Dialekten schon früher. Dieser Verbstellungsunterschied kann nun dazu genutzt werden, unterschiedliche Formen der textuellen Verknüpfung zu signalisieren (vgl. Günthner 1993). Er könnte aber auch dazu dienen, Erklärung eines Sachverhalts und Begründung einer Annahme zu differenzieren, wie der Vergleich von (6) mit (7) zeigt:

(7) Er kommt vermutlich nicht, weil sein Auto ist nicht da.

Da *denn* ebenso wie *da* in der gesprochenen Sprache nicht gebräuchlich ist, sehen wir für die Umgangssprache die Möglichkeit einer ähnlichen Lösung der Differenzierungsaufgabe wie im Mhd.: *Ein* Lexem ermöglicht durch die Kombination mit unterschiedlichen Stellungstypen zwei Deutungsmöglichkeiten. (Zur neueren Entwicklung vgl. auch Keller 1995, 239ff., Wegener 1993).

Eine umfassende Darstellung der Entwicklungsgeschichte der Ausdrücke zur Kennzeichnung von Begründungen und Erklärungen (einschließlich der Adverbien wie *deshalb, deswegen, daher*, der Partikeln wie *ja* und *nämlich*, der Präpositionen wie *wegen* und *aufgrund* usw.) gibt es bisher noch nicht. Bei all diesen Ausdrücken wären weitere Untersuchungen zu regionalen und Textsortenaspekten der Entwicklungsgeschichte wünschenswert.

5.4.2.2 ob und *wenn* –
zur Geschichte von konditionalen Konjunktionen

Ein typisches Konditional, auch Bedingungsgefüge genannt, kann mit folgendem Satz ausgedrückt werden:

(8)   Wenn Ernst da ist, dann ist auch Christiane da.

Hier wird – nach einem Verständnis dieser Satzverwendung – nicht ausgedrückt, daß Ernst da ist oder daß Christiane da ist, sondern daß es nicht der Fall ist, daß Christiane nicht da ist und Ernst da ist. Dieses Verständnis des Satzes ist die Grundlage für die Definition des Konditionals in der Aussagenlogik, z.B. bei Frege. Es gibt aber auch andere Verständnisse von Konditionalsätzen wie (8), die man etwa mit (9) – (11) verdeutlichen könnte:

(9)   Ist Ernst da? Dann ist auch Christiane da.
(10) Ernst ist da. Dann ist auch Christiane da.
(11) Wann immer Ernst da ist, ist auch Christiane da.

Weiterhin gibt es die sog. kontrafaktischen Konditionale, die mit Sätzen wie (12) ausgedrückt werden können:

(12)   Wenn Ernst da wäre, wäre auch Christiane da.

Gemeinsam ist diesen Beispielen, daß ein bestimmter Sachverhalt als relevant für einen zweiten Sachverhalt präsentiert wird. Die Beispiele lassen aber auch erkennen, daß die Verwendung von Sätzen, mit denen man Konditionalzusammenhänge ausdrücken kann, ganz verschiedene Aspekte hat (Ausdruck von Faktizität vs. Nicht-Faktizität, Wissensstand: Unsicherheit, Frage nach einem Sachverhalt/Thematisierung eines Sachverhalts usw.). Und diese Aspekte spiegeln sich auch historisch in der Wahl der Kandidatenausdrücke für eine konditionale Verwendung. Damit besteht einer der interessantesten Gesichtspunkte einer Geschichte der Mittel zum Ausdruck von Konditionalen darin herauszufinden, aus welchen Arten von Ausdrücken sich im Lauf der Geschichte die Konditionalkennzeichner rekrutieren, und dabei zu verfolgen, welche Aspekte von Konditionalen sich in den Entwicklungspfaden zu den konditionalen Verwendungen hin zeigen. Überlegungen zu dieser Frage, die sich allerdings nur punktuell aufs Deutsche beziehen, finden sich in Traugott (1985b). An einigen Beispielen will ich andeuten, wie sich in den verschiedenen Ausgangspunkten für Konditionalmarker des Deutschen unterschiedliche Aspekte von Konditionalen zeigen (z.B. Unsicherheit, Zeitpunkt oder Ort der thematisierten Situation, Wahl/ Thematisierung eines relevanten Falles):

(i) Es wird mit dem Vordersatz eines Konditionalgefüges ein Sachverhalt thematisiert, von dem unsicher ist, ob er gegeben ist, der aber den im Nachsatz angegeben Sachverhalt zur Folge hätte, *falls* er gegeben wäre. Zu diesem Zweck ist geeignet: die Verb-Erst-Stellung, d.h. die typische Fragesatzstellung, oder ein Fragewort (ahd./mhd. *ob*) oder ein epistemisches Modalverb (*sollte*), wie in folgenden Beispielen:

(13) Denk ich an Deutschland in der Nacht, Dann bin ich um den Schlaf gebracht   (Heine, »Nachtgedanken«)

(14) *ob* wir iht haben vriwende, di werdent sciere besant   (»Nibelungenlied«, 57.4)
     ›wenn wir irgendwelche Freunde haben, so werden die sofort durch Boten herbeigerufen‹

(15) *Sollte* dieser Fall eintreten, müssen wir sofort reagieren.

ob (*oba, ube*) – verwandt mit engl. *if* – ist im Ahd. der prototypische Konditionalmarker, dient aber gleichzeitig auch der Kennzeichnung der indirekten Frage. Es ist denkbar, daß dieser Ausdruck ursprünglich ein reiner Fragemarker war (vgl. Behaghel 1928, 233).

(ii) Man kennzeichnet die bedingende Situation durch die Angabe eines Zeitpunkts, zu dem etwas der Fall ist. Zu diesem Zweck eignen sich ursprüngliche Zeitadverbien wie mhd. *swenne* – der Vorläufer unseres *wenn* – oder *da*, das fnhd. auch konditional verwendet wird:

(16) sît gewis, *swenn* ir uns komet, ir werdet hôhe empfangen (Walther 28.13)

(17) *da* sie mit dergleichen Reuers versehen / wolten sie wegen des Landtags ein 8. oder 14. tag sich gedulten (»Aviso« 1609, 155.1f.)
     ›wenn sie – die böhmischen Stände – eine derartige Bestätigung hätten, würden sie sich noch 8 oder 14 Tage gedulden‹

Ähnlich entwickelt sich aus der »zeitlich bedingenden Bedeutung« von *so* eine konditionale Verwendungsweise (Behagel 1928, 288):

(18) *sô* si gedâht an Helchen, daz tet ir innéclîche wê (»Nibelungenlied«, 1161.4)
     ›wenn sie an Helche dachte, schmerzte sie das zutiefst‹

(iii) Man verweist mit einem Lokaladverb auf eine bedingende Situation:

(19) *wo* herzenlieb beinander ist,
     da durt die nacht ain ougen blick (Oswald von Wolkenstein, 90.15f.)

(iv) Es wird ein bestimmter Fall angenommen, um die Konsequenzen dieser Möglichkeit zu betrachten. Dies kann signalisiert werden durch die Verwendung von Ausdrücken wie *angenommen* oder *falls*.

(20) *Angenommen/falls* es regnet, (dann) spielen wir in der Halle.

Zwei weitere, unerwartete Kandidaten für konditionale Verwendung sind *daß* und *und* (vgl. Behaghel 1928, 146f. und 309ff.).

Man kann nun aber auch umgekehrt fragen, welche semantischen Entwicklungen Konditionalmarker ihrerseits erfahren. Eine einschlägige Beobachtung zu diesem Thema machte schon Hermann Paul in seiner »Deutschen Grammatik«: »Die wichtigste Umwandlung der Bedingungssätze ist die zu Konzessivsätzen« (Paul 1920b, 277). Dafür ist die konzessive Verwendung von *ob* ein gutes Beispiel (vgl. 5.4.2.3). Andere Entwicklungspfade führen zu temporalen Verwendungen, wie beim Gebrauch von *wo* in süddeutschen Mundarten, der nach Behaghel (1928, 351) auf die konditionale Verwendungsweise zurückgeht (z.B. schwäbisch *won I den gsä hau*, ›als ich ihn sah‹). Eine andere Weiterentwicklung ist die thematisierende Verwendung von *wenn*-Sätzen:

(21) Wenn Wittgenstein bestreitet, daß es eine physiologische Entsprechung psychologischer Phänomene gibt, so leugnet er nicht, daß ...

Auch hier stellt sich die Frage: Wie entwickelt sich das System als ganzes? Die auffallendste Entwicklung ist die Verbreitung des konditionalen *wenn* im Mhd. und die dadurch gegebene Konkurrenz von *ob* und *wenn* – sowie *so* und *wo* im späten Mhd. – und die Ablösung von *ob* durch *wenn* im 15. Jahrhundert.

5.4.2.3 *obwohl, wiewohl* – zur Geschichte konzessiver Konjunktionen

Eine besonders interessante Gruppe von Partikeln sind die konzessiven Konjunktionen (*obwohl, obgleich, wiewohl, auch wenn, selbst wenn*) und Adverbien (*trotzdem, dennoch, gleichwohl, doch, zwar*). Die traditionelle Bezeichnung »konzessiv« (d.h »einräumend«, »zugestehend«) deutet auf einen kommunikativen Zusammenhang hin, in dem ein Sprecher einem Gesprächspartner die Gültigkeit einer Proposition zugesteht, nicht aber eine Folgerung, die dieser vielleicht daraus ziehen möchte. Mit der Äußerung von (22) kann man einem Gesprächspartner einerseits die von ihm gemachte Behauptung oder Annahme zugestehen, daß A freundlich wirkt, gleichzeitig aber der von diesem Gesprächspartner möglicherweise akzeptierten Folgerung widersprechen, daß A (folglich) auch unserer Meinung ist.

(22) Obwohl A freundlich wirkt, ist sie nicht unserer Meinung.

In der Verwendung konzessiver Konnektive könnte man eine Standardlösung für die Realisierung dieser besonderen kommunikativen Strategie sehen. Allerdings gibt es auch häufig Verwendungen von Konzessivsätzen, die dieser prototypischen Kommunikationssituation nicht entsprechen, z.b. bei Berichten über eigene Entscheidungen (*Obwohl ich wußte, ...*).

Wenn wir die konzessiven Konjunktionen und Adverbien des Deutschen betrachten, so fällt zunächst einmal die relativ große Zahl von Ausdrücken auf, die für diese Verwendung in Frage kommen. Dieser Eindruck verstärkt sich noch, wenn man die Ausdrücke hinzunimmt, die im Laufe der Geschichte konzessive Verwendungsweisen hatten, heute aber nicht mehr oder nicht mehr in dieser Weise verwendet werden (z.b. *alein, doch, ob, so, swie, wo, die wil*; vgl. Mensing 1891, 75-80). Weiterhin ist bemerkenswert, daß es sich häufig um zusammengesetzte Formen handelt. Wenn man die Entwicklung überblickt, so drängt sich der Eindruck auf, daß sich für diesen etwas komplizierten semantischen Zusammenhang nicht leicht eine Standardform einspielen konnte. Behaghel geht so weit, zu behaupten, daß die konzessiven Verhältnisse zu denjenigen logischen Gebilden gehören, die sehr häufig in der Sprache keinen vollkommen angemessenen Ausdruck finden (Behaghel 1928, 157).

Für die Entstehung von Konzessiva gibt es eine Reihe von charakteristischen Entwicklungspfaden, von denen ich einen hier kurz darstellen will. Wie schon erwähnt, hatte Hermann Paul beobachtet, daß Konzessiva häufig auf Konditionale zurückgehen. Im Einklang damit bemerkte Rieck (1977, 233) zum Fnhd., daß der Bestand an konzessiven Konjunktionen weitgehend identisch ist mit dem der konditionalen. In neuerer Zeit hat König (1985) wieder auf diesen Zusammenhang aufmerksam gemacht und Parallelen im Englischen und Französischen gezeigt. Dabei kann man, Paul und König folgend, den Übergang von einer konditionalen Verwendung zu einer konzessiven folgendermaßen rekonstruieren:

(23) Konditional > Irrelevanzkonditional > Konzessiv

Unter »Irrelevanzkonditional« versteht König Verwendungen, die man mit *selbst wenn* paraphrasieren kann. Ein Beispiel für eine derartige Verwendung eines mit *ob* eingeleiteten Bedingungssatzes im Mittelhochdeutschen gibt Paul (1920b, 278):

(24) ich bestüende in doch durch aventiur, *ob* sîn âtem gæbe fiur
   (Wolfram, »Parzival« 137.17f.)
   ›ich würde ihm im Zweikampf gegenübertreten, selbst wenn er
   Feuer speien würde‹

Hier wird ein (kontrafaktisches) Konditional ausgedrückt und
gleichzeitig zu verstehen gegeben, daß die genannte Bedingung, die
normalerweise gegen den Zweikampf sprechen würde, kein Hindernis sein soll. Diese konversationelle Implikatur ist von der Konjunktion unabhängig, was man daran sieht, daß auch nicht-eingeleitete
Konditionalsätze konzessiv verwendet werden können.
   Der Übergang zur konzessiven Verwendung besteht darin, daß
keine Konditionalbeziehung mehr ausgedrückt wird. Es werden
beide Propositionen behauptet, und es wird die Annahme impliziert, daß man eine Unverträglichkeit zwischen den beiden ausgedrückten Propositionen sehen könnte bzw. eine unzutreffende Folgerung ziehen könnte, wie in folgendem Beleg aus Luthers Bibelübersetzung:

(25) und *ob* ich alber bin mit reden, so bin ich doch nicht alber in
   der erkenntnis (2. Korinther 11.6)
   ›obgleich ich unerfahren im Reden bin, bin ich doch nicht unerfahren in der Erkenntnis‹

Derartige Verwendungen von *ob* gibt es schon im Ahd.
   Die Annahme, daß man eine Unverträglichkeit zwischen den
beiden Propositionen sehen könnte, wird, wie in (25), schon ahd.
häufig durch ein *doch* im Hauptsatz ausgedrückt. Seit dem Fnhd.
wird dieser Gegensatz zumeist durch ein Wort wie *schon, wohl* oder
gleich verdeutlicht, wie in folgenden Belegen aus der Lutherbibel:

(26) und *ob* ich *schon* wandert im finstern tal, fürchte ich kein unglück (Psalm 23.4)
(27) und sie sollen auch dienen, *ob* sie *gleich* [...] große Könige sind
   (Jeremia 25.14)
(28) denn *ob* wir *wol* im fleisch wandeln, so streitten wir doch nicht
   fleischlicher Weise (2. Korinther 10.3)

Aus diesen Kombinationen entwickelten sich die zusammengesetz-
ten konzessiven Konjunktionen *obschon, obgleich, obwohl*, mit denen
man den Konzessivzusammenhang nicht mehr konversationell andeutet, sondern konventionell signalisiert.
   Andere Entwicklungspfade führen von Ausdrücken, die Konflikt,
Trotz und dergl. kennzeichnen zu konzessiven Partikeln (dt. *trotz,
trotzdem*, engl. *in spite of*, frz. *malgré*; vgl. König 1985, 268). Auf ei-

nen Ausdruck der Versicherung, mhd. *ze wâre* ›wahrhaftig‹, geht heutiges *zwar* zurück. Auch hinter letzterer Neuerungsmöglichkeit steckt offensichtlich die kommunikative Strategie, dem Partner durch eine Anerkennung seiner Position zunächst entgegenzukommen und dann erst die eigenen Bedenken geltend zu machen (vgl. Behaghel 1928, 50 und 354).

5.4.3   *denn, doch, ja* – zur Geschichte der Modalpartikeln

Modalpartikeln sind nach verbreiteter Auffassung syntaktisch dadurch gekennzeichnet, daß sie (allein) nur im Mittelfeld stehen können und daß sie unbetont sind. Zum Teil sind sie an bestimmte Satztypen gebunden (*denn* im Fragesatz, *doch* nicht im Fragesatz). Charakteristische Vertreter dieser Gruppe sind Ausdrücke wie *doch, denn, ja* wie in folgenden Beispielsätzen:

(29) Er hat es dir *doch/ja* schon gestern gesagt.
(30) Hat er es dir *denn* schon gestern gesagt?

Semantisch lassen sich verschiedene Typen unterscheiden. Die Vertreter einer größeren Gruppe, zu denen die bisher erwähnten Ausdrücke gehören, werden dazu verwendet, Annahmen des Sprechers hinsichtlich des gemeinsamen Wissens der Gesprächspartner zu signalisieren.

Unter historischem Gesichtspunkt ist an dieser Kategorie bemerkenswert, daß sie sich aus rudimentären Anfängen im Deutschen zu einem ziemlich stark besetzten Feld entwickelt hat. Je nach Zählung kommt man auf 30 bis 50 Exemplare dieser Kategorie (zu den Entstehungszeiten der Modalpartikeln vgl. Burkhardt 1994, 140).

Im Ahd. gibt es zumindest drei Ausdrücke, die man als Proto-Modalpartikeln bezeichnen könnte, nämlich *thoh* (Vorläufer von *doch*), *ia* (Vorläufer von *ja*) und *thanne* (Vorläufer von *denn*) (vgl. Wauchope 1991). Sie kommen teilweise in Positionen und mit Satztypen vor, die der Grammatik heutiger Modalpartikeln vergleichbar sind. Am Beispiel von *thoh* will ich das kurz erläutern. *thoh* ist im Ahd. in erster Linie ein adversativ verwendeter Ausdruck, der sowohl in der Position einer Konjunktion – (31) erster Halbvers – als auch in der Position eines Adverbs am Satzbeginn (32) und nach dem Finitum im Hauptsatz, d.h. im Mittelfeld des heutigen Deutsch, vorkommt – (31) zweiter Halbvers:

(31) Thoh er nu biliban si,   farames thoh thar er si   (Otfrid, III.23.55)

›Obgleich er jetzt tot (geblieben) ist,   wollen wir doch dorthin
gehen, wo er ist‹
(32) Thoh will ih frewen es nun mih ... (Otfrid, III.23.51)
   ›Doch will ich dessen nun mich freuen ...‹

Daneben gibt es aber Verwendungen im Satzinneren, in denen die
Funktion der Satzverknüpfung nicht mehr so deutlich ist. Hier sind
wir offensichtlich der heutigen Modalpartikelverwendung schon
nahe, wie in (33) oder auch in Aufforderungssätzen wie (34) (vgl.
Behaghel 1928, 160):

(33) thaz ist thoh arunti min   ›das ist doch mein Auftrag‹ (Otfrid
   I.27.53)
(34) Gidua unsih ... thoh nu wis,   oba thu forasago sis (Otfrid
   I.27.29)
   ›Kläre uns doch jetzt darüber auf, ob du ein Prophet bist‹

Wenn meine Deutung dieser Beispiele zutrifft, signalisiert der
Sprecher in (33) mit der Verwendung von *thoh* die Annahme, daß
die Hörer nicht die richtigen Annahmen über seinen Auftrag machen. In (34) signalisiert er seine Annahme, daß der Angesproche-
ne (Johannes der Täufer) von sich aus nicht geneigt ist, die gewünschte Information zu geben. Genau diese Signalisierungsfunk-
tion – unter anderen – hat in der Gegenwartssprache die Modalpartikel *doch*. Damit ist im Ahd. ein Muster für die Entwicklung
anderer Partikeln gegeben, das im Deutschen Nachfolger findet.
Die Tatsache, daß diese Kategorie sich bei ähnlichen Ausgangsbe-
dingungen im Englischen nicht entwickelt hat, mag damit zusammenhängen, daß sich im Deutschen die Satzklammer und damit
das Mittelfeld zunehmend strukturell verfestigte, während das im
Englischen nicht der Fall war (vgl. Abraham 1990, 129f.). Die
weitere Entwicklung des Gebrauchs von *doch* im Mhd. skizziert
Hentschel (1986).
   Relativ gut erforscht ist weiterhin die Entwicklung von *ja* (Behaghel 1928, 195-198, Hentschel 1986, Abraham 1990, 134f., Meibauer 1994, 158-169). Nach Behaghel (1928, 195) ist *ja* »von Hause aus ein eingliedriger, der Antwort auf eine Frage dienender Satz«.
Er vergleicht den Ursprung dieser Verwendung von *ja* mit der Entstehung des frz. *oui*, das auf die vulgärlateinische Verbindung von
Demonstrativpartikeln *hoc ille* (»genau das«) zurückgeht. Im Ahd.
gibt es bereits unterschiedliche Facetten des Gebrauchs von *ja*, wobei bemerkenswert ist, daß die Position der Partikel – abgesehen von
der Verwendung als Antwortpartikel – immer der linke Satzrand ist,
also das Vorfeld oder die Position der Konjunktion vor dem Vorfeld.
Die folgenden Beispiele stammen z.T. aus Notkers Schriften (um

1000), die in den Arbeiten zur Geschichte von *ja* bisher noch nicht umfassend ausgewertet zu sein scheinen:

1. Die Antwortpartikel:
(35) quadun si imo: ja (›da sagten sie zum ihm: »Ja«‹. »Tatian« 77.5)

2. Die sog. vokativische Verwendung, die oft lat. »O« wiedergibt:
(36) Ia du truhten tuo mih kehaltenen
›Oh Herr, errette mich‹; lat.: O domine saluum me fac ...; (Notker II.496.32)

3. Die Verwendung zum Signalisieren einer Bekräftigung:
(37) Ia uuio heuig taz uuas. (›Ja, wie schrecklich *das* war!‹) (Notker I.253.16)

4. Die Verwendung zum Signalisieren, daß ein Sachverhalt unkontrovers ist:
(38) Ia negedenchent ir gold ufen dien boumen zesuochennne ... (Notker I.167.12)
›Ihr denkt doch nicht daran, Gold auf den Bäumen zu suchen‹

Die Verwendungsweise 4. steht der Funktion unserer heutigen Modalpartikel *doch* nahe, die ich in der Übersetzung auch verwendet habe, um mein Verständnis des Belegs zu verdeutlichen. Im Mhd. kommt zumindest noch eine Verwendungsweise dazu, die man mit »Signalisieren einer Steigerung« beschreiben könnte, entsprechend unserem *ja sogar*. Im Verlauf des Ahd. und Mhd. entwickeln sich Verwendungsweisen, die semantisch unseren Modalpartikeln verwandt sind, die aber nicht die typische Mittelfeldposition besetzen, die wir bei *doch* schon im Ahd. gesehen haben. Diese ist für *ja* erst seit dem 16. Jahrhundert belegt. Wie es zu dieser Neuerung kam, ist bisher noch nicht überzeugend geklärt.

Weitere historische Beschreibungen gibt es zu den Partikeln *halt* und *eben* (Hentschel 1986), *sowieso, eh* und *ohnehin* (Weydt 1983) und *denn* (Burkhardt 1994, 143). Einen Überblick über Entwicklungspfade für verschiedene Partikeln gibt Burkhardt (1994). Er zeigt u.a. Entwicklungen aus Konjunktionen (z.B. *doch, aber*), Temporaladverbien (z.B. *denn, schon, jetzt*), Satzadverbien (*schließlich, vielleicht*) und Gradpartikeln (*nur, bloß*). Als ein Beispiel für die Entwicklung sog. discourse markers behandelt Jucker (1997) die Geschichte der englischen Partikel *well*.

5.4.4 *über* – Entwicklungspfade bei Präpositionen

Auch bei den Präpositionen sind bemerkenswerte kategoriale Zu-
sammenhänge und Entwicklungen sowie komplexe semantische
Entwicklungspfade zu beobachten. Die ältesten Präpositionen des
Deutschen werden auf Adverbien zurückgeführt, insbesondere auf
Lokaladverbien (vgl. Paul 1920b, 3; Behaghel 1924, 29). Zu dieser
Gruppe gehören z.B. *an, aus, bei, durch, über, um, vor*. Der entscheidende Schritt zur Präposition besteht darin, daß der betreffende
Ausdruck mit einem Substantiv bzw. Pronomen eine Präpositional-
phrase bildet und dieses in bezug auf den Kasus regiert, wobei einige Präpositionen zwei Kasus regieren, was systematische semantische
Möglichkeiten eröffnet (*Der Vogel fliegt über dem Haus*/*Er fliegt über
das Haus*). Neben Adverbien sind auch andere Arten von Ausdrükken Quellen für Präpositionen, z.B. Substantive (*dank seiner Schnelligkeit, trotz seiner Abneigung, kraft seines Amtes*), Kombinationen aus
Präposition und Substantiv (*anstatt > statt*) und Partizipien (*während, entsprechend, unbeschadet*). Manche der Verfahren zur Bildung
von neuen Präpositionen sind heute noch produktiv (vgl. Eisenberg
1979, Meibauer 1995). Von den erwähnten Lokaladverbien haben
sich schon in den germanischen Sprachen parallel zu den Präpositionen Verbpartikeln entwickelt (vgl. fnhd. *überbringen* ›hinüberbrin-
gen‹, vs. *über den Fluß bringen*). Die Verbpartikeln entfalten im Zu-
sammenspiel mit unterschiedlichen Verb- und Komplementtypen
ein komplexes Netz von Verwendungsweisen (z.B. *ausfahren, auszie-
hen* (aus dem Haus, das Hemd, den Tisch), *ausplaudern, den Gegner
ausspielen, ein Turnier austragen*; *einen Boxer auszählen*; vgl.
Hundsnurscher 1967). Ein Beispiel für die historische Betrachtung
des Zusammenhangs von Partikel und Verb ist Wellander (1911)
zur Entwicklung der Bildungen mit *ab-* im Mittelhochdeutschen.
   Die Geschichte der Präpositionen war in der älteren Forschung
ein vielbearbeitetes Feld, wie die lange Literaturliste in Behaghel
(1924, 21-23) zeigt. Beispielhaft sind etwa die umfangreichen und
differenzierten Artikel zu *über* und *um* im Bd. 23 (1936) des DWb.
Mit strukturalistischen Methoden haben Marcq (1975) und Desportes (1984) Entwicklungen im System der räumlichen Präpositionen untersucht. In der neueren Forschung sind unter synchroni-
schem Gesichtspunkt insbesondere die Lokal- und Direktionalprä-
positionen ausführlich behandelt worden, da man hier ein geeignetes Feld sieht, um die Interaktion von Syntax, Semantik und Kogni-
tion zu studieren. Vertreter verschiedener Richtungen der kognitiven
Semantik haben in neuerer Zeit Beschreibungsvorschläge für einzelne Präpositionen gemacht (z.B. Brugmann 1988 zu *over,* dazu auch

Lakoff 1987, 418-461). Diese Beschreibungsmuster sind bisher noch nicht auf historisches Datenmaterial angewendet worden. Es ist aber, wie bei anderen Ausdrücken auch, anzunehmen, daß die synchronischen Zusammenhänge im Spektrum der Verwendungsweisen ein Gegenstück in historischen Entwicklungsschritten haben und – was noch grundlegender ist –, daß die Prinzipien, die der synchronischen Verknüpfung der Verwendungsweisen zugrundeliegen, auch die historische Entfaltung des Verwendungspotentials bestimmen.

Zur Illustration des semantischen Entwicklungspotentials von Präpositionen skizziere ich kurz einige Aspekte der Entwicklung von *über* (vgl. auch Sperber 1915; DWb 23, 73-119; Marcq 1975; Marcq 1984; Desportes 1984). Als methodischen Ausgangspunkt einer Entwicklungsgeschichte könnte man annehmen, daß es eine prototypische räumliche Konstellation gibt, deren unterschiedliche Aspekte durch verschiedene Verwendungsweisen von *über* fokussiert werden können: Ein Gegenstand bewegt sich von einem Ausgangspunkt über einen Bezugsgegenstand hinweg zu einem Zielpunkt (*Das Pferd springt über den Graben*). Bei dieser räumlichen Konstellation kann man nun unterschiedliche Aspekte fokussieren, beispielsweise die Ausdehnung des Bezugsgegenstands (*Er blickt über das Feld*). Weiterhin kann man den Bezugsgegenstand als Hindernis fokussieren, der ohne Kontakt überquert wird, wie in unserem Pferde-Beispiel. Der Bezugsgegenstand kann aber auch mit Kontakt überquert werden: *über die Straße*. Man kann die jenseitige Begrenzung des Bezugsgegenstands fokussieren (*über dem Fluß* ›auf der anderen Seite des Flusses‹) oder, einen Schritt weiter, eine Grenze, die überschritten wird (*über die Ziellinie*). Der Überblick über derartige Fokussierungsmöglichkeiten gehört zu den Fähigkeiten der Sprecher, die verschiedene Verwendungsweisen ermöglichen, wobei dieses Potential zu unterschiedlichen Zeiten in unterschiedlicher Weise konventionell genutzt werden kann. Die Aspekte der räumlichen Konstellation können nun auch als Basis für die Übertragungen, z.B. in den temporalen Bereich oder auch in andere Bereiche genutzt werden, wie man an einigen der folgenden Beispiele aus der historischen Entwicklung von *über* sieht. Eine zweite Grundkonstellation für den Gebrauch von Präpositionen wie *über* ist in verschiedenen Sprachen die folgende: Ein Gegenstand befindet sich in einer Position oberhalb eines Bezugsgegenstands (*der Drachen steht über dem Haus*).

Diese zwei Grundkonstellationen finden wir schon im Ahd. Dort wird *ubiri* (*ubar, uber*) mit Akkusativ sowohl direktional (»Bezeichnung einer Bewegung«) als auch lokal (»Bezeichnung einer Ruhelage«) verwendet. Für letzteres gibt es auch die verwandte Form *obar*, die öfters mit Dativ verwendet wird. Im Fnhd. entwickelt sich die Unterscheidung »direktional« (mit Akkusativ: *über das Feld*) und »lokal« (mit Dativ: *über dem Feld*). Ebenfalls schon ahd. gibt es temporale Verwendungsweisen (*ubar dag* ›den ganzen Tag lang‹). Gegenstücke zur englischen Verwendungsweise *over lunch* ›während des Essens‹ waren vom 15. – 18. Jahrhundert gebräuchlich: *über dem Essen, über Tisch* (vgl. lat. *super cenam*). Die Kennzeichnung des Endes eines Zeitraums ist seit dem 15./16. Jahrhundert belegt: *über etliche Tage* ›nach Ablauf von einigen Tagen‹. Ebenfalls seit dieser Zeit belegt ist die Angabe der Überschreitung eines Zeitraums: *über Mitternacht* (DWb 23,111). Den Übergang von einer temporalen zu einer kausalen Verwendung zeigt: *über der verfolgung der christen* ›wegen der Verfolgung der Christen‹ (Luther; DWb 23, 117).

Schon im Ahd. gibt es noch weitere übertragene Verwendungsweisen, die auf die lokalen zurückgeführt werden können, z.b. zur Kennzeichnung der Überlegenheit, insbesondere der sozialen Überlegenheit oder der Autorität (*nist iungiro ubar meistar* ›der Schüler steht nicht über dem Lehrer‹ Tatian 44.16; vgl. lat. *Non est discipulus super magistrum*) oder von der Kennzeichnung der Überschreitung einer physischen Grenze zur Anwendung auf eine normative Grenze (*tô netéta er ze êrest nîeht uber daz . sô demo cheisere lieb was*, ›Da tat er zunächst nichts über das hinaus, was dem Kaiser recht war‹; Notker I.6.7f.). Dieser kleine Ausschnitt von Verwendungsweisen zeigt einige Entwicklungsmöglichkeiten, die von der lokalen Basis aus genutzt wurden. Er deutet aber gleichzeitig auch die Schwierigkeit der historischen Aufgabe an, die systematische Entfaltung des Spektrums von Verwendungsweisen bei Präpositionen zu beschreiben.

5.4.5 *ei* – zur Geschichte von Interjektionen

Ausdrücke wie *ach, au, ei, oh, oweh, ja mei, pfui* und *uff* – auch neuere Exemplare wie *ächz* und *schnorch* – werden zum Ausdruck von Gefühlen und Bewertungen verwendet, andere wie *pst* zum Auffordern oder wie *boing* lautmalend zur Wiedergabe von Geräuschen. Ihr Inventar und ihre Verwendungsweisen sind regional verschieden und historisch veränderlich. So gab es im Mhd. Interjektionen wie *ahi* oder *fia*, die wir heute nicht kennen, und eine Interjektion wie *ei* zeigt im älteren Deutsch – und in manchen heutigen Dialekten – Verwendungsweisen, die in der überregionalen Standardsprache heute ungebräuchlich sind. Insgesamt sind die Interjektionen von der Forschung eher am Rande behandelt worden. Wie bei anderen Partikeltypen auch, läßt sich in der neueren Forschung ein zunehmendes Interesse an den Interjektionen beobachten (vgl. Fries 1992). Informationen zur Geschichte der Interjektionen finden wir in den historischen Wörterbüchern (zu *ei* z.B. im DWb 3, 73-76 und in Paul 1992, 195f.) oder in historischen Grammatiken (Behaghel 1928, 435-437). Beobachtungen zu den Interjektionen in Texten des 17. Jahrhunderts macht Burger (1980). Eine systematische Untersuchung der Entwicklung des bei manchen Interjektionen sehr differenzierten Spektrums der Verwendungsweisen steht aber noch aus.

Literaturverzeichnis

Abraham, W.: Zur heterogenen Entfaltung der Modalpartikel im Ahd. und Mhd. In: Betten, A., unter Mitarbeit von Riehl, C.M. (Hg.): Neuere Forschungen zur historischen Syntax des Deutschen. Tübingen 1990, 124–138.

Abraham, W.: The grammaticization of the German modal particles. In: Traugott, E./Heine, B. (eds.): Approaches to grammaticalization. Vol. II. Amsterdam 1991, 331–380.

Aijmer, K.: The semantic development of »will«. In: Fisiak, J. (ed.): Historical semantics. Historical word-formation. Berlin/New York 1985, 11–21.

Anderson, L.B.: Evidentials, paths of change, and mental maps: Typologically regular asymmetries. In: Chafe, W./Nichols, J. (eds.): Evidentiality: The linguistic coding of epistemology. Norwood, N.J. 1986, 273–312.

Anderson, R.R./Goebel, U./Reichmann, O.: Frühneuhochdeutsch *arbeit* und einige zugehörige Wortbildungen. In: Ebenbauer, A. (Hg.): Philologische Untersuchungen, Elfriede Stutz zum 65. Geburtstag. Wien 1984, 1–29.

Armknecht, W.: Geschichte des Wortes »süß«. I. Teil. Bis zum Ausgang des Mittelalters. Berlin 1936.

Arndt, E.: Das Aufkommen des begründenden »weil«. In: Beiträge zur Geschichte der deutschen Sprache und Literatur (Halle) 81, 1959, 388–415.

Arndt, E.: Begründendes »da« neben »weil« im Neuhochdeutschen. In: Beiträge zur Geschichte der deutschen Sprache und Literatur (Halle) 82, 1960, 242–260.

Augst, G.: »Haupt« und »Kopf«. Eine Wortgeschichte bis 1550. Diss. Mainz. Gießen 1970.

Augst, G.: Sprachnorm und Sprachwandel. Vier Projekte zu diachroner Sprachbetrachtung. Wiesbaden 1977.

Baldinger, K.: Vom Affektwort zum Normalwort. Das Bedeutungsfeld von agsk. *trebalh* /Plage, Arbeit/. In: Etymologica. Walther von Wartburg zum 70. Geburtstag. Tübingen 1958, 59–93.

Baldinger, K.: Le problème du changement du sens: nouvelles perspectives. In: Actes de langue française et de linguistique. Vol. 2. Halifax 1989, 3–25.

Bech, G.: Grundzüge der semantischen Entwicklungsgeschichte der hochdeutschen Modalverba. In: Historisk-filologiske meddelelser (Kongeliske Danske Videnskabernes Selskab) 32.6, 1951, 1–28.

Beckers, H.: Neue Wege struktureller Semantikforschung auf dem Gebiet der älteren germanischen Sprachen. In: Beckers, H./Schwarz, H. (Hg.): Gedenkschrift für Jost Trier. Köln/Wien 1975, 172–210.

Behaghel, O.: Deutsche Syntax. Eine geschichtliche Darstellung. Bd. II: Die Wortklassen und Wortformen. Heidelberg 1924. Bd. III: Die Satzgebilde. Heidelberg 1928.

Bennett, J.: Linguistic behaviour. Cambridge 1976.

Bergenholtz, H./Faets, A.-T.: angest, Angst, vorhte, Furcht: Vorschläge für ein historisches Wörterbuch des Gefühlswortschatzes. In: Jäger, L. (Hg.): Zur historischen Semantik des deutschen Gefühlswortschatzes. Aspekte, Probleme und Beispiele seiner lexikographischen Erfassung. Aachen 1988, 56–94.

Berger, P.L./Luckmann, Th.: The social construction of reality. Harmondsworth 1967.

Bering, D.: Die Intellektuellen. Geschichte eines Schimpfwortes. Stuttgart 1978.

Berlin, B./Kay, P.: Basic color terms: their universality and evolution. Berkeley 1969.

Besch, W.: Sprachlandschaften und Sprachausgleich im 15. Jahrhundert. München 1967.

Besch, W.: Duzen, Siezen, Titulieren. Zur Anrede im Deutschen heute und gestern. Göttingen 1996.

Betten, A.: Grundzüge der Prosasyntax. Stilprägende Entwicklungen vom Althochdeutschen zum Neuhochdeutschen. Tübingen 1987.

Betz, W.: Deutsch und Lateinisch. Die Lehnbildungen der althochdeutschen Benediktinerregel. Bonn 1949.

Biedermann, R.: Die deutschen Gradadverbien in synchronischer und diachronischer Hinsicht. Diss. Heidelberg 1969.

Biener, C.: Die Steigerungsadverbia bei Adjektiven. In ihrer historischen Abfolge dargestellt. In: Beiträge zur Geschichte der deutschen Sprache und Literatur 64, 1940, 165–204.

Black, M.: Metaphor. In: Black, M.: Models and metaphors. Ithaca/London 1962, 25–47.

Blank, A.: Der Beitrag Eugenio Coserius zur Historischen Semantik: »Für eine strukturelle diachrone Semantik« – 30 Jahre danach. In: Weigand, E./Hundsnurscher, F. (Hg.): Lexical Semantics and Language Use. Bd. 2. Tübingen 1996, 341–354.

Blank, A.: Prinzipien des lexikalischen Bedeutungswandels am Beispiel der romanischen Sprachen. Tübingen 1997.

Bréal, M.: Essai de sémantique. Science des significations. Paris 1897. 7. Aufl. Paris 1924.

Breidbach, W.: Reise – Fahrt – Gang. Nomina der Fortbewegung in den altgermanischen Sprachen. Frankfurt am Main/Berlin/Bern 1994.

Bremer, E./Hildebrandt, R. (Hg.): Stand und Aufgaben der deutschen Dialektlexikographie. II. Brüder-Grimm-Symposion zur Historischen Wortforschung. Berlin/New York 1996.

Brugman, C.M.: The story of over: polysemy, semantics, and the structure of the lexicon. New York 1988.

Bumann, W.: Der Begriff der Wissenschaft im deutschen Sprach- und Denkraum. In: Diemer, A. (Hg.): Der Wissenschaftsbegriff. Historische und systematische Untersuchungen. Meisenheim am Glan 1970, 64–75.

Burger, H.: Zeit und Ewigkeit. Studien zum Wortschatz der geistlichen Texte des Alt- und Frühmittelhochdeutschen. Berlin/New York 1972.

Burger, H.: Interjektionen. In: Sitta, H. (Hg.): Ansätze zu einer pragmatischen Sprachgeschichte. Zürcher Kolloquium 1978. Tübingen 1980, 53–70.

Burkhardt, A.: Vom Nutzen und Nachteil der Pragmatik für die diachrone Semantik. In: Busse, D. (Hg.): Diachrone Semantik und Pragmatik. Untersuchungen zur Erklärung und Beschreibung des Sprachwandels. Tübingen 1991, 7–36.

Burkhardt, A.: Abtönungspartikeln im Deutschen. Bedeutung und Genese. In: Zeitschrift für germanistische Linguistik 22, 1994, 129–151.

Burkhardt, A.: Zwischen Poesie und Ökonomie. Die Metonymie als semantisches Prinzip. In: Zeitschrift für germanistische Linguistik 24, 1996, 175–194.

Busse, D.: Historische Semantik. Analyse eines Programms. Stuttgart 1987.

Busse, D.: Konventionalisierungsstufen des Zeichengebrauchs als Ausgangspunkt semantischen Wandels. In: Diachrone Semantik und Pragmatik. Untersuchungen zur Erklärung und Beschreibung des Sprachwandels. Hrsg. v. Dietrich Busse. Tübingen 1991, 37–66.

Busse, D./Teubert, W.: Ist Diskurs ein sprachwissenschaftliches Objekt? Zur Methodenfrage der historischen Semantik. In: Busse, D./Hermanns, F./ Teubert, W. (Hg.): Begriffsgeschichte und Diskursgeschichte. Methodenfragen und Forschungsergebnisse der historischen Semantik. Opladen 1994, 10–28.

Busse, D./Hermanns, F./Teubert, W. (Hg.): Begriffsgeschichte und Diskursgeschichte. Methodenfragen und Forschungsergebnisse der historischen Semantik. Opladen 1994.

Bybee, J./Perkins, R./Pagliuca, W.: The evolution of grammar. Tense, aspect, and modality in the languages of the world. Chicago/London 1994.

Carstensen, B.: Englische Einflüsse auf die deutsche Sprache nach 1945. Heidelberg 1965.

Cherubim, D.: Sprach-Fossilien. Beobachtungen zum Gebrauch, zur Beschreibung und zur Bewertung der sogenannten Archaismen. In: Munske, H.H. u.a. (Hg.): Deutscher Wortschatz. Lexikologische Studien. Berlin/New York 1988, 525–554.

Coseriu, E.: Pour une sémantique diachronique structurale. In: Travaux de linguistique et de littérature II.1, 1964, 139–186.

Coseriu, E.: Sincronía, diachronía e historia. El problema del cambio lingüístico. Montevideo 1958. Dt.: Synchronie, Diachronie und Geschichte. Das Problem des Sprachwandels. München 1974.

Danto, A.C.: Analytical philosophy of history. Cambridge 1965. Dt. Übers.: Analytische Philosophie der Geschichte. Frankfurt am Main 1974.

Darmesteter, A.: La vie des mots étudiée dans leurs significations. Paris 1887.

De Smet, G.A.R.: Die frühneuhochdeutsche Lexikographie: Möglichkeiten und Grenzen ihrer Interpretation. In: Hildebrandt, R./Knoop, U. (Hg.): Brüder-Grimm-Symposion zur Historischen Wortforschung. Berlin/New York 1986, 59-80.

Debus, F.: Die deutschen Bezeichnungen für die Heiratsverwandtschaft. In: Schmitt, L.E. (Hg.:): Deutsche Wortforschung in europäischen Bezügen I. Gießen 1958, 1–116.

Desportes, Y.: Das System der räumlichen Präpositionen im Deutschen. Strukturgeschichte vom 13. bis zum 20. Jahrhundert. Heidelberg 1984.

Donnellan, K.S.: Reference and definite descriptions. In: The Philosophical Review 75, 1966, 281–304.

Dornseiff, F.: Das Problem des Bedeutungswandels. In: Zeitschrift für deutsche Philologie 63, 1938, 119–138.

Durrell, M 1972: Die semantische Entwicklung der Synonymik für »warten«. Zur Struktur eines Wortbereichs. Marburg.

Ehnert, R.: »Behalten«. Ein Beispiel für Kontextbeschreibungen bei mittelhochdeutschen Verben. In: Greule, A. (Hg.): Valenztheorie und historische Sprachwissenschaft. Tübingen 1982, 69–107.

Ehrismann, G.: Duzen und Ihrzen im Mittelalter. In: Zeitschrift für deutsche Wortforschung 1, 1901, 117–149; 2, 1902, 118–159; 4, 1903, 210–248; 5, 1904, 127–220.

Ehrismann, O.: Ehre und Mut, Aventiure und Minne. Höfische Wortgeschichten aus dem Mittelalter. München 1995.

Ehrismann, O./Ramge, H.: Mittelhochdeutsch. Eine Einführung in das Studium der deutschen Sprachgeschichte. Tübingen 1973.

Eichler, E. u.a. (Hg.): Namenforschung. Ein internationales Handbuch zur Onomastik. 3 Bde. Berlin/New York 1995/1996.

Eisenberg, P.: Syntax der denominalen Präpositionen des Deutschen. In: Weydt, H. (Hg.): Die Partikeln der deutschen Sprache. Berlin 1979, 518–527.

Eisenberg, P.: Grundriß der deutschen Grammatik. 3., überarbeitete Auflage. Stuttgart 1994.

Emonds, H.: Metaphernkommunikation. Zur Theorie des Verstehens von metaphorisch verwendeten Ausdrücken der Sprache. Göppingen 1986.

Erben, J.: Synchronische und diachronische Betrachtungen im Bereich des Frühneuhochdeutschen. In: Sprache. Gegenwart und Geschichte. Probleme der Synchronie und Diachronie. Jahrbuch 1968 des Instituts für deutsche Sprache. Düsseldorf 1969, 220–237.

Erben, J.: Luther und die neuhochdeutsche Schriftsprache. In: Maurer, F./Rupp, H. (Hg.): Deutsche Wortgeschichte. Dritte, neubearb. Auflage. Bd. 1. Berlin/New York 1974, 507–581.

Erben, J.: *Grossvater* und *Enkel*: Zur Bezeichnungsgeschichte der Vorfahren und Kindeskinder im Deutschen. In: Sprachwissenschaftliche Forschungen: Festschrift für Johannes Knobloch. Innsbruck 1986, 91–99.

Erdmann, K.O.: Die Bedeutung des Wortes. Aufsätze aus dem Grenzgebiet der Sprachpsychologie und Logik. Leipzig 1900. 3. Aufl. Leipzig 1922.

Eroms, H.-W.: Funktionskonstanz und Systemstabilisierung bei den begründenden Konjunktionen des Deutschen. In: Sprachwissenschaft 5, 1980, 73–115.

Eroms, W.: *Vreude* bei Hartmann von Aue. München 1970.

Fischer, A.: Das Genitivobjekt und damit konkurrierende Objekte nach Verben in Leipziger Frühdrucken. In: Zum Sprachwandel in der deutschen Literatursprache des 16. Jahrhunderts. Von einem Autorenkollektiv unter der Leitung von J. Schildt. Berlin 1987, 267–324.

Fischer, H.: Der Intellektualwortschatz im Deutschen und Französischen des 17. Jahrhunderts, untersucht an Gerzans und Zesens »Sofonisbe«. Diss. Münster 1938.

Fisiak, J. (ed.): Historical semantics. Historical word-formation. Berlin/New York 1985.

Flemming, W./Stadler, D.: Barock. In: Maurer, F./Rupp, H. (Hg.): Deutsche Wortgeschichte. Dritte, neubearb. Auflage. Bd. 2. Berlin/New York 1974, 1–30.

Fraas, C.: Gebrauchswandel und Bedeutungsvarianz in Textnetzen. Die Konzepte IDENTITÄT und DEUTSCHE im Diskurs zur deutschen Einheit. Tübingen 1996.

Frege, G.: Logische Untersuchungen. Dritter Teil: Gedankengefüge. In: Beiträge zur Philosophie des deutschen Idealismus 3, Heft 1, 1923, 36–51. Wieder in: Patzig, G. (Hg.): Gottlob Frege. Logische Untersuchungen. Göttingen 1966, 72–91.

Friedrich, P.: The linguistic reflex of social change. In: Sociological Inquiry 36, 1966, 159–185.

Fries, N.: Interjektionen, Interjektionsphrasen und Satzmodus. In: Rosengren, I. (Hg.): Satz und Illokution. Bd. 1. Tübingen 1992, 307–341.

Fritz, G.: Bedeutungswandel im Deutschen. Neuere Methoden der diachronen Semantik. Tübingen 1974.

Fritz, G.: Ansätze zu einer Theorie des Bedeutungswandels. In: Besch, W./Reichmann, O./Sonderegger, S. (Hg.): Sprachgeschichte. Ein Handbuch zur Geschichte der deutschen Sprache und ihrer Erforschung. Berlin/New York 1984, 739–753.

Fritz, G.: Change of meaning and change of vocabulary. In: Ammon, U./Dittmar, N./Mattheier, K.J. (eds.): Sociolinguistics. An international handbook of the science of language and society. 2nd vol. Berlin/New York 1988, 1614–1623.

Fritz, G.: Deutsche Modalverben 1609 – Epistemische Verwendungsweisen. Ein Beitrag zur Bedeutungsgeschichte der Modalverben im Deutschen. In: Beiträge zur Geschichte der deutschen Sprache und Literatur 113, 1991, 28–52.

Fritz, G.: Grundlagen der Dialogorganisation. In: Fritz, G./Hundsnurscher, F. (Hg.): Handbuch der Dialoganalyse. Tübingen 1994, 177–202.

Fritz, G.: Metonymische Muster und Metaphernfamilien. Bemerkungen zur

Struktur und Geschichte der Verwendungsweisen von *scharf.* In: Hinde-
lang, G./Rolf, E./Zillig, W. (Hg.): Der Gebrauch der Sprache. Festschrift
für Franz Hundsnurscher zum 60. Geburtstag. Münster 1995, 77–107 (a).

Fritz, G.: Topics in the history of dialogue forms. In: Jucker, A. (ed.): Historical Pragmatics. Amsterdam 1995, 449–477 (b).

Fritz, G.: Historische Semantik der Modalverben: Problemskizze – Exem-
plarische Analysen – Forschungsüberblick. In: Fritz, G./Gloning, Th.
(Hg.): Untersuchungen zur semantischen Entwicklungsgeschichte der
Modalverben im Deutschen. Tübingen 1997, 1–157.

Fritz, G.: Ansätze zu einer Theorie des Sprachwandels auf der lexikalischen
Ebene. In: Besch, W./Betten, A./Reichmann, O./Sonderegger, S. (Hg.):
Sprachgeschichte. Ein Handbuch zur Geschichte der deutschen Sprache
und ihrer Erforschung. 2. Aufl. Berlin/New York (im Druck).

Fritz, G./Gloning, Th. (Hg.): Untersuchungen zur semantischen Entwicklungsgeschichte der Modalverben im Deutschen. Tübingen 1997.

Fritz, L.: Die Steigerungsadverbia in den Denkmälern der mittelhochdeutschen Literatur von der Blütezeit bis zum 15. Jahrhundert. Diss. München 1934.

Geeraerts, D.: Prototype theory and diachronic semantics. A case study. In:
Indogermanische Forschungen 88, 1983, 1–32.

Geeraerts, D.: Cognitive grammar and the history of lexical semantics. In:
Rudzka-Ostyn, B. (ed.): Topics in cognitive linguistics. Amsterdam/
Philadelphia 1988, 647–677.

Geeraerts, D.: Diachronic prototype semantics. A contribution to historical
lexicology. Oxford 1997.

Geschichtliche Grundbegriffe. Historisches Lexikon zur politisch-sozialen
Sprache in Deutschland. Hrsg. v. Brunner, Otto/Conze, Werner/Kosel-
leck, Reinhart. 8 Bde. Stuttgart 1972–1997.

Gloning, Th.: Bedeutung, Gebrauch und sprachliche Handlung. Ansätze
und Probleme einer handlungstheoretischen Semantik aus linguistischer
Sicht. Tübingen 1996.

Gloning, Th.: Modalisierte Sprechakte mit Modalverben. Semantische,
pragmatische und sprachgeschichtliche Untersuchungen. In: Fritz, G./
Gloning, Th. (Hg.): Untersuchungen zur semantischen Entwicklungsgeschichte der Modalverben im Deutschen. Tübingen 1997, 307–437.

Gloy, K.: Überreaktion auf Petitessen? Zur Entstehung und Verbreitung
von sprachlichen Konventionen. In: Osnabrücker Beiträge zur Sprach-
theorie 1977, 118–135.

Goddard, C./Wierzbicka, A.: Semantic and lexical universals: Theory and
empirical findings. Amsterdam 1994.

Goossens, L.: CUNNAN, CONNE(N), CAN: The development of a radial
category. In: Kellermann, G./Morrissey, M.D. (eds.): Diachrony within
synchrony. Language history and cognition. Frankfurt a.M./Berlin/Bern
1992, 377–394.

Götze, A.: Evangelisch. In: Zeitschrift für deutsche Wortforschung 13,
1911/12, 1–23.

Götze, A.: Sprache und Kultur. In: Zeitschrift für Deutschkunde 45, 1931, 482–492.

Götze, A.: Grundsätzliches zum Absterben von Wörtern. In: Annales Academiae Scientiarum Fennicae. Ser. B., Bd. 30, 1934, 293–297.

Grass, K.M./Koselleck, R.: Emanzipation. In: Geschichtliche Grundbegriffe. Historisches Lexikon zur politisch-sozialen Sprache in Deutschland. Bd. 2. Stuttgart 1975, 153–197.

Grice, P.: Studies in the way of words. Cambridge, Mass./London 1989.

Grober-Glück, G.: Berlin als Innovationszentrum metaphorischer Wendungen der Umgangssprache. In: Zeitschrift für deutsche Philologie 94, 1975, 321–362.

Günthner, S.: »...weil – man kann es ja wissenschaftlich untersuchen« – Diskurspragmatische Aspekte der Wortstellung in WEIL-Sätzen. In: Linguistische Berichte 143, 1993, 37–59.

Hartung, W.: Die bedingenden Konjunktionen in der deutschen Gegenwartssprache. In: Beiträge zur Geschichte der deutschen Sprache und Literatur 86 (Halle), 1964, 350–387.

Hatzfeld, H.: Leitfaden der vergleichenden Bedeutungslehre. München 1924.

Heinemann, F. K.: Das Scheltwort bei Hans Sachs. Diss. Gießen. Darmstadt 1927 (Teildruck).

Hempel, C.G./Oppenheim, P.: Studies in the logic of explanation. In: Philosophy of Science 15, 1948, 135–175.

Henne, H.: Jugend und ihre Sprache. Darstellung, Materialien, Kritik. Berlin/New York 1986.

Henne, H./Objartel, G. (Hg.): Bibliothek zur historischen deutschen Studenten- und Schülersprache. 6 Bde. Berlin/New York 1984.

Hentschel, E.: Funktion und Geschichte deutscher Partikeln. *Ja, doch, halt* und *eben*. Tübingen 1986.

Herberg, D./Steffens, D./Tellenbach, E.: Schlüsselwörter der Wendezeit. Wörter-Buch zum öffentlichen Sprachgebrauch 1989/90. Berlin/New York 1997.

Heringer, H.J.: Präpositionale Ergänzungsbestimmungen im Deutschen. In: Zeitschrift für deutsche Philologie 87, 1968, 426–457.

Heringer, H.J.: Die Unentscheidbarkeit der Ambiguität. In: Wolf, D./Geckeler, H. (Hg.): Logos Semantikos. Bd. 3. Berlin/New York 1981, 93–126.

Heringer, H.J.: Neues von der Verbszene. In: Stickel, G. (Hg.): Pragmatik in der Grammatik. Jahrbuch 1983 des Instituts für deutsche Sprache. Düsseldorf 1984, 34–64.

Heringer, H.J.: De Saussure und die unsichtbare Hand. In: Cahiers Ferdinand de Saussure 39, 1985, 143–174.

Heringer, H.J.: Ja, ja, die Partikeln! Können wir Partikelbedeutungen prototypisch erfassen? In: Zeitschrift für Phonetik, Sprachwissenschaft und Kommunikationsforschung 41, 1988, 730–754.

Heringer, H.J.: Der Bedeutungswandel. In: Anschütz, S.R. (Hg.): Texte, Sätze, Wörter und Moneme. Festschrift für Klaus Heger. Heidelberg 1992, 275–282.

Heringer, H.J.: Empirie in der Sprachgeschichtsschreibung. In: Heringer, H.J./Stötzel, G. (Hg.): Sprachgeschichte und Sprachkritik. Festschrift für Peter von Polenz zum 65. Geburtstag. Berlin/New York 1993, 52–68.

Hermanns, F.: Sprachgeschichte als Mentalitätsgeschichte. Überlegungen zu Sinn und Form und Gegenstand der historischen Semantik. In: Gardt, A./Mattheier, K.J./Reichmann, O. (Hg.): Sprachgeschichte des Neuhochdeutschen. Gegenstände, Methoden, Theorien. Tübingen 1995, 69–102.

Holthausen, F.: Vom Aussterben der Wörter. In: Germanisch-Romanische Monatsschrift VII (1915–1919), 1919, 184–196.

Hope, T.E.: Lexical borrowing in the Romance languages. A critical study of italianisms in French and gallicisms in Italian from 1100 to 1900. Vol. I. Oxford 1971.

Hughes, G.: Swearing. A social history of foul language, oaths and profanity in English. Oxford 1991.

Hundsnurscher, F.: Das System der Partikelverben mit »AUS« in der Gegenwartssprache. Göppingen 1968.

Hundsnurscher, F.: Semantische Untersuchung einiger mittelhochdeutscher Verben der Fortbewegung. In: Hundsnurscher, F./Müller, U. (Hg.): »Getempert und Gemischet«. Für Wolfgang Mohr von seinen Tübinger Schülern. Göppingen 1972, 417–444.

Hundsnurscher, F.: Über den Zusammenhang des Gebrauchs der Wörter. Eine methodologische Untersuchung anhand des deutschen Adjektivs GRÜN. In: Poetica 28, 1988, 75–103.

Hundsnurscher, F./Splett, J.: Semantik der Adjektive im Deutschen. Analyse der semantischen Relationen. Opladen 1982.

Ising, G.: Zur Wortgeographie spätmittelalterlicher deutscher Schriftdialekte. Berlin 1968.

Jaberg, K.: Pejorative Bedeutungsentwicklung im Französischen mit Berücksichtigung allgemeiner Fragen der Semasiologie. In: Zeitschrift für romanische Philologie 25, 1901, 561–601; 27, 1903, 25–71; 29, 1905, 57–71.

Jäger, L. (Hg.): Zur historischen Semantik des deutschen Gefühlswortschatzes. Aspekte, Probleme und Beispiele seiner lexikographischen Erfassung. Aachen 1988.

Jäger, L./Plum, S.: Historisches Wörterbuch des deutschen Gefühlswortschatzes. In: Jäger, L. (Hg.): Zur historischen Semantik des deutschen Gefühlswortschatzes. Aspekte, Probleme und Beispiele seiner lexikographischen Erfassung. Aachen 1988, 5–51.

Jones, W.J.: A lexicon of French borrowings in the German vocabulary (1575–1648). Berlin/New York 1976.

Jones, W.J.: German kinship terms (750–1500). Documentation and analysis. Berlin/New York 1990.

Jucker, A.H.: The discourse marker *well* in the history of English. In: English Language and Linguistics 1, 1997, 91–110.

Jung, M.: Öffentlichkeit und Sprachwandel. Zur Geschichte des Diskurses über die Atomenergie. Opladen 1994.

Kasher, A.: Conversational maxims and rationality. In: Kasher, A. (ed.): Language in Focus. Dordrecht 1976, 197–216.

Kay, P./McDaniel, C.K.: The linguistic significance of the meanings of basic-level color terms. In: Language 54, 1978, 610–646.

Keller, R.: Sprachwandel. Von der unsichtbaren Hand in der Sprache. Tübingen 1990.

Keller, R.: Zeichentheorie. Zu einer Theorie semiotischen Wissens. Tübingen/Basel 1995.

Keller-Bauer, F.: Metaphorisches Verstehen. Eine linguistische Rekonstruktion metaphorischer Kommunikation. Tübingen 1984.

Kellermann, G./Morrissey, M.D. (eds.): Diachrony within synchrony. Language history and cognition. Frankfurt a.m./Berlin/Bern 1992.

Klaus, H.: Beobachtungen zu den Modefarbenwörtern in der deutschen Gegenwartssprache. In: Zeitschrift für Germanistische Linguistik 17, 1989, 22–57.

Klein, F.-J.: Bedeutungswandel und Sprachendifferenzierung. Die Entstehung der romanischen Sprachen aus wortsemantischer Sicht. Tübingen 1997.

Kleinknecht, R.: Zur Verbreitung semantischer Neuerungen. Examensarbeit Universität Tübingen 1985.

Klemperer, V.: LTI. Notizbuch eines Philologen. Leipzig 1975.

Kluge, F.: Etymologisches Wörterbuch der deutschen Sprache. Straßburg 1883. 23. erw. Aufl. bearbeitet von E. Seebold. Berlin/New York 1995.

Kluge, F.: Deutsche Studentensprache. Straßburg 1895.

Kluge, F.: Seemannssprache. Wortgeschichtliches. Handbuch der deutschen Schifferausdrücke älterer und neuerer Zeit. Halle 1911.

Kluge, F.: Kneipe. In: Kluge, F.: Wortforschung und Wortgeschichte. Leipzig 1912, 1–20.

Kluge, F.: Von Luther bis Lessing. Leipzig 1918.

Knobloch, C.: Geschichte der psychologischen Sprachauffassung in Deutschland von 1850–1920. Tübingen 1988.

Koch, P.: Semantische Valenz, Polysemie und Bedeutungswandel bei romanischen Verben. In: Koch, P./Krefeld, Th. (Hg.): Connexiones Romanicae. Dependenz und Valenz in romanischen Sprachen. Tübingen 1991, 279–306.

Koch, P.: Gedanken zur Metapher – und zu ihrer Alltäglichkeit. In: Sabban, A./Schmitt, Chr. (Hg.): Sprachlicher Alltag. Linguistik – Rhetorik – Literaturwissenschaft. Tübingen 1994, 201–225.

Koch, P.: Der Beitrag der Prototypentheorie zur Historischen Semantik: Eine kritische Bestandsaufnahme. In: Romanistisches Jahrbuch 46, 1995, 27–46.

Koch, P.: Ein Blick auf die unsichtbare Hand. Kognitive Universalien und historische romanische Lexikologie. In: Stehl, Th. (Hg.): Unsichtbare Hand und Sprecherwahl. Typologie und Prozesse des Sprachwandels in der Romania. Tübingen 1998.

Koch, P./Oesterreicher, W.: Sprachwandel und expressive Mündlichkeit. In: Zeitschrift für Literaturwissenschaft und Linguistik 26, 1996, 64–96.

Kocka, J./Nipperdey, Th. (Hrsg.): Theorie und Erzählung in der Geschichte. Beiträge zur Historik. Bd. 3. München 1979.

Koller, E.: Nu müez iuch got bewarn, fruot unde geil gesparn! Zur Geschichte des Wortfelds »gesund«. In: Besch, W. (Hg.): Deutsche Sprachgeschichte. Grundlagen, Methoden, Perspektiven. Fs. für Johannes Erben zum 65. Geburtstag. Frankfurt am Main/Bern/New York 1990, 129–140.

Koller, E.: Historische Verschiebungen im Wortfeld »krank«. In: Iwasaki, E. (Hg.): Akten des VIII. Internationalen Germanisten-Kongresses. Tokyo 1990. Bd. 4. München 1991, 226–236.

König, E.: Where do concessives come from? On the development of concessive connectives. In: Fisiak, J. (ed.): Historical semantics. Historical word-formation. Berlin/New York/Amsterdam 1985, 263–282.

König, E./Traugott, E.C.: Pragmatic strenghtening and semantic change: The conventionalization of conversational implicature. In: Hüllen, W./Schulze, R. (eds.): Understanding the lexicon. Meaning, sense and world knowledge in lexical semantics. Tübingen 1988, 110–124.

Koselleck, R.: Begriffsgeschichte und Sozialgeschichte. In: Koselleck, R.: Vergangene Zukunft. Zur Semantik geschichtlicher Zeiten. Frankfurt am Main 1979, 107–129.

Kretschmer, P.: Wortgeographie der hochdeutschen Umgangssprache. Göttingen 1918.

Kripke, S.A.: Naming and necessity. In: Davidson, D./Harman, G. (eds.): Semantics of natural language. Dordrecht/Boston 1972, 253–355.

Krisch, Th.: Synchrone Valenzdifferenzierung und diachrone Valenzänderung, mit Beobachtungen zum deutschen Bedeutungswandel. In: Greule, A. (Hg.): Valenztheorie und historische Sprachwissenschaft. Beiträge zur sprachgeschichtlichen Beschreibung des Deutschen. Tübingen 1982, 209–229.

Kronasser, H.: Handbuch der Semasiologie. Kurze Einführung in die Geschichte, Probleme und Terminologie der Bedeutungslehre. Heidelberg 1952.

Kröning, J.: Die beiordnenden adversativen Konjunktionen des Neuhochdeutschen. Diss. Gießen 1915.

Ladendorf, O.: Historisches Schlagwörterbuch. Straßburg/Berlin 1906.

Lakoff, G.: Women, fire, and dangerous things. What categories reveal about the mind. Chicago/London 1987.

Lakoff, G./Johnson, M.: Metaphors we live by. Chicago/London 1980.

Langen, A.: Der Wortschatz des 18. Jahrhunderts. In: Maurer, F./Rupp, H. (Hg.): Deutsche Wortgeschichte. Dritte, neubearb. Auflage. Bd. 2. Berlin/New York 1974, 31–244.

Laubner, H.: Studien zum geistlichen Sinngehalt des Adjektivs im Werk Mechthilds von Magdeburg. Göppingen 1975.

Laur, W.: Wortgeschichte einzelner Namen und Namentypen. In: Eichler,

E. u.a. (Hg.): Namenforschung. Ein internationales Handbuch zur Onomastik. 2. Teilband. Berlin/New York 1996, 610–615.

Lehrer, A.: The influence of semantic fields on semantic change. In: Fisiak, J. (ed.): Historical semantics. Historical word-formation. Berlin/New York/Amsterdam 1985, 283–296.

Lemmer, M.: Zur Bewertung von Luthers Bibelwortschatz im 17./18. Jahrhundert. In: Wolf, H. (Hg.): Luthers Deutsch. Sprachliche Leistung und Wirkung. Frankfurt am Main/Berlin/Bern 1996, 270–290.

Lepp, F.: Schlagwörter der Reformationszeit. Leipzig 1908.

Leumann, M.: Zum Mechanismus des Bedeutungswandels. In: Indogermanische Forschungen 45, 1927, 105–118.

Lewis, D.K.: Convention: A philosophical study. Cambridge, Mass. 1969.

Lötscher, A.: Semantische Strukturen im Bereich der alt- und mittelhochdeutschen Schallwörter. Berlin/New York 1973.

Lötscher, A.: Zur Sprachgeschichte des Fluchens und Beschimpfens im Schweizerdeutschen. In: Zeitschrift für Dialektologie und Linguistik 48, 1981, 145–160.

Luchtenberg, S.: Euphemismen im heutigen Deutsch. Frankfurt am Main/ Bern 1985.

Lutzeier, P.R.: Lexikologie. Tübingen 1995.

Maas, H.: Das Nürnberger Scheltwort. In: Mitteilungen des Vereins für Geschichte der Stadt Nürnberg 43, 1952, 361–483.

Marcq, P.: Das System der spatialen Präpositionen im früheren Deutsch. In: Germanistische Dissertationen in Kurzfassung. Jahrbuch für Internationale Germanistik. Reihe B. I, 1975, 48–74.

Marcq, P.: A propos de »über«. In: Hartmann, S./Lecouteux, C. (Hg.): Deutsch-Französische Germanistik. Mélanges pour Emile Georges Zink. Göppingen 1984, 35–51.

Marty, A.: Untersuchungen zur Grundlegung der allgemeinen Grammatik und Sprachphilosophie. Halle 1908.

Maurer, F.: Leid. Studien zur Bedeutungs- und Problemgeschichte, besonders in den großen Epen der staufischen Zeit. 2. Aufl. Bern/München 1961.

Meggle, G.: Pragmatische Semantik im Ausgang von Ludwig Wittgensteins Sprachspielkonzept. In: Stachowiak, H. (Hg.): Pragmatik. Handbuch pragmatischen Denkens. Bd. 2. Hamburg 1987, 279–301.

Meibauer, J.: Modaler Kontrast und konzeptuelle Verschiebung. Studien zur Syntax und Semantik deutscher Modalpartikeln. Tübingen 1994.

Meibauer, J.: Komplexe Präpositionen – Grammatikalisierung, Metapher, Implikatur und *divison of pragmatic labour*. In: Liedtke, F. (Hg.): Implikaturen. Grammatische und pragmatische Analysen. Tübingen 1995, 47–74.

Meillet, A.: Comment les mots changent de sens. In: Année Sociologique 9, 1905/1906, 1–38. Wieder in: Meillet, A.: Linguistique historique et linguistique generale. Bd. I. Paris 1921, 230–271.

Meisinger, O.: Hinz und Kunz. Deutsche Vornamen in erweiterter Bedeutung. Dortmund 1924.

Mensing, O.: Untersuchungen über die Syntax der Concessivsätze im Alt-
und Mittelhochdeutschen mit besonderer Rücksicht auf Wolframs Parzival. Diss. Kiel 1891.

Menzel, W. W.: Vernakuläre Wissenschaft. Christian Wolffs Bedeutung für
die Herausbildung und Durchsetzung des Deutschen als Wissenschafts-
sprache. Tübingen 1996.

Metcalf, G.F.: Forms of address in German (1500–1800). Washington
1938.

Milroy, J.: Linguistic variation and change. On the historical sociolinguistics of English. Oxford 1992.

Milroy, L.: Language and social networks. Oxford 1980.

Mitzka, W.: Stämme und Landschaften in deutscher Wortgeographie. In:
Maurer, F./Rupp, H. (Hg.): Deutsche Wortgeschichte. Dritte, neubearb.
Auflage. Bd. 2. Berlin/New York 1974, 647–698.

Müller, E. E.: Synchronie – Diachronie an einem Beispiel aus der Wortgeschichte: Knabe, Bube, Junge. In: Sprache. Gegenwart und Geschichte.
Probleme der Synchronie und Diachronie. Jahrbuch 1968 des Instituts
für deutsche Sprache. Düsseldorf 1969, 129–146.

Müller, E.E.: Großvater, Enkel, Schwiegersohn. Untersuchungen zur Geschichte der Verwandtschaftsbezeichnungen im Deutschen. Heidelberg
1979.

Munske, H.H.: Der germanische Rechtswortschatz im Bereich der Misseta-
ten. I. Die Terminologie der älteren westgermanischen Rechtsquellen.
Berlin/New York 1973.

Nerlich, B.: Semantic theories in Europe 1830–1930. From etymology to
contextuality. Amsterdam/Philadelphia 1992.

Nerlich, B./Clarke, D.D.: A dynamic model of semantic change. In: Journal of Literary Semantics XVII, 1988, 73–90.

Nerlich, B./Clarke, D.D.: Semantic change: Case studies based on traditio-
nal and cognitive semantics. In: Journal of Literary Semantics XXI,
1992, 204–225.

Norrick, N. R.: Semiotic principles in semantic theory. Amsterdam 1981.

Nyrop, K.: Das Leben der Wörter. Autorisierte Übers. aus dem Dänischen
v. Robert Vogt. Leipzig 1903.

Objartel, G.: Zum Nutzwert des Deutschen Rechtswörterbuchs für die historische Lexikologie. *laden* und Verwandtes. In: Schützeichel, R./Sei-
densticker, P. (Hg.): Wörter und Namen. Aktuelle Lexikographie. Marburg 1990, 90–96.

Öhlschläger, G.: Zur Syntax und Semantik der Modalverben des Deutschen. Tübingen 1989.

Ohly, F.: Geistige Süße bei Otfried. In: Typologia Litterarum. Fs. für Max
Wehrli. Zürich 1969, 95–124.

Ohly, F.: Süsse Nägel der Passion. Ein Beitrag zur theologischen Semantik.
Baden-Baden 1989.

Öhmann, E.: Die mittelhochdeutsche Lehnprägung nach altfranzösischem

Vorbild. In: Annales Academiae Scientiarum Fennicae. Ser. B. Bd. 68. 1951. Nr. 3.

Öhmann, E.: Der romanische Einfluß auf das Deutsche bis zum Ausgang des Mittelalters. In: Maurer, F./Rupp, H. (Hg.): Deutsche Wortgeschichte. Dritte, neubearb. Auflage. Bd. 1. Berlin/New York 1974, 323–396.

Oksaar, E.: Semantische Studien im Sinnbereich der Schnelligkeit. Plötzlich, schnell und ihre Synonymik im Deutsch der Gegenwart und des Früh-, Hoch- und Spätmittelalters. Stockholm 1958.

Osman, N.: Kleines Lexikon untergegangener Wörter. 4. Aufl. München 1983.

Paul, H.: Principien der Sprachgeschichte. 2. Aufl. Halle 1886. 5. Aufl. Halle 1920 (a).

Paul, H.: Über die Aufgaben der wissenschaftlichen Lexikographie mit besonderer Rücksicht auf das deutsche Wörterbuch. In: Sitzungsberichte der philosophisch-philologischen und der historischen Classe der Königlich-Bayrischen Akademie der Wissenschaften. Jahrgang 1894. München 1895, 53–91.

Paul, H.: Deutsche Grammatik. Bd. IV. Teil IV: Syntax (Zweite Hälfte). Halle 1920 (b).

Peilicke, R.: Zur Verwendung der Modalverben *können* und *mögen* im frühneuzeitlichen Deutsch (1500 bis 1730). In: Fritz, G./Gloning, Th. (Hg.): Untersuchungen zur semantischen Entwicklungsgeschichte der Modalverben im Deutschen. Tübingen 1997, 209–248.

Plum, S.: *Eifersucht* im 16. Jahrhundert. Anmerkungen zur Zeichen- und Begriffsgeschichte. In: Busse, D./Hermanns, F./Teubert, W. (Hg.): Begriffsgeschichte und Diskursgeschichte. Opladen 1994, 259–267.

Pörksen, U.: Deutsche Naturwissenschaftssprachen. Historische und kritische Studien. Tübingen 1986.

Polenz, P. von: Argumentationswörter. Sprachgeschichtliche Stichproben bei Müntzer und Forster, Thomasius und Wolff. In: Munske, H.H. u.a. (Hg.): Deutscher Wortschatz. L.E. Schmitt zum 80. Geburtstag von seinen Marburger Schülern. Berlin/New York 1988, 181–199.

Porzig, W.: Wesenhafte Bedeutungsbeziehungen. In: Beiträge zur Geschichte der deutschen Sprache und Literatur 58, 1934, 70–97.

Protess, D.L./McCombs, M.: Agenda setting. Readings on media, public opinion, and policymaking. Hillsdale, N.J. 1991.

Putnam, H.: The meaning of meaning. In: Gunderson, K. (ed.): Language, mind, and knowledge. Minneapolis 1975, 131–193.

Redder, A.: Grammatiktheorie und sprachliches Handeln: »denn« und »da«. Tübingen 1990.

Reichmann, O.: Untersuchungen zur lexikalischen Semantik deutscher Dialekte: Überblick über die theretischen Grundlagen, über die Sachbereiche und den Stand ihrer arealen Erfassung. In: Besch, W./Knoop, U./ Putschke, W./Wiegand, H.E. (Hg.): Dialektologie. Ein Handbuch zur deutschen und allgemeinen Dialektforschung. 2. Halbband. Berlin/New York 1983, 1295–1324.

Reisig, K.: Vorlesungen über lateinische Sprachwissenschaft. Hrsg. v. Dr. Friedrich Haase. Leipzig 1839.

Rieck, S.: Untersuchungen zu Bestand und Varianz der Konjunktionen im Frühneuhochdeutschen unter Berücksichtigung der Systementwicklung zur heutigen Norm. Heidelberg 1977.

Riecke, J.: Die schwachen *jan*-Verben des Althochdeutschen. Ein Gliederungsversuch. Göttingen 1996.

Ris, R.: Das Adjektiv *reich* im mittelalterlichen Deutsch. Geschichte, semantische Struktur, Stilistik. Berlin/New York 1971.

Roemheld, F.: Die deutschen Konjunktionen *wande*, *denn* und *weil*. Diss. Gießen 1911.

Rogers, E.M.: Diffusion of innovations. 4th ed. New York/London 1995.

Rosch, E./Mervis, C.B.: Family resemblances: Studies in the internal structure of categories. In: Cognitive Psychology 7, 1975, 573–605.

Rosenfeld, H.-F.: Humanistische Strömungen. In: Maurer, F./Rupp, H. (Hg.): Deutsche Wortgeschichte. 3., neubearb. Aufl. Bd. 1. Berlin/New York 1974, 399–508.

Ruipérez, G.: Die strukturelle Umschichtung der Verwandtschaftsbezeichnungen im Deutschen. Ein Beitrag zur historischen Lexikologie, diachronen Semantik und Ethnolinguistik. Marburg 1984.

Sanders, W.: Glück. Zur Herkunft und Bedeutungsentwicklung eines mittelalterlichen Schicksalsbegriffs. Köln/Graz 1965.

Scheidweiler, F.: Kunst und List. In: Zeitschrift für deutsches Altertum 78, 1941, 62–87 (a).

Scheidweiler, F.: kluoc. In: Zeitschrift für deutsches Altertum 78, 1941, 184–233 (b).

Schieb, G.: *BIS*. Ein kühner Versuch. In: Beiträge zur Geschichte der deutschen Sprache und Literatur (Halle) 81, 1959, 1–77.

Schieb, G.: Zur Synchronie und Diachronie der Konjunktionen im Bereich der Voraussetzung. In: Linguistische Arbeitsberichte 10. Leipzig 1974, 97–106.

Schiffer, S.: Meaning. Oxford 1972.

Schildt, J.: Die Ausbildung einer ostmitteldeutschen Norm im Gebrauch lokaler Präpositionen 1200–1550. Berlin 1970.

Schildt, J.: Modalwörter im Frühneuhochdeutschen. Die Entwicklung ihres Bestandes. In: Betten, A. (Hg.): Neuere Forschungen zur historischen Syntax des Deutschen. Tübingen 1989, 153–162.

Schippan, Th.: Bedeutungswandel. In: Zeitschrift für Phonetik, Sprachwissenschaft und Kommunikationsforschung 44, 1991, 93–101.

Schirmer, A.: Wörterbuch der deutschen Kaufmannssprache. Auf geschichtlicher Grundlage und mit einer systematischen Einleitung. Straßburg 1911.

Schmidt-Wiegand, R.: Rechtssprachgeographie als Sonderfall historischer Wortgeographie. In: Feldbusch, E. (Hg.): Ergebnisse und Aufgaben der Germanistik am Ende des 20. Jahrhunderts. Hildesheim/Zürich/New York 1989, 39-95.

Schmitter, P.: Das sprachliche Zeichen. Studien zur Zeichen- und Bedeutungstheorie in der griechischen Antike sowie im 19. und 20. Jahrhundert. Münster 1987.

Schönbach, K.: »The Issues of the Seventies«. Elektronische Inhaltsanalyse und die langfristige Beobachtung von Agenda-Setting-Wirkungen der Massenmedien. In: Publizistik 27, 1982, 129–140.

Schöningh, A.: Der intellektuelle Wortschatz Luthers in den paulinischen Briefen des Septembertestaments. Diss. Münster 1937.

Schottelius, J.G.: Ausführliche Arbeit von der Teutschen HauptSprache [...]. Braunschweig 1663. Neudruck. 2 Bde. Tübingen 1967.

Schrodt, R.: Reanalysen bei mhd. *do* und *doch*? In: Betten, A. (Hg.): Neuere Forschungen zur historischen Syntax des Deutschen. Tübingen 1990, 139–152.

Schuchardt, H.: Hugo Schuchardt-Brevier. Ein Vademecum der allgemeinen Sprachwissenschaft. Zusammengestellt und eingeleitet von Leo Spitzer. 2., erw. Aufl. Halle 1928.

Schütz, K.O.: Witz und Humor. In: Europäische Schlüsselwörter. Wortvergleichende und wortgeschichtliche Studien. Hg. vom Sprachwissenschaftlichen Colloquium. Bd. 1: Humor und Witz. Hg. von W. Schmidt-Hidding. München 1963, 161–244.

Schwarz, E.: Kurze deutsche Wortgeschichte. Darmstadt 1967.

Schwentner, E.: Eine sprachgeschichtliche Untersuchung über den Gebrauch und die Bedeutung der altgermanischen Farbenbezeichnungen. Diss. Göttingen 1915.

Scriven, M.: Truisms as the grounds for historical explanations. In: Gardiner, P. (ed.): Theories of history. London 1959, 443–447.

Seebold, E.: Etymologie. Eine Einführung am Beispiel der deutschen Sprache. München 1981.

Seiffert, L.: Wortfeldtheorie und Strukturalismus. Studien zum Sprachgebrauch Freidanks. Stuttgart/Berlin/Köln 1968.

Seiler, F.: Die Entwicklung der deutschen Kultur im Spiegel des deutschen Lehnworts. 7 Bde. Halle 1913–1925.

Sornig, K.: Lexical innovation. A study of slang, colloquialisms and casual speech. Amsterdam 1981.

Sperber, H.: Über den Einfluß sexueller Momente auf Entstehung und Entwicklung der Sprache. In: Imago I, 1912, 405–453.

Sperber, H.: Studien zur Bedeutungsentwicklung der Präposition *über*. Uppsala 1915.

Sperber, H.: Einführung in die Bedeutungslehre. Bonn 1923.

Sperber, H.: Zur Sprachgeschichte des 18. Jahrhunderts. In: Zeitschrift für deutsche Philologie 54, 1929, 80–97.

Spitzer, L.: Patterns of thought and of etymology. I. Nausea > OF (> ENG.) Noise. In: Word 1, 1945, 260–276.

Spitzer, L.: Essays in historical semantics. New York 1948.

Stanforth, A.: Die Bezeichnungen für »groß«, »klein«, »viel« und »wenig« im Bereich der Germania. Marburg 1967.

Stern, G.: Meaning and change of meaning. With special reference to the English language. Göteborg 1931.

Stöcklein, J.: Untersuchungen zur Bedeutungslehre. Diss. München 1897.

Stöcklein, J.: Bedeutungswandel der Wörter. Seine Entstehung und Entwicklung. München 1898.

Strauß, G./Haß, U./Harras, G.: Brisante Wörter von Agitation bis Zeitgeist. Berlin/New York 1989.

Strecker, B.: Strategien des kommunikativen Handelns. Zur Grundlegung einer Grammatik der Kommunikation. Düsseldorf 1987.

Stuckrad, G. von: *Denn – dann* in historischer Sicht vom Althochdeutschen zum Neuhochdeutschen. Studie zum Sprachgebrauch, unter besonderer Berücksichtigung der Verwendung im 17. und 18. Jahrhundert. In: Beiträge zur Geschichte der deutschen Sprache und Literatur 79, 1957, 489–535.

Sweetser, E.: From etymology to pragmatics. Metaphorical and cultural aspects of semantic structure. Cambridge 1990.

Taylor, J. R.: Linguistic categorization. Prototypes in linguistic theory. 2nd ed. Oxford 1995.

Tellier, A.: Les verbes perfecto-présents et les auxiliaires de mode en Anglais ancien (VIIIe S.–XVIe S.). Paris 1962.

Thurmair, M.: Modalpartikeln und ihre Kombinationen. Tübingen 1989.

Toulmin, St.: Human understanding. The collective use and evolution of concepts. Princeton, New Jersey 1972.

Traugott, E. C.: On regularity in semantic change. In: Journal of Literary Semantics XIV, 1985, 155–173 (a).

Traugott, E.C.: Conditional markers. In: Haiman, J. (ed.): Iconicity in syntax. Amsterdam/Philadelphia 1985, 289–307 (b).

Traugott, E.C.: English speech act verbs: A historical perspective. In: Waugh, L.R./Rudy, S. (eds.): New vistas in grammar: invariance and variation. Amsterdam/Philadelphia 1991, 387–406.

Traugott, E.C./König, E.: The semantics-pragmatics of grammaticalization revisited. In: Traugott, E.C./Heine, B. (eds.): Approaches to grammaticalization. Vol. I: Focus on theoretical and methodological issues. Amsterdam/Philadelphia 1991, 189–218.

Trier, J.: Der deutsche Wortschatz im Sinnbezirk des Verstandes. Die Geschichte eines sprachlichen Feldes. Bd. 1. Von den Anfängen bis zum Beginn des 13. Jahrhunderts. Heidelberg 1931.

Trier, J.: Die Idee der Klugheit in ihrer sprachlichen Entfaltung. In: Zeitschrift für Deutschkunde 46, 1932, 625–635. Wieder in: Schmidt, L. (Hg.): Wortfeldforschung. Darmstadt 1973, 41–54.

Trier, J.: Das sprachliche Feld. In: Neue Jahrbücher für Wissenschaft und Jugendbildung X, 1934, 428–449. Wieder in: Schmidt, L. (Hg.): Wortfeldforschung. Darmstadt 1973, 129–161.

Tschirch, F.: Bedeutungswandel im Deutsch des 19. Jahrhunderts. In: Zeitschrift für deutsche Wortforschung 16, 1960, 7–24.

Uhlig, B.: Die Verba dicendi im Rechtswortschatz des späten Mittelalters, untersucht an einigen Handschriften des Schwabenspiegels. In: Beiträge zur Erforschung der deutschen Sprache 3, 1983, 243–268.

Ullmann. St.: The principles of semantics. 2nd ed. Glasgow 1957. Deutsche Übersetzung: Grundzüge der Semantik. Berlin 1967.

Ullmann-Margalit, E.: Invisible-hand explanations. In: Synthese 39, 1978, 263–291.

van Os, C.: Intensivierung im Deutschen. Diss. Groningen 1988.

Visser, F. Th.: Some causes of verbal obsolences. Nijmegen/Utrecht 1949.

Vorkampff-Laue, A.: Zum Leben und Vergehen einiger mittelhochdeutscher Wörter. Halle 1906.

Wagner, B.: »Sympathisanten«. In: Grazer Linguistische Studien 31, 1989, 159–173.

Wauchope, M.M.: The grammar of the Old High German modal particles thoh, ia, and thanne. New York/San Francisco etc 1991.

Wegener, H.: *weil – das hat schon seinen Grund.* Zur Verbstellung in Kausalsätzen mit *weil*. In: Deutsche Sprache 21, 1993, 289–305.

Wegener, P.: Untersuchungen über die Grundfragen des Sprachlebens. Halle 1885.

Weisgerber, L.: Die Bedeutungslehre: ein Irrweg der Sprachwissenschaft? In: Germanisch-Romanische Monatsschrift 15, 1927, 161–183.

Weisgerber, L.: Adjektivische und verbale Auffassung der Gesichtsempfindungen. In. Wörter und Sachen XII, 1929, 197–226.

Weisweiler, J.: Buße. Bedeutungsgeschichtliche Beiträge zur Kultur- und Geistesgeschichte. Halle 1930.

Weisweiler, J./Betz, W.: Deutsche Frühzeit. In: Maurer, F./Rupp, H. (Hg.): Deutsche Wortgeschichte. Dritte, neubearb. Auflage. Bd. 1. Berlin/New York 1974, 55–134.

Wellander, E.: Die Bedeutungsentwickelung der Partikel *ab* in der mittelhochdeutschen Verbalkomposition. Diss. Uppsala 1911.

Wellander, E.: Studien zum Bedeutungswandel im Deutschen. 3 Tle. Uppsala Universitets Årsskrift 1917. 1923. 1928.

Weydt, H.: Semantische Konvergenz. Zur Geschichte von *sowieso*, *eh* und *ohnehin*. Ein Beitrag zum Bedeutungswandel von Partikeln. In: Weydt, H. (Hg.): Partikeln und Interaktion. Tübingen 1983, 172–187.

Whitney, W. D.: Leben und Wachstum der Sprache. Übers. v. August Leskien. Leipzig 1876.

Wichter, S.: Zur Computerwortschatz-Ausbreitung in die Gemeinsprache. Elemente einer vertikalen Sprachgeschichte einer Sache. Frankfurt am Main/Bern/New York 1991.

Wierzbicka, A.: Semantics. Primes and universals. Oxford 1996.

Wimmer, R.: Zur Stellung der Eigennamen im Wortschatz. In: Heringer, H.J./Stötzel, G. (Hg.): Sprachgeschichte und Sprachkritik. Festschrift für Peter von Polenz zum 65. Geburtstag. Berlin/New York 1993, 46–51.

Wittgenstein, L.: Philosophische Untersuchungen. Frankfurt am Main 1967.

Wittgenstein, L.: Eine philosophische Betrachtung. In: Ludwig Wittgenstein. Schriften 5. Frankfurt am Main 1970, 117–284.

Wolf, H. (Hg.): Luthers Deutsch. Sprachliche Leistung und Wirkung. Frankfurt am Main/Berlin/Bern 1996.

Wolf, N.R.: Althochdeutsch – Mittelhochdeutsch. In: Moser, H./Wellmann, H./Wolf, N.R.: Geschichte der deutschen Sprache. Bd. 1. Heidelberg 1981.

Wolf, N.R.: Reisen im Mittelalter? Anmerkungen zum mittelalterlichen Reisewortschatz II. In: Burger, H./Haas, A.M./v. Matt, P. (Hg.): Verborum amor. Festschrift für Stefan Sonderegger. Berlin 1992, 263–272.

Wundt, W.: Völkerpsychologie. Eine Untersuchung der Entwicklungsgesetze von Sprache, Mythus und Sitte. Erster Band: Die Sprache. 2., umgearb. Aufl. 2. Teil. Leipzig 1904.

Zunkel, F.: Ehre, Reputation. In: Brunner, W./Konze, W./Koselleck, R. (Hg.): Geschichtliche Grundbegriffe. Historisches Lexikon zur politisch-sozialen Sprache in Deutschland. Bd. 2. Stuttgart 1975, 1–63.

Sachverzeichnis

Wortverzeichnis

(Aufgenommen sind Wörter, für die im Buch eine Kurzbeschreibung, ein historischer Hinweis oder ein Literaturhinweis gegeben wird.)